# O SISTEMA FINANCEIRO E FISCAL DO URBANISMO

CICLO DE COLÓQUIOS:
O DIREITO DO URBANISMO DO SÉC. XXI

1.º COLÓQUIO INTERNACIONAL

# O SISTEMA FINANCEIRO E FISCAL DO URBANISMO

## CICLO DE COLÓQUIOS: O DIREITO DO URBANISMO DO SÉC. XXI

ALMEDINA

| | |
|---|---|
| *TÍTULO:* | O SISTEMA FINANCEIRO E FISCAL DO URBANISMO |
| *COORDENADOR:* | FERNANDO ALVES CORREIA |
| *EDITOR:* | LIVRARIA ALMEDINA – COIMBRA<br>www.almedina.net |
| *LIVRARIAS:* | LIVRARIA ALMEDINA<br>ARCO DE ALMEDINA, 15<br>TELEF. 239 851 900<br>FAX 239 851 901<br>3004-509 COIMBRA – PORTUGAL<br>livraria@almedina.net<br><br>LIVRARIA ALMEDINA – PORTO<br>R. DE CEUTA, 79<br>TELEF. 22 205 9773<br>FAX 22 203 9497<br>4050-191 PORTO – PORTUGAL<br>porto@almedina.net<br><br>EDIÇÕES GLOBO, LDA.<br>R. S. FILIPE NERY, 37-A (AO RATO)<br>TELEF. 213857619<br>FAX 21 3844661<br>1250-225 LISBOA – PORTUGAL<br>globo@almedina.net<br><br>LIVRARIA ALMEDINA.<br>ATRIUM SALDANHA<br>LOJAS 71 a 74<br>PRAÇA DUQUE DE SALDANHA, 1<br>TELEF. 213712690<br>atrium@almedina.net<br><br>LIVRARIA ALMEDINA – BRAGA<br>CAMPOS DE GUALTAR<br>UNIVERSIDADE DO MINHO<br>TELEF. 253678822<br>4700-320 BRAGA – PORTUGAL<br>braga@almedina.net |
| *EXECUÇÃO GRÁFICA:* | G.C. – GRÁFICA DE COIMBRA, LDA.<br>PALHEIRA – ASSAFARGE<br>3001-453 COIMBRA<br>E-mail: producao@graficadecoimbra.pt |
| *CAPA:* | RUI VERISSIMO (Design)<br><br>SETEMBRO, 2002 |
| *DEPÓSITO LEGAL:* | 184069/02 |

Toda a reprodução desta obra, por fotocópia ou outro qualquer processo, sem prévia autorização escrita do Editor, é ilícita e passível de procedimento judicial contra o infractor.

# NOTA DE APRESENTAÇÃO

A problemática do urbanismo tem a maior actualidade e a mai r delicadeza, obrigando a uma abordagem integrada de componentes de diferentes naturezas.

O afluxo das populações às cidades não é de agora, mas tem nos nossos dias uma dimensão acrescida, fazendo aumentar as dificuldades dos problemas, com implicações muito negativas no bem-estar dos cidadãos. Só a existência de problemas mais delicados, alguns deles novos, poderá explicar aliás que constatemos que antepassados nossos tenham podido resolver melhor a problemática do ordenamento urbano nos centros (agora históricos) de cidades como Paris, S. Petesburgo, Roma ou Siena, onde ainda hoje dá gosto viver.

Há de facto nos nossos dias dificuldades e exigências maiores, tanto na visão alargada com que têm de ser vistos os problemas e tomadas as decisões de planeamento, como no rigor com que têm de ser aprovados ou rejeitados os projectos que são apresentados.

Para além de intervenções de índole mais directa, exigindo talvez recursos financeiros acrescidos, há que utilizar outros tipos de instrumentos, capazes de orientar as decisões num sentido mais conveniente.

Assim tem que acontecer com a via tributária, que tem aliás uma grande tradição no que respeita ao património predial.

Ao longo de muitas décadas a contribuição predial constituíu uma das fontes principais de receita na Europa, representando ainda hoje uma percentagem muito significativa em países desenvolvidos de outros ontinentes, como são os casos dos Estados Unidos, do Canadá ou da Austrália. Para além disso, os pagamentos de licenças têm vindo a constituir receitas muito significativas das autoridades locais.

Não pode todavia ser apenas fiscal, de cobrança de receita , a finalidade dos instrumentos tributários. Por exemplo a contribuição predial tem também a função de ser um incentivo, ainda que pequeno, à utilização de recursos escassos que têm uma função social a desempenhar, contribuindo para que não fiquem devolutos terrenos de construção, casas de habitação ou propriedades com vocação agrícola; não podendo todavia ser elevada, sob pena de se agravarem as condições básicas de habitação e exploração agrícola e de se penalizar o investimento nestes sectores, face a outras hipóteses em aberto, algumas delas com menor relevo social.

Estando tantos problemas em causa na área do sistema financeiro e fiscal do urbanismo, bem se justificou a iniciativa do CEDOUA, com a organização do Colóquio que esteve na origem desta publicação. Para além de contributos de reputados especialistas portugueses, reflectindo prioritariamente sobre a nossa realidade, procurou-se conhecer a experiência de outros países europeus (de Espanha, da Alemanha, da França e da Itália), com a participação também de académicos destes países.

Conseguiu-se assim um acervo dificilmente igualável de informações e análises que seria pena que ficasse confinado aos que puderam participar nas sessões de 13 e 14 de Outubro de 2000; alargando-se substancialmente, com a presente publicação, o número de pessoas que poderão beneficiar com a leitura dos contributos proporcionados.

Trata-se de temática com especial actualidade no nosso país, onde continuam a ser anunciadas alterações significativas neste domínio. Sucedem--se as críticas ao sistema de financiamento e a várias figuras fiscais actuais ligadas ao urbanismo, mas importa que as mudanças que se verifiquem sejam claramente no melhor sentido.

Por fim, sendo difícil ou mesmo impossível mencionar todos os que contribuíram paro o êxito do Colóquio e agora para a publicação do livro, não poderei deixar de referir o Colega Doutor Fernando Alves Correia, seu Coordenador Científico, e as Dras. Adriana Rodrigues e Rute Saraiva, com o apoio técnico proporcionado, bem como os patrocinadores que generosamente aceitaram apoiar a iniciativa.

Coimbra, 8 de Agosto de 2001
Prof. Doutor *Manuel Carlos Lopes Porto*

# PROGRAMA

13 OUTUBRO
9.30 – **Sessão de Abertura**
*Prof. Doutor Manuel Carlos Lopes Porto*
(Presidente do Conselho Directivo da Faculdade de Direito da Universidade de Coimbra)
*Prof. Doutor Jorge de Figueiredo Dias*
(Presidente do Conselho Científico da Faculdade de Direito da Universidade do Coimbra)
*Prof. Doutor Fernando Alves Correia*
(Coordenador Científico do Colóquio)

## PAINEL I
**O Sistema Financeiro e Fiscal do Urbanismo em Portugal: Caracterização**

10.00 – *Os Custos do Urbanismo: Avaliação*
Moderador: *Dr. Manuel Machado*
(Vice-Presidente da Associação Nacional de Municípios Portugueses)
*Eng. Jorge de Carvalho*
(Urbanista/Universidade de Aveiro)
*Prof. Doutor Manuel da Costa Lobo*
(Instituto Superior Técnico)

11.00 – 11.30 – Debate 11.30, 11.45 – Pausa
Moderador: *Conselheiro José Cardoso da Costa*
(Presidente do Tribunal Constitucional)

11.45 – A Fiscalidade do Urbanismo: Impostos e Taxas
*Prof. Doutor José Casalta Nabais*
(Universidade de Coimbra)

12.15 – *Outras Formas de Financiamento do Urbanismo*
*(Compensações, Cedências, Mecanismos de Perequação, etc.)*
*Prof.ª Doutora Maria da Glória Pinto Garcia*
(Universidade de Lisboa)

12.45 – 13.15 – Debate

8      *O Sistema Financeiro e Fiscal do Urbanismo*

## PAINEL II
### Experiências Estrangeiras do Financiamento e da Fiscalidade do Urbanismo

Moderador: *Prof. Doutor Rogério Soares*
(Universidade de Coimbra/ Presidente da Assembleia Geral da Associação Portuguesa de
    Direito do Urbanismo)

15.30 – *O Sistema Financeiro e Fiscal do Urbanismo em Espanha*
*Prof. Doutor Angel Menéndez Rexach*
(Universidade Autónoma de Madrid / Presidente da Associação Espanhola de Direito de
    Urbanismo)

16.00 – *O Sistema Financeiro e Fiscal do Urbanismo na Alemanha*
*Prof. Doutor Volkmar Götz*
(Universidade de Göttingen)

16.30 – 17.000 – Debate

18.00 – Sessão Cultural: Coro dos Antigos Orfeonistas da Universidade de Coimbra
(Igreja de S. João de Almedina / Museu Nacional de Machado de Castro)

### 14 OUTUBRO

Moderador: *Prof. Doutor Diogo Freitas do Amaral*
(Universidade Nova de Lisboa / Presidente do Conselho Fiscal da Associação Portuguesa
    do Urbanismo)

9.30 – *O Sistema Fincanceiro e Fiscal do Urbanismo em França*
*Prof. Doutor Yves Jégouzo*
(Universidade de Paris I — Sorbonne)

10.00 – *O Sistema Financeiro e Fiscal do Urbanismo em Itália*
*Prof. Doutor Erminio Ferrari*
(Universidade de Pavia / Presidente da Associação Italiana de Direito do Urbanismo)

10.30 – 11.00 – Debate
11.00 – 11.15 – Pausa

## PAINEL III
### O Futuro do Sistema Financeiro e Fiscal do Urbanismo em Portugal

Moderador: *Arq. João Manuel Biencard Cruz*
(Director-Geral do Ordenamento do Território e do Desenvolvimento Urbano)

11.15 – **Para uma Reforma do Sistema Financeiro e Fiscal do Urbanismo em Portugal**
*Prof. Doutor Manuel Carlos Lopes Porto*
(Universidade de Coimbra)
*Conselheiro Benjamim Silva Rodrigues*
(Presidente da Secção de Contencioso Tributário do Supremo Tribunal Administrativo)

*Nota de apresentação* 9

12.15 – 12.45 – Debate
12.45 – 13.00 – Pausa

13.00 – Sessão de Encerramento
*Prof. Doutor Fernando Manuel da Silva Rebelo*
(Reitor da Universidade de Coimbra)

*Prof. Doutor Manuel Carlos Lopes Porto*

(Presidente do Conselho Directivo do Centro de Estudos de Direito do Ordenamento, do Urbanismo e do Ambiente)

*Prof. Doutor Jorge de Figueiredo Dias*
(Presidente do Conselho Científico da Faculdade de Direito da Universidade de Coimbra)

*Prof. Doutor Fernando Alves Correia*
(Universidade de Coimbra / Presidente do Conselho de Administração da Associação Portuguesa de Direito do Urbanismo)

# I COLÓQUIO INTERNACIONAL SOBRE
## *O SISTEMA FINANCEIRO E FISCAL DO URBANISMO*
## *(QUEM DEVE SUPORTAR E COMO DEVEM SER CUSTEADAS*
## *AS DESPESAS COM A URBANIZAÇÃO DOS SOLOS?)*

SESSÃO DE ABERTURA

Prof. Doutor *Fernando Alves Correia*
(Coordenador Científico do Colóquio)

Ex.mo Senhor Secretário de Estado do Ordenamento do Território e Conservação da Natureza

Ex.mos Senhores Presidentes dos Conselhos Directivo e Científico da Faculdade de Direito da Universidade Coimbra

Ex.mos Senhores Membros dos Órgãos de Gestão do Centro de Estudos de Direito do Ordenamento, do Urbanismo e do Ambiente (CEDOUA) e da Associação Portuguesa de Direito do Urbanismo (APDU)

Ex.mos Senhores Conferencistas e Moderadores do Colóquio

Ex.mos Senhores Professores

Estimados Alunos

Caros Associados da APDU

Minhas Senhoras e Meus Senhores:

Tendo como pano de fundo um conjunto de iniciativas de estudo e de debate das principais questões do Direito do Urbanismo do século XXI, decidiram, em boa hora, a Faculdade de Direito da Universidade de Coimbra (FDUC), o Centro de Estudos de Direito do Ordenamento, do Urbanismo e do Ambiente (CEDOUA) – que é, como se sabe, uma pessoa colectiva de direito privado, constituída, em 1994, em Coimbra, e que tem como associados fundadores a Faculdade de Direito da Universidade de Coimbra, o Centro de Estudos e Formação Autárquica (CEFA) e a Associação Nacional de Municípios Portugueses (ANMP) –, bem como a Associação Portuguesa de Direito do Urbanismo (APDU) – uma associação, constituí-

## O Sistema Financeiro e Fiscal do Urbanismo

da, também em 1994, e igualmente em Coimbra, que congrega cerca de uma centena de associados, oriundos de vários pontos do país, de entre professores universitários, magistrados judiciais e do Ministério Público, juristas da administração pública, advogados e outros estudiosos e aplicadores do direito do urbanismo – organizar conjuntamente o *Colóquio Internacional sobre o Sistema Financeiro e Fiscal do Urbanismo*, com a finalidade de criar um *forum* de discussão sobre o problema do financiamento do urbanismo, o qual consiste em saber quem deve suportar e como devem ser custeadas as despesas (normalmente avultadas) com a urbanização dos solos, traduzida na realização de infra-estruturas urbanísticas, na criação de espaços verdes e na construção de equipamentos públicos e, de um modo geral, com a construção e a transformação da cidade.

É esse Colóquio Internacional que, depois de um invisível, mas exigente trabalho de preparação e de organização, vê, hoje, a luz do dia, competindo-me, agora, na qualidade de Coordenador Científico deste evento e de Presidente de Administração de APDU, dirigir umas singelas palavras a tão ilustre auditório. É com enorme satisfação que o faço.

As minhas primeiras palavras são, como é natural, de *agradecimento*.

Agradecimento, em primeiro lugar, ao Senhor Secretário de Estado do Ordenamento do Território e Conservação da Natureza pela sua presença nesta Sessão de Abertura do Colóquio – presença que muito nos sensibiliza e que testemunha o apreço e o apoio do Governo a esta iniciativa e a atenção com que acompanha esta jornada de reflexão e debate sobre um dos temas mais relevantes do direito do urbanismo e da ciência do urbanismo.

Agradecimento, em segundo lugar, aos Conferencistas e Moderadores dos diferentes Painéis do Colóquio pela aceitação dos convites oportunamente formulados – personalidades cujas altíssimas qualificações são uma garantia do sucesso do Colóquio. Apraz-me, de facto, registar que as três entidades organizadoras deste evento científico tiveram o privilégio de reunir como Conferencistas e como Moderadores alguns dos mais conceituados especialistas portugueses e europeus nos domínios do direito do urbanismo e da ciência do urbanismo. Neste magnífico grupo de Intervenientes, permito-me destacar – e agradecer particularmente – a presença de quatro consagrados professores estrangeiros de Direito do Urbanismo, que quero saudar cordialmente e a quem desejo uma excelente estadia nesta nossa bela cidade universitária. Trata-se dos Professores Angel Menéndez Rexach, Professor da Universidade Autónoma de Madrid e Presidente da Associação Espanhola de Direito do Urbanismo; Volkmar Götz, Professor da Universidade de Göttingen; Yves Jégouzo, Professor da Universidade

Paris I (Panthéon-Sorbonne); e Erminio Ferrari, Professor da Universidade de Pavia e Presidente da Associação Italiana de Direito do Urbanismo.

Agradecimento, em terceiro lugar, pelo amável apoio financeiro concedido por algumas entidades, o qual foi decisivo para a realização deste Colóquio. Foram elas: a Direcção-Geral do Ordenamento do Território e Desenvolvimento Urbano, a Fundação Luso-Americana para o Desenvolvimento, a Sonae Imobiliária, a Caixa Geral de Depósitos e o Banco Espírito Santo.

As minhas segundas palavras são, como é compreensível, de *júbilo*. Júbilo por verificar que a presente iniciativa teve um acolhimento altamente favorável. Os cerca de 500 participantes neste Colóquio (de entre juristas, arquitectos, engenheiros e outros profissionais ligados ao ordenamento do território e ao urbanismo, provenientes de vários serviços do Estado e de outros entes públicos da Administração Indirecta do Estado, das autarquias locais, do mundo empresarial e das profissões liberais) são uma prova inequívoca de *oportunidade* e *utilidade* desta realização científica e simultaneamente uma expressiva manifestação do crescente interesse que as problemáticas do ordenamento do território e do urbanismo, nas suas diferentes vertentes, despertam, actualmente, em múltiplos sectores da sociedade portuguesa.

Ex.mo Senhor Secretário de Estado
Ex.mos Senhores Presidentes dos Conselhos Directivo e Científico da Faculdade de Direito
Minhas Senhoras e Meus Senhores:

O direito do urbanismo português – à semelhança do que se passa com os ordenamentos urbanísticos de outros países da União Europeia –, apesar da sua relativa complexidade, deixou de ser uma matéria exclusiva de juristas e de especialistas. Os cidadãos passaram a interessar-se por ele e a discuti-lo. Por sua vez, a comunicação social (imprensa, rádio e televisão) vem dando uma atenção especial aos problemas actuais do direito do urbanismo. Este é, nos dias de hoje, um tema mediático, um tema que está na moda.

A mediatização do direito do urbanismo explica-se pelo grande relevo social e económico das questões que lhe estão subjacentes e pela convicção, cada vez mais arreigada nas pessoas, de que o direito do urbanismo constitui aquele sector ou fracção da ordem jurídica que está mais intimamente ligado à garantia da *qualidade de vida* dos homens dos nossos dias. É, por isso, que os cidadãos contestam os efeitos desigualitários das normas urbanísticas, em especial dos planos, em relação aos proprietários do solo, criticam as violações, sobretudo as mais graves, das regras jurídicas do urbanismo, lamentam a ineficácia de parte da disciplina jurídica urbanística e profligam as urbanizações desordenadas, inestéticas e desprovidas de qualidade. E a criação de várias "associações" com fins estatutários nos campos do urbanismo, do ordenamento do território e do direito do urbanismo, bem como o aumento exponencial, nos últimos anos, do contencioso do urbanismo aí estão a atestar a crescente consciencialização dos cidadãos em relação à importância das questões jurídico-urbanísticas.

Ora, é sabido que os planos territoriais, sobretudo os planos municipais de ordenamento do território, constituem, nos nossos dias, *instrumentos fundamentais* para um almejado desenvolvimento urbanístico harmonioso e para uma desejada melhoria da qualidade das nossas povoações, vilas e cidades. Questão é que esses planos consagrem soluções urbanísticas adequadas e apresentem o rigor técnico exigível – características estas que, infelizmente, faltam em vários planos directores municipais actualmente em vigor (os denominados planos directores municipais da 1ª geração), esperando-se, no entanto, que, na revisão dos planos directores municipais já iniciada (da qual resultarão os já baptizados planos directores municipais da 2ª geração), sejam corrigidas várias imperfeições de que enfermam estes instrumentos de planeamento territorial. E necessário é, ainda, que os planos sejam documentos vivos e actuantes, através da sua criteriosa execução, vinculando e comandando toda a actividade da Administração Pública e dos particulares com reflexos na ocupação, uso e transformação do solo.

É precisamente no domínio da *actividade de execução dos planos* ou, noutros termos, no âmbito da *actividade de gestão urbanística*, espelhada na realização das mais variadas operações urbanísticas, que assume um relevo primordial a problemática do *financiamento do urbanismo*. Dotar o solo de infra-estruturas urbanísticas, criar zonas verdes, de recreio e de lazer, construir equipamentos de utilização colectiva, proteger e valorizar o património histórico edificado, renovar áreas urbanas degradadas, recuperar centros históricos e implementar um acervo de serviços necessários para garantir uma boa qualidade de vida urbana exigem *recursos financeiros* significativos.

A quem devem ser imputados estes *custos urbanísticos*? Aos *proprietários do solo*, aos *contribuintes*, aos *construtores*, aos *utilizadores* das infra-estruturas e dos equipamentos públicos ou a *todos estes* sujeitos conjuntamente?

E, no caso de se entender que o sistema de financiamento da construção e da reconstrução da cidade deve integrar uma pluralidade de modalidades de financiamento, com o objectivo de aproveitar as virtualidades de cada uma delas – como parece desejável –, que *modalidades* ou *formas* de financiamento devem ser adoptadas? E como devem ser *repartidos* os custos do urbanismo entre as referidas entidades?

A todas estas questões procurará responder este Colóquio. Nele, começará por ser feita uma *avaliação* dos custos do urbanismo; de seguida, caracterizar-se-ão as *formas de financiamento* do urbanismo do nosso país, procurando-se fazer um escrutínio das múltiplas imperfeições e mesmo de algumas incoerências de que padece o actual sistema português de financiamento do urbanismo; em terceiro lugar, serão apresentadas as *experiências espanhola, alemã, francesa e italiana* do financiamento e da fiscalidade do urbanismo; e, por último, apontar-se-ão um conjunto de *opções fundamentais* do futuro sistema financeiro e fiscal do urbanismo em Portugal.

O tema deste Colóquio Internacional situa-se, assim, no *cerne* do sistema jurídico urbanístico, já que dele dependem não só a *eficácia*, mas também a *justiça* do edifício jurídico do urbanismo. Não poderiam, por isso, a Faculdade de Direito da Universidade de Coimbra, o CEDOUA e a APDU ter escolhido melhor tema para inaugurar o programado Ciclo de Conferências sobre o "Direito do Urbanismo do Século XXI".

Proferidas algumas palavras de *agradecimento*, de *júbilo* e de *justificação* da escolha do tema deste Colóquio, quero terminar com umas parcas palavras expressivas de uma *profunda convicção*: a firme convicção de que este Colóquio Internacional vai ser um êxito. Estão, de facto, reunidos todos os ingredientes para esse efeito: um naipe de Conferencistas e de Moderadores de elevadíssima qualidade; um tema de inegável interesse teórico e prático; e um conjunto numeroso, diversificado e interessado de participantes.

O Colóquio que, agora, se inicia não vai, de certeza, trazer respostas *definitivas* para as diferentes questões que vão ser debatidas. A complexidade dos problemas e a pluralidade dos pontos de vista não permitiriam que assim fosse. Nem poderia ser essa a finalidade do Colóquio. Mas dele sairão, seguramente, um conjunto de *ideias* orientadoras de uma cada vez mais necessária e urgente reforma do sistema financeiro e fiscal do urbanismo português.

Obrigado pela atenção e os votos de um bom trabalho.

# OS CUSTOS DO URBANISMO

*Eng. Jorge Carvalho*
(Urbanista/Universidade de Aveiro)

## 1

Identificando os custos do urbanismo com os custos da Cidade e constituindo esta, na actualidade, o principal *habitat* do Homem, confrontamo-nos com uma problemática muito abrangente, que não poderá deixar de incluir custos sociais, custos ambientais, custos económicos, custos financeiros.

Não iremos por aí, pela dificuldade de tal abordagem, mas também por considerarmos não ser esse o objectivo deste Colóquio.

Considerando apenas os custos económico-financeiros da Cidade Física, constituída por terrenos (diferentes parcelas), edifícios e infra-estrutura pública, ainda nos defrontaríamos com questões muito vastas.

Limitar-nos-emos, então, a abordar os custos de infra-estrutura pública, essencialmente os seus custos monetários directos, não deixando de ter em conta as externalidades, positivas mas também negativas, que os investimentos neste domínio provocam, sobre a evolução da renda fundiária das diversas propriedades e sobre diversos aspectos de interesse comum.

## 2

Há que definir, antes de mais, o que entendemos por infra-estrutura pública, até porque os vocábulos "infra-estrutura" e "equipamento" são utilizados por vezes como sinónimos, outras vezes como coisas diferentes.

Assumi-la-emos numa perspectiva abrangente, nela incluindo:

– todo o espaço público, de circulação e de estar, pedonal e a tornóvel; inclui vias, praças, estacionamento, espaços livres e verdes;

---

\* Texto elaborado pelo autor para o colóquio.

O *Sistema Financeiro e Fiscal do Urbanismo*

– as redes de água, esgotos domésticos e pluviais, energia eléctrica e iluminação pública, gás e telefone, recolha de lixo;
– os equipamentos de educação, desporto, saúde, cultura, segurança social, protecção civil e lazer.

Cada um destes serviços presta um serviço que poderá ser de maior ou menor abrangência geográfica, e que poderá enquadrar-se nas competências da administração central ou do município.

Adoptando conceitos e terminologia crescentemente utilizados em Portugal, podemos subdividi-los em:

– *Infra-estruturas locais,* também se lhe poderão chamar de proximidades, primárias, próprias ou mínimas: incluem arruamentos, estacionamento e pequenos espaços livres e verdes e as correspondentes redes/canalização de infra-estruturas, que se articulam directamente com um conjunto edificado ou a edificar;
– *Infra-estruturas gerais* (municipais): todas as de competência municipal, não consideradas como locais. Nelas se incluem, pois, sem se ser exaustivo: a adução, tratamento e depósito de água; os emissários principais e o tratamento de esgotos domésticos; as vias sem construção adjacente; as zonas verdes de maior dimensão; a generalidade dos equipamentos sociais; .
– *Infra-estruturas supramunicipais* (nacionais e regionais): incluem, também sem se ser exaustivo, estradas nacionais, caminhos de ferro, zonas amplas de protecção da natureza, universidades, tribunais, todos os equipamentos de responsabilidade não municipal.

Identificada e classificada a infra-estrutura pública, há que procurar distinguir os diferentes investimentos que ésta exige, associados ao seu próprio ciclo de vida. Poder-se-ão dividir em:

– custos de construção inicial;
– custos de gestão e conservação;
– custos de adaptação e melhoria;
– custos de amortização compensatória, com vista à futura reconstrução.

Pouco vale a pena acrescentar.

Qualquer infra-estrutura, após ser construída, terá que ser gerida e conservada e, tendo um tempo de vida útil, um dia terá que ser renovada, reconstruída. Algumas obras de conservação, nomeadamente as de maior

*Os Custos do Urbanismo: Avaliação* 19

dimensão, aproximam-se de obras de renovação, sendo impossível distingui-las.

Entretanto, paralelamente a este ciclo a Cidade vai-se transformando, vão surgindo novas necessidades, vontade de inovar; vão ocorrendo, pois, obras de alteração, por vezes associadas ao próprio crescimento (aumento da população servida, mantendo a qualidade), outras vezes de adaptação (melhoria dos serviços, mantendo a mesma população), outras vezes ainda em articulação entre as duas, que poderemos denominar custos de desenvolvimento.

Chega-se, assim, a conceitos de linguagem de referência:

- as infra-estruturas públicas agrupadas em locais, gerais (municipais) e supramunicipais, conforme a respectiva abrangência territorial;
- os custos dessas infra-estruturas divididos em de construção inicial, de gestão e conservação, de adaptação e de reconstrução.

## 3

Para uma gestão eficaz, deveríamos dispor de informação sobre todos e cada um destes custos, referenciados a um qualquer indicador relativo à ocupação que servem ou que potenciam.

A primeira dificuldade (e o primeiro indício de uma administração ineficaz neste domínio) reside na quase ausência de dados sobre o assunto.

Procurando reunir alguns, apenas relativos às infra-estruturas municipais (retirados de investigação que prosseguimos):

- Os custos da construção inicial das infra-estruturas locais, dependem das características de cada terreno, das soluções de desenho urbano adoptadas e da qualidade que apresentam; em localizações fáceis e com qualidade satisfatória rondam os 6 contos/m$^2$ de área bruta de construção;
- Os custos iniciais das infraestruturas gerais (municipais) custam cerca de 10 contos/m$^2$ de área bruta de construção;
- Sobre os custos de gestão e conservação e sobre os de adaptação, pouco se sabe em Portugal, encobertos que estão pela opacidade da contabilidade pública; Alain Guengant refere, com base em estudo para aglomerados de Região de Rennes[1] os seguintes custos de conservação: 8% a 14% (sobre o custo inicial) para os equipamentos; 2% para as outras infra-estruturas;

---

[1] Guengant, Alain, 1992, p. 145.

## 20 — O Sistema Financeiro e Fiscal do Urbanismo

– Os custos de reconstrução poderão ser considerados idênticos aos da construção inicial e terão que ser despendidos após o tempo de vida útil de cada infra-estrutura, que podemos considerar da ordem dos 60 ou 70 anos (a questão pouco se coloca, ainda, em Portugal, já que a maioria das infra-estruturas são bastante recentes; mas há que acautelá-la, desde já).

### 4

Melhor ou pior identificados, coloca-se, então, a questão de saber quem, hoje, poderá e/ou deverá pagar essa infra-estrutura pública, podendo colocar-se quatro hipóteses, alternativas e/ou complementares:

– os contribuintes em geral, exactamente porque se tratam de serviços públicos;
– os proprietários fundiários e imobiliários, porque os investimentos em infra-estruturas valorizam as respectivas propriedades;
– os promotores/construtores, porque as novas construções exigem novas infra-estruturas;
– os utilizadores directos, porque são eles quem de facto as usufrui.

Poderá observar-se que, na prática, a distinção entre estes agentes nem sempre é evidente.

Contribuintes, em princípio, todos são. O promotor, quando inicia a urbanização ou a construção, já quase sempre é proprietário. A família que constrói uma habitação própria é proprietária, promotora e irá ser utilizadora.

Apesar disso, de uma mesma entidade poder assumir diferentes papéis, afigura-se que a distinção entre os quatro agentes referidos é suficientemente clara, sobretudo se se entender:

– o contribuinte, como aquele que paga impostos, sem que tal corresponda a qualquer direito ou vantagem especial;
– o proprietário, numa perspectiva imobilista;
– o promotor, como aquele que tem a iniciativa de construir e suporta os consequentes custos financeiros;
– o utilizador, como aquele que usufrui e que, se pagar directamente, o fará numa relação biunívoca, a título de tarifa ou pagamento de serviço.

## 5

Referenciando-nos a estes possíveis financiadores, o que se passa em Portugal?

- Os **proprietários** contribuem, no essencial, através do pagamento da contribuição autárquica.

A receita global é muito pequena, não atingindo os 70 milhões de contos/ano, que em média significa cerca de 12 contos/fogo.

Mas, além de escassa, é injusta. As taxas são muito elevadas, pelo que os prédios não isentos e construídos recentemente pagam muito. Ao contrário, estando a generalidade das matrizes extremamente desactualizadas, os outros não pagam nada ou quase nada.

Tal situação, adicionada ao anacronismo da sisa, premeiam o imobilismo e castigam a iniciativa, tendo consequências urbanísticas muito nefastas.

- Os **promotores** suportam encargos relativos às novas urbanizações ou edifícios, encargos que se poderão traduzir em cedência de terreno, realização de obras e pagamento de taxas.

As situações diferem muito de município para município e, em cada um, conforme o tipo de iniciativas.

Mas poderá referir-se que:

- Os loteamentos que realizam de facto infra-estruturas, o fazem muitas vezes de forma insuficiente, donde decorrem carências qualitativas e quantitativas;
- Os pequenos loteamentos que ocorrem ao longo da via já infra-estruturada e as construções não precedidas de loteamento, apenas pagam taxa, de valor quase sempre insignificante se comparado com o custo das respectivas infra-estruturas.
- Os **utilizadores** (não considerando os encargos que os promotores para eles transferem, através de venda ou aluguer de edifícios) pagam directamente, a entidades públicas ou privadas, todo um conjunto de preços ou tarifas correspondentes à utilização de diversas infra-estruturas: água, saneamento, electricidade, gás, telefone, estacionamento, escolas, espaços de lazer, equipamentos em geral.

Algumas destas infra-estruturas ainda são gratuitas, por exemplo a circulação em arruamentos urbanos, a entrada em parque público ou a frequência de escola oficial. Mas a tendência actual é de, privatizando ou não esses serviços, fazê-los pagar crescentemente pelo utilizador.

Poderá ainda ser considerado como encargo do utilizador com a infra-estrutura pública, o pagamento do imposto sobre veículos que, revertendo para o município, se poderá entender como uma tarifa inicial de utilização de vias municipais.

Não dispomos de dados relativos à generalidade destes encargos.

- Os **contribuintes** pagam impostos, nomeadamente IRC, IRS e IVA, sendo que uma parcela (pequena) desse montante reverte para os municípios, que gozam de autonomia quanto ao destino a dar-lhe.

Globalmente, poder-se-á considerar que o financiamento da infra-estrutura pública é, em Portugal, insuficiente. Tal conclusão poderá decorrer da observação directa das muitas carências existentes. Mas também poderá ser provada através do comparativo da estimativa dos investimentos realizados neste domínio, nos últimos anos, com a dinâmica, para igual período de tempo, de construção de edifícios [2].

Afigura-se, assim, conveniente, o aprofundamento desta questão e o assumir de um modelo de financiamento da infra-estrutura pública, o qual, articulando-se com um esforço de ordenamento urbanístico, deveria obedecer aos princípios:

- de eficácia: a infra-estrutura terá que ser paga; se não o for suficientemente existirá carência, falta de qualidade de vida;
- de sustentabilidade: considerando recursos disponíveis, escassez e congestionamentos;
- de justiça e igualdade: a infra-estrutura paga na proporção dos benefícios que cada um dela poderá retirar;
- de solidariedade: acentuando a percepção de cidade enquanto espaço colectivo, para o qual todos deverão contribuir.

Uma hipótese, para a distribuição dos custos da infra-estrutura municipal (constante de investigação em curso, que em breve contamos estar em condições de publicar) seria a de:

- os promotores suportarem o custo inicial das respectivas infra-estruturas locais e a cedência de terreno para infraestruturas gerais;

---

[2] Afirmação decorrente da investigação em curso.

- os proprietários suportarem o restante custo inicial das infra-estruturas gerais;
- os utilizadores pagarem os custos de gestão e conservação;
- os contribuintes suportarem os custos de reconstrução e de adaptação.

Tal modelo implicaria:

- uma reformulação muito profunda da contribuição autárquica, associada à abolição da sisa;
- uma administração urbanística mais exigente e equitativa, relativamente às iniciativas dos vários promotores;
- uma política de tarifas municipais mais rigorosa e mais transparente;
- uma clarificação do destino dado aos nossos impostos.

# OS CUSTOS DO URBANISMO

*Prof. Manuel Leal da Costa Lobo*
(Instituto Superior Técnico)

Os custos do urbanismo não são só os custos de urbanização, ou seja das infraestruturas a colocar nos terrenos para que permitam a constituição de lotes urbanos e a posterior edificação e vivência humanizada dos sítios.

Antes de mais temos os *custos da administração instalada*, que há--de tomar as grandes opções, fomentar a participação do cidadão, contratar urbanistas para o desenho dos planos, elaborar pareceres e tomar decisões.

Uma vez assim localizados os espaços para expansão urbana, há que disponibilizar os terrenos, o que envolverá *transacções imobiliárias* e operações mais ou menos complexas de negociação, quiçá de expropriação. Temos, assim, o uso dos terrenos com todas as suas *alcavalas e eventuais diferenciais especulativos e de lucros de intermediários*.

Depois teremos os *custos do plano de pormenor e da urbanização dos terrenos*, atrás referidos, mas acrescidos dos *custos gerais de componentes comuns*, a ratear pelos urbanizadores, o que pode ascender a cerca de 50% do custo das infraestruturas locais, em termos médios.

Não esquecer que ao falar de terrenos a disponibilizar não nos referimos apenas aos lotes mas também aos *espaços necessários para localizar as infraestruturas* (de 20 a 30%) *e os equipamentos sociais* (que podem ascender a 20 a 50% do total), áreas dependentes das densidades adoptadas e da qualidade urbana desejada.

Seguem-se os *custos de realização das infraestruturas e dos edifícios e instalações* para os equipamentos sociais.

Depois há os *custos de exploração e manutenção dos espaços urbanos*, das suas infraestruturas e dos edifícios residenciais, industriais, comerciais, de escritórios e de equipamentos e serviços sociais.

---

\* Texto elaborado pelo autor para o colóquio e revisto pelo mesmo para efeitos da sua publicação.

## O Sistema Financeiro e Fiscal do Urbanismo

Em toda esta adição há que não esquecer os *custos financeiros eventuais*.

Parece que está tudo!

Mas não está. Faltam exactamente os chamados *custos sociais*, frequentemente esquecidos. Trata-se de acrescentar aos custos públicos os encargos suplementares que a solução escolhida pode acarretar. Assim, podemos servir uma localidade $\underline{A}$ com uma estação de caminho de ferro à distância $\underline{d}$ dessa localidade. Uma alternativa seria afastá-la mais, ficando à distância $\underline{d + \Delta d}$, com um custo para a administração pública menor, digamos $c - \underline{\Delta c}$, em vez de $\underline{c}$. Só que esta solução mais barata (menores custos de traçado e de expropriações) implicaria que cada utente, em média, tivesse que se deslocar em transporte público uma distância $\underline{\delta + \Delta \delta}$ em vez da distância $\underline{\delta}$ no caso da estação mais próxima. O custo equivalente de capital, aplicada a adequada taxa de actualização, $\underline{ta}$, ao acréscimo de encargo total a suportar pelos utentes corresponderia ao custo social, para efeito de comparar as alternativas. É óbvio que a política de recambiar os custos para os utentes em vez de os suportar pela administração pública, ou a política inversa, é matéria a sujeitar a debate esclarecido, tal como a própria $\underline{ta}$.

Este raciocínio aponta, afinal, para a necessidade de enquadrar a noção de custos de urbanismo num contexto mais abrangente de planeamento do território.

Também é bom dar atenção à *dinâmica da política fundiária municipal*. É um erro comum uma autarquia ter uns terrenos onde faz recair uma operação urbanística não contando, no estudo económico, com o valor dos terrenos ou atribuindo-lhes um valor modesto que não mais encontrará no mercado fundiário. Assim, esteve a fazer contas erradas, por não considerar o real valor dos terrenos em questão, valor que faltará mais tarde, numa gestão cuidada do seu património e de desenvolvimento urbanístico.

Por último há que referir a questão das *mais valias*. Em 1947, tentou o Governo Trabalhista britânico reservar as mais valias fundiárias exclusivamente para a administração pública, "1947 Act", indemnizando os privados que se consideravam já detentores de uma valorização dos seus terrenos pela proximidade dos centros urbanos. Muitas outras vias e métodos têm sido tentados mas este aspecto está por resolver, resultando numa espécie de lotaria em que ninguém sabe bem ao certo se vai perder ou se viu ganhar. O último arrendatário ou comprador é que, normalmente, não tem dúvidas que pagou esses diferenciais de mais valias a alguém, por vezes por bom preço. Se queremos uma administração transparente e honesta não poderemos deixar de enfrentar e dar-lhe uma solução jurídica, administrativa e política, a contento da nossa cultura popular.

Desde a expropriação do espaço de rua com cobrança de mais valias até à expropriação municipal para realizar as expansões urbanas, passando pela expropriação sistemática, pelas ADUP, pelo mercado "livre" dos loteamentos, até à actual figura jurídica de per-equação, quantas vias não se tentaram já, praticamente com pouco sucesso! Parece-nos que é tempo de não continuar a experimentar, "a ver se dá", mas constituir um grupo sénior de urbanistas, juristas, avaliadores e políticos para pôr cobro às situações equívocas em que se tem vivido e propor uma solução prática, construtiva e justa.

Sem estas condições prévias não valerá muito a pena falar de custos de urbanismo e, sobretudo, de avaliação. Por muito que os avaliadores sejam técnicos experimentados e bem intencionados não dão garantia à sociedade – nem podem dar – quanto à pertinência social/global das suas avaliações, empurrando as autarquias locais para becos sem saída quando quiserem estabelecer um plano justo, de solidariedade humana, para cidades não congestionadas e sem marginalidades, digamos um plano civilizado e que responda a todas as necessidades de uma comunidade equilibrada e com condições para um desenvolvimento das suas dimensões humanas.

Neste momento, o mais que o avaliador poderá fazer é procurar atribuir ao prédio que lhe couber avaliar um valor de substituição, isto é, de modo a que o proprietário vendedor ou expropriado receba uma indemnização que lhe permita, de facto, comprar um prédio equivalente ao que lhe tiver sido comprado ou expropriado, talvez com uma pequena percentagem suplementar para considerar o aspecto afectivo e de incómodo quando se trata de um expropriado ou equivalente.

Como primeira reflexão final julgo ser importante referir que não faz sentido falar de custos sem falar de *benefícios* ou, de um modo mais geral, sem proceder a uma avaliação de todo o processo através de um método multi-critério muito participado, que permita ir tirando conclusões a curto, médio, longo e muito longo prazo (o planeamento a m.l.p. corresponde ao conceito de sustentabilidade).

É claro que toda a perspectiva enunciada deverá ainda passar pelo crivo da *viabilidade financeira*, já que é sabido como muitos bons negócios não chegam a fazer-se por falta de poder financeiro dos protagonistas. Muitas autarquias locais, e muito especialmente no terceiro mundo, são tolhidos no seu progresso por falta de um capital de fundo, ou seja de um crédito que lhes permita maior mobilidade de acção.

Do que não restam dúvidas é que nestes últimos 20 anos se processou uma *subida dos preços de terrenos* que torna quase inviável uma política social e de fomento económico. De facto, a tradição, dos anos 70, de evitar que o terreno base não custasse mais do que 15% do custo final do edificado (nomeadamente de habitação), está completamente ultrapassada. Assim, numa habitação cujo custo de construção se limite a 8.500 contos não deveria ter que adicionar mais do que 1.500 contos para a parte do terreno (15% do total), quando no mercado poderá ir até 50%!!! As mais valias, entretanto, são absorvidas por intermediários e operadores especulativos.

Como segunda reflexão referirei o caso dos terrenos face à prática urbanística actual, tal como é praticada, em relação ao processo de definição de perímetros urbanos, zonamento e perequações. A definição dos perímetros urbanos faz com que os *terrenos que ficam fora dos perímetros* vejam os seus valores muito limitados no mercado de solos, e não tanto como seria de esperar porque se cria normalmente uma coroa de terrenos nas proximidades do perímetro urbano que se tornam expectantes e adquirem uma pre-mais-valia especulativa que pode ser do tipo explicitado no esquema junto.

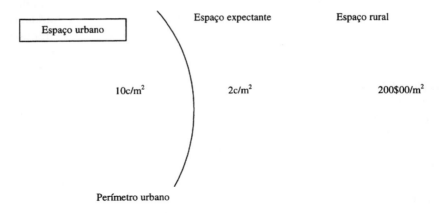

Isto significa que a simples marcação do perímetro segundo uma linha ou outra mais afastada poderá, na prática, influir nos custos dos terrenos em mercado livre.

A mesma coisa se passa com o *zonamento urbano*, onde se criarão grandes diferenciais de valor para os terrenos no referido mercado. Para obviar a estas situações tem-se advogado a adopção das políticas de *perequação, estabelecendo um índice igual por m²* para todas as parcelas de terreno, o que pode ser altamente arriscado e injusto quando dois terrenos, à partida, tiverem valores de mercado bem diferenciados. Por exemplo um terreno em leito de cheia, sem qualquer aptidão para edificação, mas tão somente para cultivo (digamos 500$00/m$^2$) e outro em encosta suave e bem orientada (digamos 15 contos/m$^2$).

A perequação com reparcelamento, nestas circunstâncias, *pode ser altamente injusta* se o valor de índice único for aplicado para além de uma área que se possa considerar homogénea.

# O DIREITO AO TERRITÓRIO*

*Prof. Sidónio Pardal*
(Instituto Superior Técnico)

A vertente do urbanismo que motiva este encontro trata da sua substantivação e configuração, como competência do Estado e da Administração Pública. Se, por um lado, a melhor teoria do urbanismo o considera como uma função eminentemente pública, já a política seguida no nosso país nos últimos 40 anos evidencia uma demissão das responsabilidades públicas na produção de solo urbanizado, deixando o protagonismo para a iniciativa privada de uma forma ingrata para esta e que tem operado em condições extremamente difíceis. Os resultados no terreno e na economia são negativos e isso está patente nas patologias do sistema de planeamento, no mercado imobiliário, na arquitectura urbana e na paisagem em geral.

A Legislação não tem evoluído nos seus conteúdos e na resposta aos problemas reais; apenas se tem complicado. Os trabalhos teóricos na esfera do Direito do Urbanismo são escassos e não respondem aos problemas da realidade nacional, e assim falta a necessária fundamentação conceptual à feitura das leis e à sua aplicação. Daí que continue a não haver uma Lei de Solos que faculte ao Estado e às Autarquias os instrumentos para desenvolverem, de forma consequente e qualificada, os espaços adaptados às necessidades da economia moderna. Há uma carência generalizada de espaço edificado com qualidade arquitectónica, integração urbana bem conseguida e a preços razoáveis. Também no sector agrícola e florestal há dificuldades, podemos mesmo dizer irracionalidades (como as criadas por Diplomas como a Reserva Agrícola Nacional (RAN), Reserva Ecológica Nacional (REN) e excessos da Rede Natura 2000), que de forma injudiciosa e gratuita ferem os mais elementares direitos dos proprietários e das populações que vivem e trabalham fora dos perímetros urbanos. Os conteúdos dos diplomas da Reserva Agrícola e da Reserva Ecológica violam o princípio da racionalidade, o que não é admissível em Leis de um Estado

---

\* Texto elaborado pelo autor para o colóquio.

de Direito. Aqui o Direito foi enganado com falsos argumentos técnicos que encobrem uma grave incompetência disfarçada a pretexto de uma pretensa defesa do sector agrícola e da "ecologia"!! Na verdade, os agricultores são vítimas da Reserva Agrícola e da Reserva Ecológica, que não os deixam viver confortavelmente nas suas explorações e cuidar, como é devido, dos espaços silvestres, impondo um disparatado e perigoso abandono de mais de 40% do território nacional.

Assim se bloqueia o desenvolvimento e modernização de uma política agrícola e florestal e se induz um desordenamento urbanístico. Na prática nos PDM faz-se a negociação obscura das designadas áreas urbanizáveis como o negativo das ditas Reservas Agrícola e Ecológica escamoteando os problemas concretos do desenvolvimento territorial. Compete também à esfera do Direito fazer uma cuidada avaliação crítica da argumentação técnica subjacente a este tipo de diplomas que não têm qualquer suporte técnico-científico mas têm, porventura, intenções que remetem para a esfera de interesses políticos e económicos. Esta Legislação é grave porque esconde esses interesses, dando a entender que os seus postulados derivam de evidências técnico-científicas, procurando legitimar-se através de uma aparente objectividade.

*

Uma Lei de Solos tem pouco sentido prático se não for complementada com os Planos que se configuram a partir dela. Os Planos mais importantes são os Planos Gerais de Urbanização que resolvem a expansão dos aglomerados urbanos, incluindo as zonas de franja. Estamos a falar de apenas 4% do território nacional. Os restantes 96% são espaços rústicos, silvestres, agrícolas onde, em princípio, não ocorrem urbanizações e onde é necessário aplicar uma *regulamentação específica para as construções fora dos perímetros urbanos*. Esta regulamentação deve ter por principal objectivo salvaguardar e valorizar a vida das populações do sector agro-florestal, do turismo e outros residentes. Quanto às zonas únicas de "parques e reservas", classificadas por razões de índole científica e cultural, têm prioridade, merecendo todos os cuidados de protecção. Mas não é surpreendente o facto destes "parques e reservas" estarem todos fora da Reserva Ecológica Nacional?!!! O Parque da Ria Formosa está na sua totalidade fora da REN!

Com os actuais PDM, os espaços urbanos estão a ser tratados com uma visão de escala idêntica à dos espaços rústicos, o que é um erro grosseiro na medida em que se está a fazer a gestão da maior parte dos espaços urbanos do país, a partir dos PDM, que não têm sequer resolução cartográfica para suportar uma gestão urbanística clara e eficiente! Os Planos aplicam e desenvolvem os conteúdos abstractos das leis a casos particulares, mas a sua essência urbanística é alcançada através do mérito arquitectónico e técnico das suas soluções de concepção e construção dos espaços úteis e da paisagem.

O planeamento urbanístico tende, naturalmente, a diferenciar o território. Compete ao Direito criar regras que, perante a necessidade incontornável dos Planos fazerem diferenciações de usos, de utilizações e de densidades de construção, não sejam violados os princípios da igualdade e da justiça. A superação justa destas diferenças, de modo a não se traduzirem em violações dos princípios básicos do Direito, é um dos maiores desafios do Direito do Urbanismo moderno.

As faculdades da propriedade imobiliária são cada vez mais determinadas e condicionadas pelos conteúdos técnicos dos Planos que, convenhamos, não têm a objectividade e a fundamentação científica que se lhes quer atribuir. A configuração de um Plano, no melhor urbanismo, decorre de opções de composição estética no contexto do desenho urbano informado por um programa de desenvolvimento com uma forte componente de vontade política e de opção económica.

Estamos perante uma crescente intervenção dos poderes Administrativos sobre a relação da sociedade com o território e está em curso uma profunda transformação dos direitos da propriedade imobiliária, principalmente na esfera privada.

O planeamento do território, nas suas implicações jurídicas, económicas e administrativas, é uma problemática recente e, entre nós, pouco estudada. A realidade vai muito à frente do conhecimento, prestando-se as circunstâncias a abusos, arbitrariedades, irracionalidades, injustiças e destruição gratuita de património arquitectónico e paisagístico. A situação agrava-se à medida que crescem as tensões entre as dinâmicas territoriais do sector privado e a crescente intervenção administrativa do Estado e das Autarquias. A falta de uma argumentação esclarecida, tende a afirmar-se o poder do mais forte ou do discurso mais atrevido invocando o óbvio – melhorar a qualidade de vida, defender o ambiente, proteger a fauna selvagem e outros objectivos consensuais que, quando apropriados por um discurso particular, se tornam obscuros instrumentos político-ideológicos.

A clarificação sobre o direito de edificar e de urbanizar continua por fazer no que diz respeito às suas diferenças substantivas. É fundamental que a Lei não ignore o que se passa com as mais-valias associadas às decisões administrativas sobre as alterações do uso do solo em geral e, em particular, à alteração de solo rústico para solo urbano. Note-se que o caso singular dos solos urbanizáveis, que não podem ser de modo algum tomados como solos urbanos, já que uma parte significativa da mancha urbanizável tem apenas a função de criar excedente de oferta e baixar os preços para dar alguma fluidez ao mercado. Não deixam por isso de constituírem um elemento perverso, desordenador da estrutura física dos aglomerados urbanos. Esta questão das áreas urbanizáveis tem sido objecto de interpretações contraditórias e até ingénuas; o assunto merece ser estudado ao nível dos seus efeitos e procura de alternativas.

*O Código das Expropriações*, nas suas duas últimas versões, por um lado interdita ao Estado e às Autarquias o direito de expropriar solos rústicos para promover urbanizações de iniciativa pública para o mercado livre, enquanto por outro lado permite que os planos territoriais procedam a autênticas expropriações indirectas e à criação de restrições sobre a propriedade privada sem assumir as responsabilidades indemnizatórias inerentes. São negadas à Administração Pública prerrogativas elementares para o desempenho das suas responsabilidades urbanísticas, como seja a de expropriar solos rústicos para urbanizar de uma forma coerente e depois vender grande parte dos lotes urbanos em hastas públicas para alimentar o mercado imobiliário satisfazendo as necessidades das procuras, seja de empresas de construção, seja de particulares que querem fazer autoconstrução. Mas é-lhe permitido fazer classificações propositivas em planos de espaços para equipamentos públicos, por vezes com um sentido útil duvidoso, e ficar por aí, sem avançar com a declaração de utilidade pública, com a posse administrativa e a expropriação. São imensos os casos em que os proprietários vêem os seus terrenos postos fora do mercado pelos planos territoriais, sendo vítimas de um abuso da Administração Pública que assim viola os mais elementares princípios de justiça e dos direitos da propriedade privada.

*O caso das rendas congeladas* continua ainda por resolver, violando-se aqui também os direitos da propriedade privada, neste caso abusivamente utilizada pelo Estado para fazer uma pretensa "política de habitação" demagógica e de consequências desastrosas sobre o património edificado e sobre o mercado de arrendamento.

A incapacidade de se fazer uma legislação moderna que enquadre e estimule uma boa prática urbanística inteligente está também na origem da permissividade dos loteamentos clandestinos que constituem uma ferida na estrutura física do território, na economia urbana e na própria cultura da população e da Administração envolvidas neste imbróglio jurídico.

*A Contribuição Autárquica* continua a aguardar uma solução. Note-se que este imposto deve ser um dos principais instrumentos de regulação do mercado imobiliário ao desmotivar a posse de prédios que não tenham sentido útil directo ou proporcionem rendimento ao proprietário. A Contribuição Autárquica tem como principal função desmotivar o aforro especulativo no imobiliário e forçar a entrada no mercado de imóveis devolutos pondo-os à disposição de quem necessita deles e tenha capacidade para os comprar ou arrendar por um preço razoável.

É confrangedora a paisagem que o país apresenta com milhares e milhares de imóveis abandonados e degradados, mesmo no centro das nossas principais cidades; mas é também significativo e prejudicial o elevado número de prédios rústicos sem utilização. A falta de segmentação do mercado faz com que todos os proprietários, mesmo dos terrenos agro-florestais, configurem o seu preço tendo como referência valores do mercado urbano. Os PDM não trataram desta questão e apesar de fazerem um zonamento de usos eles não têm a coerência, a credibilidade e a razão de ser necessárias para conseguir uma saudável segmentação do mercado imobiliário.

É surpreendente o autismo de todos os planos relativamente à realidade económica. Ignoram-se as carências de espaços adaptados às necessidades das famílias e das empresas, não há sensibilidade para combater a escalada dos preços especulativos, não só dos terrenos como dos edifícios e mesmo dos serviços públicos que lhes estão associados e é total a indiferença dos planos à capacidade económica dos diversos escalões da procura. Os planos, pudicamente, não falam nos custos do urbanismo e muito menos enfrentam o escândalo dos preços a que estão a ser vendidas casas, escritórios, e mesmo os terrenos rústicos para segunda habitação. É como se os planos nada tivessem a ver com isso, quando de facto são os planos um dos principais responsáveis pelo actual estado das coisas.

Os preconceitos sobre a divisão da propriedade rústica que estão subjacentes aos regulamentos da generalidade dos PDM tornaram proibitivo o preço dos pequenos prédios rústicos tão procurados e apreciados pelas famílias que querem conjugar a sua actividade principal nos serviços ou na indústria com uma prática agrícola familiar. Esta tipologia, que conjuga a residência com a pequena quinta agrícola, permite uma significativa ajuda económica à família e constitui a base de alguma segurança e alternativa de trabalho, muito útil em situações de crise económica quando algum membro do agregado familiar cai no desemprego. Nada justifica a má vontade contra as "quintinhas" nas franjas urbanas, designação que na gíria do urbanismo é usada com um sentido crítico e mesmo pejorativo, o que não é inocente na medida em que ajuda a suportar os critérios que têm conduzido a concentrações excessivas, altas densidades indutoras da construção

# O Sistema Financeiro e Fiscal do Urbanismo

em altura, e por consequência imposto a habitação colectiva como uma oferta quase sem alternativa.

A quem interessa restringir a viabilidade das quintinhas em urbanizações expandidas, com infra-estruturas aligeiradas, promovendo a moradia unifamiliar? A quem interessa fomentar a construção de alta densidade em grandes complexos de propriedade horizontal? A resposta a esta pergunta não é tão óbvia como parece a quem simplificar as coisas dizendo que tal se deve aos interesses dos especuladores do costume! Não estou a ver, nem os proprietários nem os empresários da construção civil, por muito beneficiados que sejam por esta situação, como responsáveis por esta "filosofia" urbanística!

O território e o sistema urbano, com toda a sua crescente complexidade de redes de serviços públicos, tornou-se uma base de tal modo sensível e significativa em matéria económica que, quase sem darmos por isso, as sociedades modernas concentraram na esfera do urbanismo um dos maiores poderes sobre a economia.

A compreensão de ordenamento do território, a regulamentação e salvaguarda dos direitos da propriedade, as regras que pautam as decisões administrativas sobre o aproveitamento do solo em geral, e do desenvolvimento do espaço urbano em particular, exigem uma base disciplinar de Direito muito mais desenvolvida que ajude a resolver as contradições e conflitos entre os interesses público e privado, o sentido colectivo e sistémico da cidade e da paisagem, e os múltiplos poderes que operam sobre as dinâmicas territoriais.

*A questão dos interesses e poderes que estão envolvidos no processo de elaboração de um Plano e da sua gestão justifica uma particular atenção da Teoria do Direito do Urbanismo no sentido de esclarer os contextos em que eles são exercidos sob os pontos de vista político, jurídico e económico.* Quem tem hoje de facto o poder de decidir sobre as alterações no uso do solo, de conferir o direito de urbanizar e de fixar parâmetros urbanísticos? Quando este poder é exercido, em cada caso concreto, quais são as mais-valias que foram efectivamente geradas e qual o seu destino? Estas são questões incontornáveis que, à falta de um tratamento claro, envenenam o sistema.

O urbanismo como função e poder da Administração Pública carece de uma explicitação sobre a substância desse mesmo poder e das responsabilidades e condições de quem concretamente o exerce. Não se pode escamotear a realidade continuando a dizer-se que essas decisões são técnicas, fundamentadas em razões objectivas validadas pela *praxis* das Engenharias, da Arquitectura e de um Urbanismo estritamente técnico. Na realidade, estas vertentes técnicas e objectivas do Urbanismo são cada vez mais desprezadas e subvertidas por imposições da esfera dos pequenos poderes administrativos periféricos, que nem chegam a ter a legitimidade do Poder político que também acaba por ser intimidado e vitimado pelos "pequenos poderes periféricos da Administração". Estas "autoridades" eminentemente burocráticas acabam por condicionar e determinar as grandes decisões político-económicas estruturantes e exercem-se paralelamente, quando não à margem, das razões do urbanismo cuja finalidade é assegurar as técnicas de bem projectar e construir, garantindo a todos o direito de estar e partilhar na construção do Mundo.

# FISCALIDADE DO URBANISMO*

*Prof. Doutor José Casalta Nabais*
(Faculdade de Direito de Coimbra)

## SUMÁRIO

1. Duas observações preliminares; 2. A fiscalidade e o urbanismo; 3. A tributação das mais-valias: 3.1. A tributação geral das mais-valias: 3.1.1. A tributação em IRS; 3.1.2. A tributação em IRC; 3.1.3. Conclusão quanto à tributação geral das mais-valias; 3.2. A tributação especial das mais-valias: 3.2.1. O chamado encargo de mais-valia; 3.2.2. As chamadas contribuições especiais; 4. As taxas urbanísticas. 4.1. As taxas por infra-estruturas urbanísticas; 4.2. As compensações urbanísticas; 4.3. Outras taxas dos particulares devidas pelo controlo de actividades urbanísticas; 5. A harmonização da fiscalidade urbanística: 5.1. A harmonização da tributação das mais-valias: 5.1.1. A harmonização entre a tributação geral e da tributação especial das mais-valias; 5.1.2. A harmonização entre as diversas tributações especiais das mais-valias; 5.2. A harmonização entre a tributação das mais-valias e as taxas urbanísticas; 5.3. A harmonização entre a tributação estadual e a tributação municipal.

## 1. Duas observações preliminares

Antes de nos pronunciarmos especificamente sobre o tema que nos foi proposto, impõem-se, com vista à compreensão do sentido da expressão fiscalidade do urbanismo, duas observações prévias: uma, relativa ao significado com que aqui vem utilizado o termo fiscalidade; outra, respeitante ao sentido a ter em conta no termo urbanismo.

Pois bem, relativamente ao termo fiscalidade, é de referir que ele tem servido e serve de embalagem aos mais diversos conteúdos, muito embora, as mais das vezes, com ele se pretenda significar os impostos ou o conjunto dos impostos numa perspectiva inter ou multidisciplinar [1]. No título

---

\* Texto elaborado pelo autor para o colóquio e revisto pelo mesmo para efeitos da sua publicação.

[1] Cf. o nosso *Direito Fiscal*, Almedina, Coimbra, 2000, p. 124 e s.

40      *O Sistema Financeiro e Fiscal do Urbanismo*

destas considerações, todavia, comporta um significado específico e relativamente amplo, já que com ele se pretende referir os tributos ou o conjunto dos tributos, em suma, a tributação (em sentido literal)[2]. Por isso, a fiscalidade, de que vamos tratar, é constituída pelo conjunto dos tributos atinentes ao urbanismo, ou seja, pelo conjunto dos impostos, contribuições (especiais) e taxas respeitantes ao urbanismo. Um significado que, esclareça-se, é corrente lá fora, sobretudo em França[3].

Todavia, como certamente se deixa adivinhar, pela nossa parte, preferíamos empregar a expressão tributação do urbanismo. Mas, esclarecido que está o sentido que o termo fiscalidade tem no *título* desta exposição, nada temos a opor à sua utilização. É, pois, em conformidade com este sentido que vamos proceder às considerações que se seguem.

Por seu turno, no respeitante ao termo urbanismo, é de referir que o mesmo vai aqui tomado, como bem se compreende, num sentido amplo. Num sentido que abarca os três bem conhecidos e já clássicos grandes domínios do urbanismo, a saber: o domínio do ordenamento ou planeamento urbanístico, o domínio do uso e ocupação dos solos urbanos e o domínio da construção de edifícios ou da edificação[4]. O que, é de acrescentar, não obsta a que seja sobretudo este último segmento do direito do urbanismo, isto é, o urbanismo em sentido estrito, aquele que, por via de regra, mais aberto se apresenta à fiscalidade e que, justamente por isso, constitui o suporte duma fiscalidade específica – a chamada fiscalidade do urbanismo.

Esclarecido que está o sentido de cada um dos termos de per si ou em separado, vejamos agora o sentido do conjunto, isto é, o sentido da expressão fiscalidade do urbanismo. O que, como é bom de ver, implica relacionar a fiscalidade e o urbanismo ou, noutros termos, dar conta dos pontos de contacto destas duas realidades.

---

[2] Contraposta assim a "imposição", enquanto referida aos impostos ou ao conjunto dos impostos – v., para a recuperação deste sentido da palavra imposição, Aníbal de Almeida, «Teoria pura da imposição», *Boletim de Ciências Económicas*, vol. 43, 2000, p. e ss.

[3] V., por todos, entre nós, Diogo Leite de Campos, «Fiscalidade do urbanismo», in *Direito do Urbanismo*, INA, 1989, p. 455 e ss., e, para a França, Fernand Bouyssou, «Réflexions sur vingt ans de fiscalité de l'urbanisme», e Bernard Plagnet, «Réflexions sur la fiscalité locale», ambos em *Etudes de Finances Publiques offertes à Paul Marie Gaudemet*, Paris, 1985, respectivamente, p. 717 e ss. e p. 735 e ss., e Yves Jegouzo, «Le financement de l'aménagement après la loi du 18 juillet 1985», *Revue Française de Droit Administratif*, 2 (3), mai-juin 1986, p. 339 e ss.

[4] Cf. Fernando Alves Correia, *O Plano Urbanístico e o Princípio da Igualdade*, Almedina, Coimbra, 1989, p. 51 e ss.

## 2. A fiscalidade e o urbanismo

Podemos dizer que o fenómeno do urbanismo se encontra, ou pode encontrar, com a fiscalidade a partir de duas perspectivas. De um lado, enquanto a actividade urbanística dá origem a manifestações da capacidade contributiva, as quais, sejam gerais ou especiais, podem ser erigidas em pressuposto e critério de impostos ou contribuições especiais[5]. É o que acontece com as mais-valias urbanísticas que são objecto quer de impostos, quer de contribuições especiais.

De outro lado, o urbanismo depara-se com a fiscalidade enquanto ocasiona encargos urbanísticos para o Estado ou para os municípios, os quais, por terem natureza divisível, podem ser repartidos pelos que os originam através da exigência de taxas ou outras compensações urbanísticas. É o que se verifica com as taxas urbanísticas *lato sensu*.

Do que vimos de referir, facilmente se pode concluir que vamos tratar, num primeiro momento, dos impostos e das contribuições especiais proporcionados pelo urbanismo ou, o que é dizer o mesmo, dos impostos e contribuições especiais incidentes sobre as mais-valias urbanísticas e, num segundo momento, das taxas urbanísticas em sentido amplo. Trataremos, depois, da falta de harmonização existente entre os referidos impostos e entre estes e as taxas urbanísticas. Aspectos estes que constituem os domínios mais importantes do sector do ordenamento jurídico tributário que, por via de regra, se designa por fiscalidade do urbanismo[6].

É, pois, deste domínio assim delimitado que vamos tratar. O que significa deixar de fora a que vem sendo designada por fiscalidade imobiliária ou fiscalidade predial[7], a qual, num entendimento estrito, isto é, num sen-

---

[5] Sobre o sentido da capacidade contributiva como pressuposto e critério dos impostos, v. o nosso estudo *O Dever Fundamental de Pagar Impostos. Contributo para a compreensão constitucional do estado fiscal contemporâneo.* Almedina, Coimbra, 1998, p. 462 e ss.

[6] Ou, para quem tenha desta uma concepção ampla, por fiscalidade do urbanismo em sentido estrito, um sentido que. justamente porque o torna coincidente com o de fiscalidade imobiliária ou predial em sentido amplo, é, a nosso ver, de rejeitar. V. o que dizemos a seguir, no texto.

[7] Fiscalidade imobiliária ou fiscalidade predial que alguma doutrina ainda separa. como ocorre, por exemplo, em França – cf. Nuno Sá Gomes, «Alguns aspectos jurídicos e económicos controversos da sobretributação imobiliária no sistema fiscal português», *Ciência e Técnica Fiscal*, 386, Abril – Junho de 1997, p. 65 e ss. (67 e ss.). Quanto aos diversos domínios por que se estende a fiscalidade imobiliária v. por todos, Jean Schmidt, *Fiscalité Immobilière*, 4ª ed., litec, Paris, 1991.

42 O Sistema Financeiro e Fiscal do Urbanismo

tido que contraponha esta à fiscalidade urbanística, tem por objecto a tributação de manifestações da capacidade contributiva reveladas pela posse ou detenção dos bens imóveis que não constituam resultado, ao menos directo, da actividade urbanística. Fiscalidade essa que, entre nós, se traduz na tributação dos rendimentos prediais em IRS ou IRC, na contribuição autárquica e nos impostos sobre a transmissão de bens imóveis, em que temos o imposto municipal de sisa, o imposto sobre sucessões e doações e o imposto de selo sobre a aquisição de direitos reais, o arrendamento e o subarrendamento e outras operações semelhantes [8]. Não é, assim, a tributação imobiliária ou predial, a tributação clássica ou a tributação geral, que tem por objecto onerar as pessoas enquanto contribuintes, que nos vai ocupar [9].

---

[8] V. Os n.os 1 a 3 da Tabela Geral do Imposto de Selo. Como estamos a ver, num país em que não está previsto qualquer IVA imobiliário, a fiscalidade imobiliária integra apenas impostos sobre o rendimento predial e impostos sobre o património imobiliário. V., sobre a problemática da tributação do património, e designadamente as propostas que vêm sendo feitas no sentido da sua reforma, o nosso *Direito Fiscal*, cit., p. 335 e ss.

[9] Refira-se que, olhando para o conjunto da tributação imobiliária em sentido amplo, pode dizer-se que o nosso legislador fiscal parece ter tido por objectivo evitar que se construam imóveis e obstar a que os imóveis construídos sejam dados de arrendamento ou, vistas a coisas de um outro ângulo, favorecer a especulação imobiliária. Uma visão das coisas que, em rigor, nem os quadros ultraliberais do liberalismo proprietarístico do século passado comportariam e cuja defesa actual, a constituir uma opção consciente do legislador, não poderia deixar de ser entendida, pelo menos no que respeita aos prédios destinados a satisfazer o direito constitucional à habitação, como uma intolerável manifestação de cinismo estadual. Trata-se, naturalmente, de uma realidade docorrente da concepção socialista do urbanismo constante da versão originária da nossa Constituição, que deferiu a resolução dos problemas urbanísticos a um entendimento proprietarístico do solo urbanizável e, consequente e coerentemente, à utilização preferencial do instrumento da expropriação por utilidade pública dos solos urbanos. É claro que, perante este socialismo urbanístico, que logo se revelou de todo impraticável, proliferou, mais ou menos abertamente, um capitalismo urbanístico selvagem, totalmente guiado pela especulação imobiliária com os resultados catastróficos que todos conhecemos e que as nossas cidades, vilas e até aldeias exibem sem qualquer réstia de pudor. Na verdade, face à tributação do património imobiliário e do rendimento que o mesmo proporciona, facilmente se conclui pela existência, entre nós, de dois tipos de imóveis ou prédios: os constituídos por terrenos para construção em que não se edifica ou por casas que não são dadas de arrendamento, que suportam apenas a contribuição autárquica, que será, de resto, diminuta, se se tratar de prédios avaliados há muito tempo; e os constituídos por terrenos para a construção em que se edifica ou por casas que são dadas de arrendamento, que suportam para além desse imposto anual sobre o património, as contribuições especiais incidentes sobre as mais-valias e as taxas de urbanização, no caso de construção, e o IRS ou IRC, no caso de arrendamento. O que não deixa de ser estranho em geral e particularmente no respeitante à tributação dos

A Fiscalidade do Urbanismo: Imposto e Taxas          43

Vai-nos ocupar, isso sim, um determinado tipo de fiscalidade, a fiscalidade moderna ou a fiscalidade criada pelo urbanismo, que tem por objectivo que determinados encargos públicos sejam suportados pelos seus directos beneficiários. Em suma, vamos tratar da fiscalidade ou tributação do urbanismo.

Ora bem, como já dissemos, dois são os grandes domínios da fiscalidade do urbanismo ou fiscalidade urbanística nos termos em que esta foi delimitada, a saber: a tributação das mais-valias urbanísticas e as taxas urbanísticas. Uma conclusão que, esclareça-se, leva pressuposto o entendimento de que os tributos, neste como em qualquer outro domínio, ou são de natureza unilateral, constituindo impostos ou figuras polarizadas no regime dos impostos, ou são de natureza bilateral, constituindo taxas ou figuras polarizadas no regime das taxas [10]. Mas vejamos, então, cada um dos referidos sectores da tributação urbanística de per si.

## 3. A tributação das mais-valias

Um pouco por toda a parte é o problema do tratamento fiscal das mais-valias urbanísticas aquele que se apresenta como o aspecto mais visível das relações entre o urbanismo e a fiscalidade. Também é o que acontece entre nós. De facto, à variedade de situações na tributação das mais-valias, corresponde uma idêntica variedade de situações relativas à tributação das mais-valias urbanísticas. Efectivamente, os "acréscimos de poderes aquisitivos obtidos sem esforço e pelos acasos da sorte" [11], para utilizarmos a terminologia do Preâmbulo do CIRS, resultantes da actividade urbanística estão sujeitos, de um lado, a uma tributação geral em IRS

---

bens imóveis destinados à satisfação do direito à habitação. Já que, a haver alguma discriminação favorável na tributação dos imóveis, ela devia ser a favor dos imóveis que se destinassem à satisfação do referido direito, distinguindo-se muito claramente entre esses bens e os outros. Para uma crítica tanto da falta de consideração do direito à habitação como da falta de harmonização das diversas soluções existentes, tendo em conta quer os imóveis destinados à habitação, em si mesmos ou enquanto fontes de rendimentos, quer as despesas afectas à satisfação desse direito, através do arrendamento, compra ou construção de habitações, v. o nosso estudo *O Dever Fundamental de Pagar Impostos*, cit., p. 580 e ss.

[10] V. sobre este nosso entendimento dicotómico ou binário dos tributos, por último, *Direito Fiscal*, cit., p. 35 e ss.

[11] Na terminologia do n.° 5 do Relatório do CIRS. Lembre-se que, segundo a noção genérica constante do n.° 2 do o Relatório do Código do Imposto de Mais-Valias, consideravam-se mais-valias os aumentos de valor dos bens que não haviam sido produzidos ou comprados para vender.

44 *O Sistema Financeiro e Fiscal do Urbanismo*

e em IRC e, de outro lado, a uma tributação especial através de contribuições especiais, em que temos ainda contribuições especiais a favor do Estado e contribuições especiais a favor dos municípios.

3.1. *A tributação geral das mais-valias.* Como já referimos, a tributação das mais-valias verifica-se em diversas situações. Desde logo, verifica-se ela em sede da tributação geral do rendimento, ou seja, em sede do IRS, por um lado, e em sede do IRC, por outro. Uma tributação que, embora já com alguma tradição entre nós[12], só com a reforma fiscal da tributação dos rendimentos dos anos oitenta[13] veio assumir o carácter geral que actualmente tem. Uma tributação que, devemos acentuá-lo, comporta basicamente dois regimes: um, relativo à tributação das mais-valias obtidas pelas empresas; outro, relativo às mais-valias obtidas pelos não empresários. Vejamos, então, como é que as coisas se passam em cada um destes regimes, primeiro no IRS e, depois, no IRC.

3.1.1. *A tributação em IRS.* Partindo de um conceito amplo de rendimento, ou seja, do chamado rendimento-acréscimo, que, a nosso ver, constitui mesmo uma exigência da própria Constituição baseada no princípio da capacidade contributiva e no próprio recorte constitucional do "imposto sobre o rendimento pessoal" (art. 104.°, n.° 1)[14], o IRS incide também sobre as mais-valias realizadas auferidas por pessoas singulares. As mais-valias inserem-se, de resto, em três das nove categorias de rendimento previstas no CIRS, a saber: por um lado, na categoria C – rendimentos comerciais e industriais – e na categoria D – rendimentos agrícolas – e, por outro lado,

---

[12] Traduzida em diversas manifestações, das quais a mais importante foi, sem dúvida, a resultante da reforma fiscal dos anos sessenta, que consagrou, entre nós, a tributação ordinária das mais-valias, através da criação, em 1965, do já referido Imposto de Mais-Valias.

[13] Concretizada na aprovação, em 1988, dos CIRS e CIRC. Com efeito, antes o nosso sistema fiscal previa a tributação apenas de algumas mais-valias, mais concretamente das mais-valias resultantes dos seguintes actos: 1) transmissão onerosa de terrenos para construção (quando dela não resultassem ganhos sujeitos ao encargo de mais-valias); 2) transmissão onerosa de elementos do activo imobilizado das empresas ou de bens ou valores por elas mantidos como reserva ou parar fruição; 3) trespasse de locais ocupados por escritórios ou consultórios afectos ao exercício das profissões independentes; e 4) aumento do capital das sociedades anónimas e em comandita por acções ou por quotas, mediante incorporação de reservas ou emissão de acções (v. o art. 1.° do Código do Imposto de Mais-Valias).

[14] Todavia, segundo a explicação contida no Relatório do CIRS, a opção do nosso legislador de 1989 pelo rendimento-acréscimo terá ficado a dever-se às exigências do princípio da capacidade contributiva. Cf. nota anterior.

## A Fiscalidade do Urbanismo: Imposto e Taxas

na categoria G – mais-valias. Uma distribuição da tributação das mais-valias que conduz a duas tributações completamente distintas: a tributação das mais-valias comerciais, industriais ou agrícolas e a tributação das mais-valias propriamente ditas [15].

Assim, as mais-valias integradas nas categorias de rendimento C e D, ou seja, as mais-valias resultantes de actividades comerciais, industriais ou agrícolas, são tributadas, segundo os n.os 1 dos arts. 20.° e 23.° do CIRC (aplicáveis ao IRS por força do art. 31.° do CIRS), não directamente enquanto tais, mas como rendimentos integrantes do lucro tributável das referidas empresas singulares. Por outras palavras, são tributadas se e na medida em que se verifique um saldo positivo entre as mais-valias e as menos-valias, saldo esse que constitui uma componente, num primeiro momento, do lucro contabilístico e, num segundo momento, do lucro tributável da respectiva empresa [16].

Nesta conformidade, trata-se de mais-valias que acabam por estar sujeitas à taxa progressiva de IRS que vier a ser aplicável ao conjunto dos rendimentos do respectivo empresário, a qual, como sabemos, atinge a taxa marginal máxima de 40%. O que, por via de regra, traduz uma tributação bastante mais elevada do que aquela que atinge a generalidade das mais-valias, sobretudo se tivermos em conta que esta taxa máxima é alcançada por níveis de rendimento que, atendendo à realidade das economias das famílias portuguesas, são demasiado baixos [17].

Já quanto às mais-valias propriamente ditas, tributadas como rendimentos da categoria G, ou seja, como mais-valias, em que naturalmente se integram as mais-valias urbanísticas [18] que não constituam rendimentos

---

[15] Cf. J. J. Teixeira Ribeiro, «A tributação das mais-valias na reforma fiscal», *Boletim de Ciências Económicas*, XXXVIII, 1995, p. 103 e ss.

[16] V. sobre estas categorias o nosso *Direito Fiscal*, cit., p. 366 e ss.

[17] Para uma crítica desta solução, v. J. J. Teixeira Ribeiro, «Comentários ao Código do IRS», em *A Reforma Fiscal*, Coimbra Editora, Coimbra, 1989, p. 237 e ss. (242 e ss.); o *Relatório da Comissão para o Desenvolvimento da Reforma Fiscal*, Ministério das Finanças, Lisboa, 1996, p. 549, e o nosso estudo *O Dever Fundamental de Pagar Impostos*, cit., p. 596 e s.

[18] Segundo o CIRS, temos aí quatro tipos de situações de mais-valias, a saber: 1) as mais-valias prediais, 2) as mais-valias de partes sociais e outros valores mobiliários, 3) as mais-valais da propriedade intelectual e industrial e 4) as mais-valias em direitos e bens afectos à actividade dos profissionais independentes. Retira-se, a título de informação, que no art. 40.°, n.° 5, al. *a*), da LOE/2000 contém uma autorização legislativa ao Governo para: "Integrar na categoria B do IRS as mais-valias e as menos-valias emergentes da alienação onerosa de bens afectos, de modo duradouro, ao exercício de actividades profissionais independentes". O que significa que, se esta autorização legislativa vier a ser uti-

46  *O Sistema Financeiro e Fiscal do Urbanismo*

resultantes de actividades comerciais, industriais ou agrícolas, a tributação é feita em moldes bem diversos. Na verdade, em conformidade com o disposto no art. 41.°, n.° 2, do CIRS, as mais-valias urbanísticas que se encontrem nesta situação são tributadas apenas em 50% do seu valor [19]. O que conduz a um regime fiscal bastante mais favorável do que o aplicado às mais-valias industriais, comerciais ou agrícolas.

*3.1.2. A tributação em IRC.* Podemos dizer que o tratamento fiscal das mais-valias em IRC é idêntico ao aplicável em sede do IRS às mais-valias comerciais, industriais ou agrícolas. Com efeito, elas integram a matéria colectável do IRC porque: ou são componente do lucro, que constitui a base de incidência do IRC das sociedades comerciais e civis sob forma comercial, das cooperativas e empresas públicas e, bem assim, das demais pessoas colectivas que exerçam, a título principal, uma actividade de natureza comercial, industrial ou agrícola; ou são componente do rendimento global, correspondente à soma algébrica das diversas categorias de rendimento consideradas para efeitos do IRS, que constutui a base da incidência do IRC das demais pessoas colectivas [20]. Pelo que as mais-valias ou integram o lucro tributável ou o rendimento global dos sujeitos passivos do IRC.

Mas, como se está a ver, também aqui há diferenças de tributação a assinalar, as quais não se limitam à diferente incidência já mencionada. Efectivamente, enquanto as mais-valias realizadas pelas entidades tribu-

---

lizada, o regime das mais-valias relativas a estes bens se aproximará do das mais-valias das actividades comerciais, industriais e agrícolas.

[19] Regime este que, deve acentuar-se, não constitui o regime mais favorável das mais-valias em sede do IRS, já que mais-valias há que apenas são tributadas à taxa liberatória de 10%, como acontece relativamente ao saldo positivo entre as mais-valias e as menos-valias apuradas na transmissão onerosa de partes sociais e outros valores mobiliários (art. 75.°, n.os 1 e 2, do CIRS), ou que não são tributadas de todo, como é o caso das mais-valias provenientes da alienação de: 1) obrigações e outros títulos de dívida e 2) das acções detidas pelo seu titular durante mais de 12 meses (art. 10.°, n.° 2, do CIRS). Para uma crítica destas soluções em sede do regime de tributação das mais-valias, v. o nosso *Direito Fiscal*, cit., p. 166 e s. e os autores aí citados. Refira-se, porém, que a LOE/2000 contém uma autorização legislativa, no seu art. 40, n.° 5, al. *d*), autorizando o Governo a: "Rever o regime de tributação das mais-valias mobiliárias obtidas por sujeitos passivos de IRS residentes em território nacional, com vista à sua aproximação ao regime regra de englobamento aplicável aos restentes ganhos de mais-valias."

[20] Isto é, que não sejam sociedades comerciais ou civis sob forma comercial, cooperativas, empresas públicas ou outras pessoas colectivas que exerçam, a título principal, uma actividade de natureza comercial, industrial ou agrícola.

# A Fiscalidade do Urbanismo: Imposto e Taxas 47

tadas pelo seu lucro estão sujeitas a uma taxa de IRC de 32%[21] ou, se se tratar de micro-empresas, a uma taxa de 20.°[22], as entidades tributadas pelo rendimento global estão sempre sujeitas a uma taxa de IRC de 20%[23].

### 3.1.3. *Conclusão quanto à tributação geral das mais-valias.* Em sede da tributação geral das mais-valias urbanísticas, temos assim um sistema de favorecimento dos não empresários. Com efeito, enquanto as empresas suportam o imposto sobre o rendimento – o IRS ou o IRC – na sua totalidade, os não empresários apenas suportam o IRS por metade. Um favorecimento, a nosso ver, inteiramente incompreensível. Com efeito, a haver lugar a algum favorecimento nesta sede, como em geral se defende, dado sobretudo o carácter excepcional de tais ganhos[24], mais compreensível seria que o mesmo fosse a favor dos empresas, singulares ou colectivas, e não a favor dos não empresários. Aliás, as mais-valias urbanísticas das próprias empresas são elas objecto de um tratamento algo diferenciado, uma vez que enquanto os empresários em nome individual suportam a taxa progressiva de IRS, cuja taxa marginal máxima pode atingir 40%, e os empresários colectivos estão sujeitos a uma taxa efectiva (IRC + derrama) de 35,2%, as micro-empresas apenas suportam uma taxa de 20%[25].

Por isso, seria mais acertado tributar todas as mais-valias urbanísticas por metade do seu valor, alargando, deste modo, às mais-valias dos

---

[21] Nos termos resultantes da LOE/2000. Taxa essa a que há que acrescentar a derrama de 10%, prevista no art. 18.° da Lei das Finanças Locais, que eleva assim a taxa efectiva de tributação do rendimento das empresas (colectivas) para 35,2%.

[22] Isto é, de empresas com um volume de negócios médio relativo aos exercícios de 1997 e 1998 não superior a 30.000. Assinale-se que, de acordo com o art. 45.° da Lei n.° 87-B/99 (LOE/99), de 21 de Dezembro, que criou este regime, não estamos perante um regime geral de redução da taxa de IRC para as microempresas, mas tão-só face a um regime de incentivos. Daí a limitação do seu horizonte temporal aos exercícios de 1999, 2000 e 2001.

[23] Uma situação que, convém lembrá-lo, já se verificava na vigência do Imposto sobre Mais-Valias, pois, segundo os n.° 1 e § 1.° do art. 1.° do Código do Imposto de Mais--Valias, estavam excluídos da incidência deste imposto os rendimentos tributáveis em contribuição industrial. Pelo que as mais-valias dos empresários eram tributadas em contribuição industrial e imposto complementar, secção B, o que tinha por consequência estarem essas mais-valias sujeitas a elevadas taxas, atendendo ao nível que estas atingiram depois de 1976. V. sobre estas taxas, Vitor Faveiro, *Noções Fundamentais de Direito Fiscal Português*: vol. II – *Estrutura Jurídica do Sistema Fiscal Português. Impostos sobre o Rendimento*, Coimbra Editora, Coimbra, 1986, p. 566 e s. e 850.

[24] V. o *Relatório da Comissão para o Desenvolvimento da Reforma Fiscal*, cit., p. 471e s.

[25] V., porém, o que dissemos *supra*, na nota 22.

48        *O Sistema Financeiro e Fiscal do Urbanismo*

empresários em nome individual e às mais-valias das empresas colectivas o regime previsto para as mais-valias propriamente ditas, isto é, para as mais-valias da categoria G do IRS, as quais, como vimos, são tributadas apenas por metade do seu valor[26].

3.2. *A tributação especial das mais-valias.* Mas, para além da tributação geral, que tem lugar nos dois impostos que suportam o nosso sistema de tributação do rendimento e se aplica, em princípio, a todas as mais--valias urbanísticas, há diversas situações objecto de uma tributação especial. Isto é, há determinadas mais-valias urbanísticas que são objecto também de um regime especial de tributação.

Estamos aqui perante situações que, em geral, são integradas nas chamadas *contribuições especiais*[27], uma categoria de tributos que, dada a sua relativa autonomia conceptual, alguma doutrina, sobretudo estrangeira, procura colocar numa posição de algum modo equidistante entre a figura dos impostos, de um lado, e a figura das taxas, de outro. Uma orientação que, tanto nós como a generalidade da doutrina nacional, vem rejeitando, uma vez que tais tributos não passam de impostos, embora impostos que apresentam uma particularidade – a de terem por base manifestações da capacidade contributiva resultantes do exercício de uma actividade administrativa pública e não, ou não exclusivamente, do exercício de uma actividade do respectivo contribuinte. Manifestações da capacidade contributiva essas que assumem, de resto, duas formas, já que, enquanto, nuns casos, a actividade administrativa provoca manifestações positivas dessa capacidade, aumentando-a, noutros casos, a actividade administrativa pública limita-se a obstar a que surjam manifestações negativas dessa capacidade, ou seja, limita-se a manter essa mesma capacidade. O que, na terminologia elaborada há muito tempo pela doutrina italiana e seguida em Espanha e em Portugal, nos conduz, respectivamente, às "contribuições de melhoria" e às "contribuições por maior despesa".

Como será fácil de ver, no caso em apreço, estamos perante situações que se enquadram na primeira modalidade, isto é, perante contribuições especiais na sua configuração de "contribuições de melhoria". Na verdade, as contribuições especiais, a que estamos a referirmo-nos, caracterizam-se pelo facto de serem prestações devidas por manifestações da capacidade contributiva que se concretizam em vantagens económicas particulares

---

[26] V., neste sentido, também o *Relatório da Comissão para o Desenvolvimento da Reforma Fiscal*, loc. cit. e, bem assim, o *Relatório da Comissão de Revisão do IRS*. DGCI, Lisboa, 1998, p. 62 e s.

[27] Ou tributos especiais - cf. o nosso *Direito Fiscal*, cit., p. 39 e s. e 42 e ss.

resultantes do exercício da actividade administrativa pública urbanística, ou seja, de vantagens económicas que beneficiam indistintamente, não naturalmente a generalidade dos contribuintes, mas apenas os contribuintes pertencentes à categoria dos proprietários ou detentores dos bens imóveis objecto de valorização imputável à actividade administrativa pública. Pois bem, a nosso ver, podemos distinguir dois tipos de situações, em que no nosso sistema são cobradas contribuições especiais na forma de contribuições de melhoria urbanísticas: 1) os casos em que é cobrado o tradicional *encargo de mais-valia*, e 2) as situações em que são devidas as mais recentes *contribuições especiais*. Vejamos, então, cada uma destas situações.

3.2.1. *O encargo de mais-valia*. No respeitante ao encargo de mais--valias, temos três situações, a saber: 1) o encargo de mais-valia na titularidade dos municípios e incidente à taxa de 50% sobre o aumento de valor dos prédios rústicos [28] que, em virtude da "simples aprovação dos planos de urbanização" ou de "obras de urbanização", aumentem consideravelmente de valor [29]; 2) o encargo de mais-valia que incide à taxa de 60% sobre o aumento de valor dos prédios rústicos e dos terrenos para construção da margem sul valorizados em consequência da construção da ponte entre Lisboa e Almada [30]; e 3) o encargo de mais-valia incidente igualmente à taxa de 50% sobre o aumento do valor dos prédios rústicos valorizados em virtude da construção de estradas e de outras grandes vias de comunicação, pela possibilidade da sua utilização como terrenos de construção urbana, cobrado, antes, a favor da Junta Autónoma das Estradas (JAE) e, agora, a favor dos institutos que substituíram aquela Junta, isto é, a favor do Instituto das Estradas de Portugal (IEP), do Instituto para a Construção Rodoviária (COR) e do Instituto para a Conservação e Exploração Rodoviária (ICERR) [31].

---

[28] Embora, segundo uma parte significativa da doutrina seguida pela jurisprudência, esse encargo também possa incidir, se bem que à taxa de 30%, sobre prédios urbanos, uma vez que a Lei n.° 2.030. de 22 de Julho de 1948, apenas terá revogado o art. 10.° da Lei de 26 de Junho de 1912 quanto aos prédios rústicos. V., sobre o problema e por todos, Fernando Alves Correia, *O Plano Urbanístico e o Princípio da Igualdade*, cit., p. 566 e ss., e Nuno Sá Gomes, «Alguns aspectos jurídicos e económicos controversos da sobretributação imobiliária no sistema fiscal português», *cit.*, p. 108 e ss.

[29] V. o art. 17.° da Lei n.° 2.030, e os arts. 87.° e ss. do Decreto-Lei n.° 43.587, de 8 de Junho de 1961.

[30] V. o art. 4.° do Decreto-Lei n.° 41.6161, de 10 de Abril de 1958, e o Decreto-Lei n.° 46.950, de 9 de Abril de 1966.

[31] V. o art. 17.° , n.° 1, da Lei n.° 2.030 e o Decreto Regulamentar n.° 4/83, de 25 de Janeiro. Quanto à extinção da JAE e à criação do referidos institutos, v. o Decreto-Lei

50 *O Sistema Financeiro e Fiscal do Urbanismo*

Três observações acerca deste encargo. Uma, para dizer que o encargo de mais-valias, incidente sobre o aumento de valor dos prédios rústicos e dos terrenos para construção da margem sul valorizados em consequência da construção da ponte entre Lisboa e Almada, se aplica, nos termos do art. 1.°, n.° 4, do Decreto-Lei n.° 46.950, à mais-valia resultante não apenas da construção da ponte, mas também da resultante de obras de urbanização ou da abertura de grandes vias de comunicação.

Outra, relativa à titularidade ou destino das receitas do encargo de mais-valia, para dizer que: no primeiro caso, a receita do encargo de mais-valia é inteiramente da titularidade do município; no segundo, há lugar a uma divisão da taxa do encargo, que é de 60%, entre o Estado, que fica com 20% e o município, que fica com os restantes 40%; e, no terceiro caso, em que a receita do encargo está consignada aos referidos Institutos que sucederam à JAE, quando esta foi desmantelada em 1999.

Uma terceira, para assinalar que, apenas muito recentemente, a disciplina do encargo de mais-valia devido pela valorização dos prédios rústicos em virtude da aprovação dos planos de urbanização, de obras de urbanização ou da abertura de vias de comunicação, foi objecto das alterações que a autonomia constitucionalmente restaurada dos municípios, há muito, reclamava. Com efeito, foi através do art. 2.° da Lei n.° 168/99 [32] que vieram a ser deferidas às assembleias municipais a regulamentação desse encargo e às câmaras municipais a determinação das áreas beneficiadas, quando, tanto num como no outro caso, estejam em causa obras de urbanização ou vias de comunicação municipais ou intermunicipais.

3.2.2. *As contribuições especiais*. Relativamente às chamadas contribuições especiais, que mais não são do que contribuições especiais que podemos designar de 2ª geração (constituindo assim os casos que vimos, em que é devido o encargo de mais-valia, contribuições especiais da 1ª geração), são de mencionar aqui também três situações, a saber: 1) a contribuição especial incidente sobre o aumento do valor dos prédios rústicos, terrenos para construção e áreas resultantes da demolição de prédios urbanos já existentes, na área dos municípios beneficiados pela construção da nova ponte sobre o Tejo [33]; 2) a contribuição especial incidente sobre o

---

n.° 237/99, de 26 de Junho, que contém em anexo, os estatutos dos IEP, ICOR e ICERR. Acrescente-se que na enumeração das receitas destes institutos – contida nos arts. 16.° dos referidos estatutos – não consta qualquer referência às receitas do mencionado encargo de mais-valia.

[32] De 18 de Setembro, que aprovou o novo Código de Expropriações.

[33] V. o Decreto-Lei n.° 51/95, de 20 de Março, que aprovou o seu Regulamento.

aumento do valor dos prédios rústicos, terrenos para construção e áreas resultantes da demolição de prédios urbanos devido à realização da EXPO/98 [34]; e 3) a contribuição especial incidente sobre o aumento de valor dos prédios rústicos, terrenos para construção e áreas resultantes da demolição de prédios urbanos dos concelhos beneficiados pelos investimentos concretizados na construção das circulares regionais externa e interna de Lisboa [35] e na construção das circulares regionais externa e interna do Porto [36]. Também relativamente a estas contribuições se impõem algumas considerações.

Uma, para referir que se trata de uma contribuição que incide, nuns casos, a uma taxa de 30% e, noutros casos, a uma taxa de 20%, sobre o aumento de valor dos prédios rústicos, resultante da possibilidade da sua utilização como terrenos para construção, bem como sobre o aumento de valor dos terrenos para construção ou das áreas resultantes da demolição de prédios urbanos situados nos municípios beneficiados pelos investimentos concretizados, respectivamente, na construção do nova ponte sobre o Tejo, na realização da EXPO/98 e na construção da CREL, da CRIL, da CREP e da CRIP. Uma taxa mais moderada, portanto, do que a prevista no encargo de mais-valia.

Outra, para dizer que estamos perante contribuições com uma duração limitada, já que as leis que as criaram prevêem que as mesmas terão uma duração de 20 anos [37]. Uma característica que se compreende atento o impacto valorativo das obras causadoras das mais-valias que constituem o objecto das contribuições em análise, mas que não tem lugar, como de resto vimos, no encargo de mais-valia.

Uma terceira, para assinalar que se trata de contribuições de obrigação e cobrança únicas, uma vez que, de acordo com os n.ᵒˢ 3 dos arts. 1.º dos seus regulamentos, nenhuma delas poderá ser cobrada mais de uma vez sobre cada prédio. O que bem se compreende, pois que, incidindo sobre uma valorização excepcional dos prédios, decorrente da construção da nova ponte, da realização da EXPO/98 ou da construção das circulares referidas, não vemos como, sem grave iniquidade, a mesma pudesse ser cobrada mais de uma vez.

Finalmente, uma outra ainda para, numa apreciação sumária, dizermos que, em nossa opinião, estamos perante contribuições cuja disciplina jurí-

---

[34] V. o Decreto-Lei n.º 54/95, de 22 de Março, que aprovou o seu Regulamento, na redacção que lhe foi dada pelo Decreto-Lei n.º 43/98, de 3 de Março.

[35] Isto é, a CREL – Circular Regional Externa de Lisboa e a CRIL – Circular Regional Interna de Lisboa.

[36] vIsto é, a CREP – Circular Regional Externa do Porto e a CRIP – Circular Regional Interna do Porto.

[37] Cf. os n.ᵒˢ 1 dos arts. 4.º dos Decretos-Lei n.ᵒˢ 54/95 e 43/98.

## 52     *O Sistema Financeiro e Fiscal do Urbanismo*

dica enferma, em alguma medida, de inconstitucionalidades. Na verdade, as contribuições especiais relativas aos terrenos valorizados pela construção da nova ponte sobre o Tejo, pela realização da EXPO/98 e pela construção das circulares externa e interna de Lisboa e do Porto apresentam-se afectadas de diversas inconstitucionalidades. Por um lado, estamos perante impostos retroactivos, pois tributam mais-valias verificadas antes da entrada em vigor dos referidos Decretos-Lei n.ºs. 51/95, 54/95 e 43/98, que aprovaram os respectivos regulamentos, já que, nos termos dos arts. 2.ºs de tais regulamentos, as contribuições incidem sobre a valorização dos terrenos ocorrida entre, respectivamente, 1 de Janeiro de 1992 ou 1 de Janeiro de 1994 e a data do requerimento da respectiva licença de construção, o que briga com o art. 103.º, n.º 3, da Constituição na versão da RC/97 (em vigor desde 5 de Outubro de 1997), tornando assim inconstitucionais tais impostos se bem que, nos dois primeiros casos, estejamos perante inconstitucionalidades supervenientes. Daí que, a nosso ver, para afastar a mencionada inconstitucionalidade a contribuição especial deveria incidir apenas sobre as mais--valias verificadas a partir da entrada em vigor do respectivo diploma ou da alteração que veio alargar ou agravar a referida tributação.

Depois, olhando para a incidência pessoal dessas contribuições, verificamos que as mesmas podem ser exigidas a contribuintes relativamente aos quais se não tenham verificado quaisquer mais-valias, como no caso em que as mesmas tenham sido realizadas pelo vendedor do terreno (que por elas, aliás, terá sido tributado em IRS ou em IRC), situação em que nos deparamos com uma intolerável violação do princípio da capacidade contributiva. Por isso, relativamente aos contribuintes que adquiriram os terrenos posteriormente ao início da contagem da período da sua valorização, a contribuição especial devia incidir apenas sobre a valorização entre o momento dessa aquisição e o momento do requerimento da respectiva licença de construção.

Finalmente, na medida em que o terreno se destine a satisfazer o direito constitucional à habitação, isto é, à construção de uma moradia que vise garantir uma habitação de dimensão adequada em condições de higiene e conforto ao contribuinte e sua família, também a sua tributação, nos estritos termos que resultam destes diplomas, viola o art. 65.º da Constituição. Com efeito, para obstarem a esta inconstitucionalidade, os diplomas que regulam tais contribuições especiais deviam prever uma isenção para aqueles contribuintes que utilizassem e na medida em que utilizassem o terreno para satisfazer o referido direito à habitação [38].

---

[38]    V. também o nosso *Direito Fiscal* , cit., p. 43, nota 30.

# A Fiscalidade do Urbanismo: Imposto e Taxas

## 4. As taxas urbanísticas

Por certo que não é necessário ser adivinho para concluir que estamos aqui a falar de taxas urbanísticas num sentido amplo. Num sentido em que, não obstante a diversidade de manifestações que ostentam tais taxas[39], verdadeiramente nos deparamos com três situações, a saber: as taxas devidas por infra-estruturas urbanísticas ou taxas urbanísticas em sentido estrito, as chamadas compensações urbanísticas e outras taxas devidas pelos particulares.

*4.1. As taxas por infra-estruturas urbanísticas.* De entre todas as taxas que os particulares têm de suportar no domínio do urbanismo, são certamente as chamadas taxas por infra-estruturas urbanísticas ou, na actual forma canónica "as taxas pela realização, manutenção e reforço de infra-estruturas urbanísticas"[40], as mais conhecidas. O que não surpreende se tivermos em conta o peso destas taxas

Uma figura tributária que, não obstante o nome que ostenta, tem sido objecto de alguma discussão relativa à sua natureza, já que tanto a doutrina como a jurisprudência se encontra dividida a seu respeito. Com efeito, enquanto alguns autores como Freitas do Amaral, Osvaldo Gomes, Diogo Leite de Campos, Afonso Marcos e Nuno Sá Gomes e, bem assim, a jurisprudência do STA[41], se vêm pronunciando pela sua natureza de imposto, outros autores como Paz Ferreira e Aníbal Almeida e, bem assim, a jurisprudência do Tribunal Constitucional[42] vêm-se pronunciando pela sua natureza de taxa.

---

[39] Para ter uma ideia de tal diversidade basta consultar, como exemplo e para não irmos mais longe, o *Regulamento Municipal de Taxas e Cedências Relativas à Administração Urbanística* de Coimbra, publicado no Apêndice n.º 41 do Diário da República, II Série, de 7 de Abril de 1999, p. 62 e ss.

[40] Como agora se diz nos arts. 19.º, al. *a*), da Lei das Finanças Locais (LFL – Lei n.º 42/98, de 6 de Agosto) e 116.º do Regime Jurídico da Urbanização e Edificação (RJUE – Decreto-Lei n.º 555/99, de 16 de Dezembro, editado na sequência da autorização legislativa constante da Lei n.º n.º 110/99, de 3 de Agosto).

[41] Cf., quanto aos autores referidos, Freitas do Amaral, *Direito do Urbanismo – Sumários*, Lisboa, 1993, p. 119; Osvaldo Gomes, «Direito do urbanismo», in *Direito das Empresas*, INA, 1990, p. 201 e ss.; Diogo Leite de Campos, «Fiscalidade do urbanismo», cit., p. 460; Afonso Marcos, «As taxas municipais e o princípio da legalidade fiscal», *Fisco*, n.º 74/75, p. 22 e ss., e Nuno Sá Gomes, «Alguns aspectos jurídicos e económicos controversos da sobretributação imobiliária no sistema fiscal português», *cit.*, p. 98 e ss.

[42] Cf, quanto aos autores, Paz Ferreira, «Ainda a propósito da distinção entre impostos e taxas: o caso da taxa pela realização de infra-estruturas urbanísticas», *Ciência*

54       *O Sistema Financeiro e Fiscal do Urbanismo*

Pois bem, como se deduz da própria inserção desta figuras no presente esquema de exposição, inclinamo-nos no sentido da sua natureza de taxa. Uma conclusão que exige um esclarecimento suplementar, que é este. Naturalmente que uma tal conclusão não pode ser alcançada em termos gerais e abstractos, mas sim tendo em conta o recorte de cada taxa em concreto, procedendo-se, como é mister, em cada caso, à investigação do critério que suporta a dita "taxa". E das duas uma: ou esse critério assenta na ideia de proporcionalidade entre a prestação (a taxa) e a contraprestação específica (traduza-se esta numa prestação estadual ao particular ou numa específica despesa estadual provocada pelo particular), deparando-nos com uma (verdadeira) taxa; ou não assenta numa tal ideia, caso em que teremos uma figura tributária que, em virtude de ter por base a capacidade contributiva, não pode deixar de guiar-se pelo regime próprio dos impostos [43].

Foi, aliás, a um teste deste tipo aquele a que procedeu o Tribunal Constitucional no seu recente Ac. 357/99, em que concluiu, de resto por unanimidade, embora em secção, pela natureza de taxa da taxa pela realização de infra-estruturas urbanísticas do município de Amarante.

*4.2. As compensações urbanísticas.* Um outro caso, em que, a seu modo, também podemos falar de taxas urbanísticas, situa-se, a nosso ver, na figura das compensações urbanísticas ou, mais precisamente das compensações para os espaços públicos, equipamentos colectivos e infra-estruturas. Com efeito, nos termos do n.º 1 do art. 44.º do RJUE[44], o proprietário e os demais titulares de direitos reais sobre o prédio a lotear cedem gratuitamente ao município as parcelas para implantação de espaços verdes públicos e equipamentos de utilização colectiva e as infra-estruturas que devam integrar o domínio municipal. Todavia, segundo o n.º 4 do mesmo artigo, se o prédio a lotear já estiver servido de infra-estruturas ou não se justificar a localização de qualquer equipamento ou espaço verde públicos, não há lugar a qualquer cedência para esses fins, ficando o proprietário obri-

---

*e Técnica Tributária*, 380, Outubro-Dezembro de 1995, p. 57 e ss., e Aníbal Almeida, *Estudos de Direito Tributário*, Almedina, Coimbra, 1996, p. 35 e ss. Por seu lado, no respeitante à jurisprudência do Tribunal Constitucional, v. o Ac. 357/99.

[43] V. o nosso estudo *O Dever Fundamental de Pagar Impostos*, cit., p. 264 e s., 354 e s. e 477, e o nosso *Direito Fiscal*, cit., p. 35 e ss.

[44] Regime este entretanto suspenso até 31 de Dezembro de 2000, pela Lei n.º 13/2000, de 20 de Julho, que represtinou a legislação anterior com a salvaguarda dos actos praticados entre 14 de Abril e 21 de Julho de 2000.

## A Fiscalidade do Urbanismo: Imposto e Taxas

gado ao pagamento de uma compensação ao município, em numerário ou em espécie, nos termos definidos por regulamento municipal [45].

Ora bem, o primeiro problema que aqui se coloca é o de saber qual a natureza jurídica destas compensações, ou seja, trata-se de saber se estamos perante tributos unilaterais ou impostos ou perante tributos bilaterais ou taxas. Uma questão cuja resposta depende, está bem de ver, da resposta que dermos a esta outra pergunta: essas compensações visam atingir manifestações da capacidade contributiva do proprietário ou exigir contrapartidas pelas despesas urbanísticas realizadas pelo município? A nosso ver e em abstracto, parece-nos que tais compensações terão a mesma natureza da taxa de urbanização ou, para sermos mais exactos, da "taxa pela realização, manutenção e reforço de infra-estruturas urbanísticas", ou seja, a natureza de taxa. Todavia, como vimos relativamente à taxa por infra-estruturas urbanísticas, também no respeitante às compensações em análise é preciso ter presente que a solução terá de ser encontrada caso a caso através da realização do teste da proporcionalidade inerente à figura das taxas.

*4.3. Outras taxas dos particulares devidas pelo controlo de actividades urbanísticas*. Taxas urbanísticas em sentido lato podemos considerar ainda aquelas taxas exigidas aos particulares pela contraprestação que constitui a actividade administrativa de controlo de actividades urbanísticas. Estamos naturalmente a referirmo-nos às taxas devidas pelas licenças ou autorizações de loteamento, de obras de urbanização e de execução de obras particulares, previstas nos arts. 19.°, al. *b)*, da LFL e 116.°, n.os 1 e 4, do RJUE. Efectivamente também estas taxas oneram, a seu modo, a actividade urbanística dos particulares, sendo, por conseguinte, uma manifestação da tributação do urbanismo.

O que, todavia, não pode levar-nos a esquecer as assináveis diferenças existentes entre tais taxas e as taxas devidas por infra-estruturas urbanísticas. Efectivamente, enquanto estas últimas constituem taxas devidas por uma actividade urbanística da Administração pública, aquelas são a contrapartida de uma actividade de controlo ou de polícia da actividade urbanística dos particulares. Ou seja, enquanto nas taxas por infra-estruturas urbanísticas estamos perante taxas que são o "preço" a pagar por ser-

---

[45] V., para a disciplina anterior destas compensações urbanísticas, o art. 16.° do Decreto-Lei n.° 448/91, de 29 de Novembro, com as alterações constantes da Lei n.° 26/96, de 1 de Agosto e, para a anterior a esta última, o art. 32.° do Decreto-Lei n.° 400/84, de 31 de Dezembro.

56     *O Sistema Financeiro e Fiscal do Urbanismo*

viços prestados pela Administração pública activa, nas taxas por autorizações e licenças urbanísticas deparamo-nos com taxas que são o "preço" a pagar por serviços prestados pela Administração pública de controlo[46].

## 5. A harmonização da fiscalidade urbanística

Tendo em conta a diversidade de figuras tributárias que integra a fiscalidade urbanística e as múltiplas manifestações que cada uma destas figuras ostenta, compreende-se que façamos aqui algumas referências à necessidade de harmonização que as mencionadas diversidade de figuras tributárias e multiplicidade de manifestações implicam.

5.1. *A harmonização da tributação das mais-valias.* Um problema a que devemos aludir aqui, prende-se com a questão de saber em que termos as diversas tributações das mais-valias urbanísticas, que acabamos de enunciar, se encontram harmonizadas. Ou seja, em que medida é que as diversas tributações incidentes sobre as mais-valias não configuram situações de dupla ou múltipla tributação jurídica[47]. Uma questão que, em rigor, se desdobra em dois segmentos: um, concretizado na harmonização entre a tributação geral e a tributação especial das mais-valias; outro, materializado na harmonização entre as diversas tributações especiais das mais-valias. Vejamos cada um destes aspectos de per si.

5.1.1. *A harmonização entre a tributação geral e a tributação especial das mais-valias.* Nos termos do art. 1.°, n.° 1, do Código do Imposto de Mais-Valias, não estavam sujeitas a este imposto as mais-valias urbanísticas acabadas de referir, na medida em que estivessem sujeitas ao referido encargo de mais-valias. Uma disposição idêntica não consta, todavia, dos CIRS e CIRC, os códigos que contêm agora a tributação geral das mais-

---

[46] No respeitante à tributação do urbanismo, v., por todos, para a Alemanha, Löhr, em Battis/Krautz/Bergar/Löhr, *Baugesetzbuch*, 7ª ed., München, 1999, p. 1033 e ss. (1065 e ss.), para a Itália, Gianfranco Lorenzon «Tributi locali», *Enciclopedia del Diritto*, XLV, 1992, p. 121 e ss. (147 e ss.), e Adriano di Pietro, «Tributi I», *Enciclopedi Giuridica Treccani*, XXXI, 1994, p. 7 e s., para Espanha, Javier Salas, «Beneficios y cargas derivados de la ordenación urbanistica (recuperación de plusvalías, compensación y técnicas de distribución equitativa)», *Revista de Administración Pública*, 92, mayo-agosto 1980, p. 45 e ss. (72 e s.) e, para França, os autores referidos *supra* nas notas 3 e 7.

[47] Sobre o conceito de dupla tributação jurídica e a sua distinção da dupla tributação económica, v. os nossos textos *O Dever Fundamental de Pagar Impostos*, cit., p. 511 e ss., e *Direito Fiscal*, cit., p. 196 e ss.

-valias. Porém, tendo em conta, de um lado, o facto de nada se dizer nos referidos códigos em contrário e, de outro lado, os princípios constitucionais por que se rege a tributação, mormente o princípio da igualdade tributária aferido pelo critério da capacidade contributiva, parece-nos que deve manter-se aquela regra de as mais-valias urbanísticas não serem tributadas em IRS ou em IRC quando as mesmas estejam sujeitas ao encargo de mais-valia.

É que, a entendermos as coisas de outro modo, estaríamos caídos numa dupla tributação jurídica, uma situação tributária que, muito embora a Constituição fiscal a não exclua de todo[48], não vemos como se possa aceitar nas disposições agora em apreciação. Pois, de um lado, essa dupla tributação muito dificilmente passaria com êxito o teste da constitucionalidade no respeitante à dupla tributação das mais-valias resultante, de um lado, da tributação em IRS pelas categorias de rendimento C e D ou em IRC e, de outro lado, da tributação concretizada pelo encargo de mais-valia. Com efeito, atendendo às taxas que atingem aqueles impostos e este encargo, facilmente poderíamos concluir pelo carácter excessivo, se não mesmo sufocante ou confiscatório, de uma tal tributação[49].

Mas a idêntica conclusão devemos chegar no respeitante à tributação em IRS pela categoria G, em que a tributação das mais-valias é feita pela metade do seu valor, dado o peso da tributação concretizado no encargo de mais-valias, que, como vimos, tem uma taxa de 50% e incide, não sobre as mais-valias realizadas como o IRS, mas sobre as mais-valias meramente verificadas.

O que não significa que as mais-valias urbanísticas não sejam tributáveis nas duas tributações – na tributação geral e na tributação especial –, conquanto que as mais-valias realizadas tributadas em sede do IRS ou do IRC não sejam tributadas, de novo, como mais-valias verificadas em sede da tributação especial. Na verdade, na medida em que cada uma das tributações referidas atinja manifestações diferentes da capacidade contributiva – o IRS e o IRC manifestações gerais e as contribuições especiais manifestações especiais –, nenhum obstáculo se levanta, a nosso ver, à coexistência dos dois tipos de tributação[50].

---

[48] V. sobre o problema, o nosso estudo *O Dever Fundamental de Pagar Impostos*, cit., p. 511 e s. e 601 e ss.

[49] V., neste sentido, também Fernando Alves Correia, *O Plano Urbanístico e o Princípio da Igualdade*, cit., p. 576 e s. e 643, muito embora este autor apenas tenha presente a harmonização do encargo de mais-valia com o IRS.

[50] Cf. o que dissemos *supra*, no n.º 3.2.2, *in fine*.

# 58 O Sistema Financeiro e Fiscal do Urbanismo

*5.1.2. A harmonização entre as diversas tributações especiais das mais-valias*. Idêntico problema ao acabado de referenciar, se coloca em relação à harmonização das diversas tributações especiais das mais-valias, que o mesmo é dizer entre o encargo de mais-valias e as chamadas contribuições especiais. Uma harmonização que bem necessária é, já que em ambas estas tributações se tributa o mesmo tipo de mais-valias, isto é, mais-valias urbanísticas verificadas, e não mais-valias realizadas como na tributação geral. Duas tributações cuja existência se terá ficado a dever ao facto de o encargo de mais-valia ter por suporte a actividade urbanística dos municípios, constituindo por isso uma tributação de carácter municipal [51], e as contribuições especiais terem por suporte basicamente a actividade urbanística do Estado, constituindo correspondentemente uma tributação estadual [52]. Uma distinção que não configura, todavia, a única diferença existente entre o encargo de mais-valia e as contribuições especiais, pois, enquanto o encargo de mais-valias comporta uma taxa de 50%, as contribuições especiais estão sujeitas a uma taxa de 20 ou 30% [53].

Ora bem, tendo presente estes dados, parece-nos de todo inadmissível que o encargo de mais-valia seja acumulável com a contribuição especial. Com efeito, para além de uma tal solução conduzir a uma tributação manifestamente excessiva, que com inteira justeza poderia inclusivamente levantar o problema da sua conformidade constitucional, não vislumbramos qualquer lei que a suporte. Ora, para uma hipótese dessas ser encarada, deveria a mesma ostentar, pelo menos, um claro suporte legal. O que obviamente se não verifica.

De resto, quando o legislador, numa situação que, de algum modo, se aproxima das que suportam as contribuições especiais agora em análise, pretendeu tributar pesadamente as mais-valias resultantes de uma grande obra pública – a construção da ponte entre Lisboa e Almada – disse-o claramente. Pois esclareceu que as mais-valias resultantes dessa obra, conjuntamente com as resultantes de obras de urbanização ou da abertura de

---

[51] Carácter municipal esse traduzido no facto de constituir atribuição do respectivo município uma pequena parcela do correspondente poder tributário e a titularidade da receita – v., respectivamente, o já referido art. 2.º da Lei n.º 168/99 (que aprovou o Código de Expropriações) e o art. 16.º, al. *g*), da LFL.

[52] Muito embora parte da receita de tais contribuições especiais seja destinada aos correspondentes municípios – v. o art. 4.º, n.os 2 e 3, do Decreto-Lei n.º 43/98, de 3 de Março.

[53] V., para o encargo de mais-valia, o art. 17.º, n.º 4, da Lei 2.030 e, para as contribuições especiais, os arts. 10.º do Decreto-Lei n.º 54/95 (na redacção do Decreto-Lei n.º 43/98) e 10.º do Decreto-Lei n.º 43/98.

A Fiscalidade do Urbanismo: Imposto e Taxas    59

grandes vias de comunicação, seriam tributadas à taxa de 60%, ficando a receita correspondente a 20% para o município de Almada e a receita correspondente a 40% para o Estado[54].

*5.2. A harmonização entre a tributação especial das mais-valias e as taxas urbanísticas*. Um outro aspecto de harmonização da fiscalidade do urbanismo a referenciar aqui tem a ver com a articulação entre as contribuições especiais incidentes sobre as mais-valias urbanísticas, de um lado, e as as taxas urbanísticas, de outro. Ou seja, trata-se de saber se e em que medida os mesmos prédios podem ser objecto simultâneo de taxas urbanísticas – de taxas por infra-estruturas urbanísticas e compensações urbanísticas – e de contribuições especiais, sejam estas as assim designadas por contribuições especiais da titularidade do Estado, seja o encargo de mais-valia.

Pois bem, também aqui estamos em crer que não é de todo incompatível com os principologia constitucional, que suporta o direito dos impostos, a cumulação destes dois tipos de figuras tributárias, conquanto que, devemos acrescentar desde já, essa cumulação não represente uma sobretributação totalmente desproporcionada ou excessiva. Isto não obstante entendermos que, sempre que haja a possibilidade de escolher entre tributos bilaterais e tributos unilaterais, deva dar-se preferência aos tributos bilaterais ou taxas. Assim o exige, em nosso entender, a natureza da actividade urbanística pública, uma actividade cujo financiamento deve ser preferentemente suportado por aqueles que dela retiram específicas vantagens, porque as quais, justamente por se configuram como contraprestações específicas da actividade urbanística das entidades públicas, podem dar origem a taxas urbanísticas.

*5.3. A harmonização entre a tributação estadual e a tributação municipal*. Uma outra maneira de encarar a harmonização da tributação urbanística tem a ver com a necessidade de se verificar uma adequada articulação entre, de um lado, a tributação urbanística do Estado e, de outro lado, a tributação urbanística dos municípios[55]. Na verdade, a distribuição de pode-

---

[54] Cf. *supra*, n.º 3.2.1.

[55] Dizemos dos municípios porque, como é sabido, muito embora a Constituição permita o reconhecimento de poderes tributários às autarquias em geral, portanto também às freguesias, o certo é que, pelo menos à face da lei actual, apenas as autarquias municipais dispõem de poderes tributários , isto é de poder tributário, capacidade tributária activa, competência tributária e titularidade de receita tributária – cf., quanto a estas categorias, o nosso *Direito Fiscal*, cit., p. 210 e ss., e, quanto àquela limitação legal, as nossas considerações «O novo regime das finanças locais», *Forum Iustitiae. Sociedade & Direito*, Ano 1, n.º 8, Janeiro de 2000, p. 28 e ss. (29).

60      *O Sistema Financeiro e Fiscal do Urbanismo*

res tributários nesta matéria não pode deixar de exprimir ou reflectir a distribuição de atribuições (e competências) substanciais existente entre Estado e os municípios neste domínio do urbanismo.

Pois bem, segundo o princípio da subsidariedade, por que deve reger-se a distribuição vertical das atribuições (e competências) públicas (ou estaduais *lato sensu*), as instâncias superiores não devem chamar a si senão aquelas atribuições (e competências) que as instâncias inferiores não têm capacidade de levar a cabo por iniciativa e acção próprias [56]. O que, no domínio das finanças públicas, não deixa de ter um claro suporte no chamado *fiscal federalism*, um corpo de teoria económica em que se têm apoiado diversas experiências de descentralização financeira, todas elas assentes na ideia de que pode haver níveis mais adequados do que o nível estadual para a prestação de serviços públicos [57].

Pois, nos termos de um tal corpo de teoria económica, os serviços públicos devem ser prestados pelo nível que mais adequado se revele à sua satisfação eficiente, o que, relativamente a certos serviços, conduz necessariamente à opção da sua prestação por entes públicos locais. E, cabendo aos entes locais a satisfação de determinados serviços públicos, aos mesmos deve caber o seu financiamento. Um financiamento que, muito embora pudesse ser satisfeito através de transferências do Estado, há toda a vantagem em ser suportado por receitas próprias, ou seja, por tributos dos entes locais, pois só assim se pode obstar eficazmente a fenómenos perversos como o

---

[56] V, por todos, Baptista Machado, *Participação e Descentralização. Democratização e Neutralidade na Constituição de 1976*, Almedina, Coimbra, 1982, p. 17 e ss., e o nosso estudo «A autonomia local. Alguns aspectos gerais», no número especial do *Boletim da Faculdade de Direito de Coimbra – Estudos em Homenagem ao Prof. Doutor Afonso Rodrigues Queiró*, vol. II, Coimbra, 1993, p. 107 e ss., e em separata, Coimbra, 1990, p. 69.

[57] Cf. Eduardo Paz Ferreira, «Problemas da descentralização financeira», *Revista da Faculdade de Direito de Lisboa*, vol. XXXVIII, 1997, I, p. 121 e ss. Como refere este autor, deve-se a Richard Musgrave a análise consistente da repartição de funções entre o Estado e as entidades infra-estaduais, designadamente a ideia de que, tendo em conta as três funções imputadas ao sistema financeiro público – a alocação de bens públicos, a distribuição e a estabilização –, se as duas últimas podem ser melhor desempenhadas a nível central ou estadual, a primeira pode ser satisfatoriamente realizada a nível local. Defendido, depois, por diversos autores, nele convergem não apenas autores que se inserem na linha intervencionista de Musgrave como Wallace Oates (a quem se deve a divulgação da expressão federalismo fiscal – v. o seu livro *Fiscal Federalism*, New York, 1972, reimp. da Gregg Revivals, 1993) mas também autores marcadamente contrários à intervenção estadual como é o caso de James Buchanan. V., por todos e por último, o próprio Wallace Oates, «Essay on fiscal federalism», *Journal of Economic Literature*, vol. XXXVII, September 1999, p. 1120 e ss.

das chamadas finanças parasitárias ou o da desresponsabilização dos eleitos locais que, levando inevitavelmente a um enfraquecimento do controlo democrático das despesas públicas[58], traduz uma verdadeira "esquizofrenia municipal" concretizada na liberdade de gastar desacompanhada da responsabilidade na angariação das correspondentes receitas, receitas que, depois, reivindicam do Estado em termos tais que lembram, por vezes, as tradicionais reivindicações de natureza sindical[59].

Fenómenos esses, que convém acentuá-lo, não se verificam apenas, como o discurso de alguma doutrina menos atenta parece supor, nos casos em que as receitas locais são constituídas essencialmente por transferências do Estado. Com efeito, também quando tais receitas são constituídas por tributos locais, esses fenómenos podem ter lugar. É o que pode ocorrer e ocorre nos casos em que aos entes locais cabe apenas a titularidade da respectiva receita. Na verdade, em tais casos, em vez de os municípios terem uma relação directa com os contribuintes, seja exercendo o respectivo poder tributário, seja assumindo a posição de sujeito activo ou de credor na correspondente relação jurídica fiscal, o que se verifica é deixarem tais relações, que revelam o carácter agressivo ou até odioso da actividade fiscal, para o Estado. Pelo que os municípios ficam-se por uma relação de crédito pública em que se apresentam como credores face ao à Administração fiscal do Estado dos montantes por esta cobrados dos impostos cuja receita lhes está legalmente reservada. Muito embora, depois, reivindiquem do Estado o exercício do poder tributário correspondente ao aumento que pretendem para essas receitas reservadas.

Assim, tendo em conta que, em matéria de urbanismo, a parte de leão cabe indiscutivelmente ao poder local, mais exactamente aos municípios[60], não surpreenderá que caiba também a estes a parte de leão em sede da tribu-

---

[58] V. Eduardo Paz Ferreira, «Problemas da descentralização financeira», *cit.*, p. 128, e Jacques Le Cacheux, «Pour une fiscalité locale plus cohérente», *Problèmes Économiques*, n.° 2.205, 28 décembre, 1990, p. 8 e ss.

[59] V. Saldanha Sanches, «A esquizofrenia municipal», *Expresso*, de 23 de Outubro de 1999. Acrescente-se que o que vimos de dizer para os municípios vale, por maioria de razão, para as regiões autónomas, as quais, como sabemos, são titulares, por imposição constitucional, de todas as receitas fiscais nelas cobradas, o que, como já escrevemos em mais de um lugar, nos dá conta de um curioso se não mesmo exótico entendimento do princípio da solidariedade nacional pomposamente afirmado tanto na Constituição como na Lei das Finanças das Regiões Autónomas – v., por último, o nosso *Direito Fiscal*, cit., p. 52 e ss.

[60] O que tem sido reconhecido pelo próprio Tribunal Constitucional – v., entre outros, o Ac. 329/99.

62 *O Sistema Financeiro e Fiscal do Urbanismo*

tação das diversas manifestações da capacidade contributiva resultantes da actividade urbanística pública.

Por isso mesmo, entendemos que a tributação do urbanismo deve ser, por via de regra, da competência dos municípios, pertencendo ao Estado apenas tributar aquelas manifestações da capacidade contributiva que não sejam nem possam ser alvo de tributação municipal, justamente porque se trate de manifestações que sejam imputáveis exclusiva ou predominantemente à actividade urbanística do Estado. O que significa, designadamente, que, em sede da tributação das mais-valias urbanísticas, seja no IRS ou IRC, seja nas contribuições especiais, não deve o Estado tributar mais-valias que já tenham sido objecto de tributação em sede do encargo de mais-valias, assim como, em contrapartida, as mais-valias já tributadas naqueles impostos ou contribuições especiais não devem ser objecto de tributação através do encargo de mais-valias. Ou seja, em sede da tributação das mais-valias urbanísticas, a tributação estadual deve ser subsidiária da tributação municipal.

Por seu turno, é de assinalar que, dentro da tributação municipal, deve dar-se preferência às taxas face aos impostos, ou seja, às taxas urbanísticas face ao encargo de mais-valias. O que não deve surpreender e se fica a dever ao facto de, entre tributos bilaterais e tributos unilaterais, no domínio urbanístico, deve dar-se primazia aos tributos bilaterais ou taxas. É que temos para nós que, em sede da actividade urbanística, a opção do nosso ordenamento jurídico, a começar pelo ordenamento constitucional, vai claramente no sentido do princípio do Estado tributário e não no sentido do Estado fiscal[61]. Na verdade, quer a Constituição, quer o ordenamento urbanístico legal, concebem o serviço concretizado na actividade urbanística pública como um serviço público divisível, cujos custos não só podem como devem ser repartidos por aqueles que deles mais directamente beneficiam.

---

[61] V., quanto ao sentido destes princípios, os nossos estudos *O Dever Fundamental de Pagar Impostos*, cit., p. 191 e ss., e «O princípio do estado fiscal», *Estudos Jurídicos e Económicos em Homenagem ao Professor João Lumbrales*, Faculdade de Direito da Universidade de Lisboa, Coimbra Editora, 2000, p. 363 ess.

# O FINANCIAMENTO DO DESENVOLVIMENTO URBANO COMO PROBLEMA POLÍTICO E JURÍDICO*

*Prof. Doutora Maria da Glória F.P.D. Garcia*
(Universidade Católica Portuguesa)

**1.** Meditar sobre o início da civilização ocidental é, sem dúvida, reflectir sobre a sedentarização dos povos nómadas da bacia do Mediterrâneo, tal como meditar sobre o início da modernidade é reflectir sobre a explosão urbana, o crescimento tentacular das cidades [1]. Entre estes dois momentos, dezenas de séculos lembram, em memórias conservadas em pedra, que à distribuição dos espaços nos aglomerados populacionais nunca foi alheio um desejo de ordem, imposta ou acordada, em defesa de valores humanos.

A consciencialização progressiva da função social da propriedade privada, desenvolvida ao longo do século XX, iria concitar, porém, a atenção na autonomização de um ordenamento jurídico urbano.

Proteger o indivíduo contra construções sem qualidade por falta de segurança ou de uma indispensável privacidade ou por romperem com o equilíbrio e estética da paisagem; proteger o indivíduo contra a desumanização da vida na cidade, sem espaços de lazer, com deficiente distribuição de equipamentos públicos, sufocante sob o plano edificatório, são objectivos que exigem o estabelecimento de regras que imponham ou disciplinem comportamentos humanos.

Se o que vem de dizer-se não bastasse, seria suficiente pensar na escassez dos solos urbanos, de um lado, e na percepção do desenvolvimento desenfreado da cidade, não planeado de modo maturado e transformado em marcos de betão e ferro, de outro, para logo concluir a importância do direito nesta área, como meio de alterar condutas, impor uma ordem possível perante o que, em alguns casos, se pode designar por *«caos urbanístico»*.

---

\* Texto elaborado pelo autor para o colóquio e revisto pelo mesmo para efeitos da sua publicação.

[1] Sobre esta ideia, Louis With, *O urbanismo como modo de vida*, in Cidade, Cultura e Globalização, Celta Editorial, 1977, p. 45.

É esse o desafio que o direito do urbanismo tem pela frente: conformar, disciplinar, colmatar condutas, definir limites à liberdade de cada um para que a liberdade possa ser usufruída por todos em idêntica medida, com a criatividade que lhe é própria, i.e., sem pôr em causa a capacidade de sonhar que caracteriza quem a possui. Um desafio cujo êxito depende da coerência do sistema jurídico, da clareza e precisão das suas normas, do grau de confiança que possam gerar nos seus destinatários. Porque não está somente em causa criar novos comportamentos. Está também em causa lutar contra comportamentos que são a exteriorização de uma cultura adquirida ao longo de anos; é certo que numa mundividência diferente, mas geradora de comportamentos cuja diuturnidade cria comodidades de que não é fácil abdicar.

O que tudo nos conduz a um direito que deve procurar reforçar os instrumentos jurídicos de protecção dos indivíduos mas simultaneamente deve reconhecer diferentes instrumentos jurídicos de intervenção dos poderes públicos.

Até aqui, nada de novo, ser-se-á tentado a dizer. O direito público, administrativo, de que o direito do urbanismo é uma especialização, forja a sua unidade nesta dualidade: garantir os direitos e interesses legalmente protegidos dos particulares e prosseguir o interesse público.

Mas a novidade existe e não é de somenos. Radica, de um lado, na filosofia de base deste recente ramo do direito; de outro, nos novos instrumentos de garantia e de intervenção dos poderes públicos.

Comecemos pela filosofia política de base. Esta parte do empenhamento constitucional na «*construção de uma sociedade livre, justa e solidária*» (artigo 1.°), seja através do reforço da participação em geral – «*aprofundamento da democracia participativa*» (artigo 2.°) – seja por intermédio da participação no planeamento urbanístico e da colaboração institucional, em particular (artigos 65.° e 66.°).

A questão está em saber, neste quadro jurídico-político, como é que se forma ou deve formar a vontade política na área urbanística, para logo de seguida interrogar como é que ela se verte em instrumentos jurídicos.

**2.** A pertinência da primeira questão é tanto mais evidente quanto é certo estar nela presente algo à partida paradoxal: se o apelo à participação e, logo, a uma cidadania consciente, implica um envolvimento generalizado da sociedade na formação das normas urbanísticas, e, mais amplamente, na realização do direito do urbanismo, a verdade é que a modelação destas normas e a realização deste direito exigem conhecimentos técnicos, multidisciplinares, de elevada tecnicidade, a coordenação de diferentes políticas, que em grande medida escapam ao cidadão, mesmo ao cidadão consciente. O que tudo nos obriga a refazer a análise da ligação entre política e direito agora através de uma sua compreensão integrada com uma multiplicidade de ciências, da geologia à engenharia, passando pela arquitectura, pela urbanística, pela economia, pelas ciências ambientais...[2]

HANNAH ARENDT, naquele que porventura é o seu testamento literário, filosófico, distingue nos três tempos em que vida humana se desenrola – passado, presente e futuro –, o *saber acumulado*, adquirido no passado, a *capacidade de discernir o bem do mal, o belo do feio, o justo do injusto*, obtida através daquele saber e assumida no presente, e a *vontade de agir*, pondo em prática as opções feitas, que assim projecta o homem no futuro[3]. Em termos sociais e no quadro em que nos situamos, estes três tempos mostram a importância das elites intelectuais, na contribuição para a formação daquilo a que, por paralelismo com a «consciência ambiental» de que PETER-HAUS VIERHAUS fala[4], se pode chamar «consciência urbanística». As discussões que tais elites possam trazer para a praça pública serão, sem dúvida, decisivas para o detectar dos problemas, para a sua compreensão, o evidenciar de estratégias de acção, de acordo com padrões éticos, de beleza, de justiça, a integrar em programas políticos.

Mas se as elites são importantes enquanto contribuem para a conformação da «consciência urbanística», não pode esquecer-se que a comunidade em geral é o actor principal da cena política. É ela quem detém o papel principal da iniciativa da acção política, a preparação e elaboração da decisão correspondente, porque a decisão propriamente dita e o controlo da sua execução dependem da participação atenta e esclarecida de todos. Acreditar que as instituições públicas, estaduais ou locais, podem, em exclusivo, resolver sozinhas as questões que o urbanismo coloca é votar ao fracasso o empreendimento. Por falta de meios financeiros, estrutura operacional vasta e conhecimentos alargados de todas as situações, tais instituições não só não podem estar em todo o lado e permanentemente, para se darem conta do nascer ou esboçar dos problemas, como não são aptas a dar a resposta ajustada que eles demandam.

---

[2] Sobre as diferentes formas científicas de apreender o urbanismo, ver o interessante texto de JEAN PELLETIER, professor de Geografia, e CHARLES DELFANTE, arquitecto e docente na Universidade de Lião, *Cidades e Urbanismo no Mundo*, Instituto Piaget, 2000.

[3] *A vida do espírito, volume I — Pensar*, tradução portuguesa, col. Pensamento e Filosofia, 1999, e *A vida do espírito, volume II — Querer*, tradução portuguesa, col. Pensamento e Filosofia, 2000.

[4] *Umweltbewusstsein von oben. Zum Verfassungsgebot demokratischer Willensbildung*, Berlin, Duncker & Humblot, 1994.

**3.** Acresce que, ninguém melhor do que quem vive próximo do problema ou o sente de modo particular pode dar conta do seu esboçar ou da sua existência efectiva agindo de forma autónoma, de modo coordenado com as outras partes envolvidas. Uma delas é necessariamente a Administração pública, a quem se pede que precisamente assuma o papel de coordenador dessa acção. Com o que as instituições públicas tendem a volver-se, cada vez mais, em instituições de gestão das acções dos particulares, da sociedade civil em geral, com os seus agrupamentos e associações[5].

Para além da gestão e coordenação das acções da iniciativa dos particulares, à Administração pública compete ainda o papel de impulsionador da mesma acção, em casos em que a sua omissão tende ao claudicar de tarefas urbanísticas urgentes. Num primeiro momento, diagnosticando o problema, incentivando à acção, rompendo com inércias e comodismos instalados, traçando uma terapêutica por todos compreendido, um quadro de acção atractivo que provoque o desejo de negociação e vença a passividade, espicaçando uma tomada de consciência urbanística, suficientemente reivindicante para, inclusive, no extremo, suster em globo a acção de iniciativa pública em face de uma alternativa zero convincente. Num segundo momento, e perante a manutenção da inércia ou a falta de convencimento de que a alternativa zero é a melhor, utilizar instrumentos de autoridade que permitam o desenvolvimento da operação urbanística delineada. O que seguramente aparece como último recurso, no quadro das tarefas e responsabilidades reconhecidas à Administração pública, por razões que precisamente se situam a um nível político-filosófico, de formação da aludida consciência urbanística, mas que poderemos situar também ao nível das actividades do sector público, enquanto estas hoje necessariamente convocam um novo critério jurídico de validade da sua acção, medido pelo rendimento da instituição pública. Porque à Administração pública não basta hoje atingir o objectivo. É necessário alcançá-lo com o mínimo de custos. A eficiência junta-se à eficácia. Ademais, sendo os recursos financeiros escassos, a sua utilização criteriosa juridiciza-se de um modo premente, através do princípio da eficiência, que assim se junta ao princípio da legalidade estrita para aferir da validade da actuação pública[6].

---

[5] Sobre este papel de coordenação, Pierre Moor *La pensée globale des intérêts. Droit de l'environnement et de l'aménagement du territoire*, in Helding & Lichtenhahn, Faculté de Droit de Genève, 1995, p. 32 e ss.

[6] Sobre a justaposição do princípio da eficiência ao princípio da legalidade, PIERRE MOOR, *Du modèle de la séparation des pouvoirs à l'évaluation des politiques publiques*, in De la Constitution. Études en l'honneur de Jean François Aubert, Helding & Lichtenhahn, 1996, pp. 639-640.

A acentuação da eficiência e da eficácia enquanto valores essenciais à realização do direito obriga a ter presente os resultados da acção pública, na compreensão da sua validade versus legitimidade. Tal não implica, porém, uma validação *ex post facto*, caso em que seria uma contradição nos seus próprios termos.

A acção pública só será válida se, independentemente dos resultados, cumprir a lei em vigor. Só depois da passagem por este crivo se coloca o problema da validade em razão da eficácia e da eficiência, que por sua vez obriga à ponderação dos resultados. Mas aferir a validade de uma acção em função dos resultados implica avaliar essa acção por intermédio de condicionantes globais e específicas, exógenas e endógenas, detidas a título de informação pelos diferentes órgãos que intervêm no processo de realização do direito, informação que é por eles gerida autonomamente. Os resultados das acções empreendidas não são, nesta medida, aleatórios ou fruto de acasos. São previsíveis por quem detém a informação e a sabe gerir com oportunidade, ao serviço de finalidades pré-definidas. Por outras palavras se dirá que a existência de certos resultados da acção não é mais do que a prova de uma boa gestão, mas os resultados, em si mesmos, como podem ser programados, fixados previamente através de complexos actos de gestão, permitem aferir a validade dos resultados obtidos.

A validade da acção pública afere-se, assim, em razão de um momento apriorístico, pela capacidade de previsão de resultados através de actos de gestão. Desenvolvida a acção, a confrontação entre os resultados previstos e os resultados obtidos permitirão provar a capacidade de gestão. Mas este é já um momento de prova, subsequente ao da validade.

**4.** Seja, porém, como for, a verdade é que do exposto resulta que a rentabilidade financeira da acção da Administração pública em geral se juridicizou, permitindo em particular qualificar o financiamento urbanístico como um problema jurídico de enorme importância em face da escassez dos recursos financeiros.

Se a este facto aliarmos a já aludida escassez de solos urbanos, uma das pedras de toque do urbanismo dos nossos dias, logo nos apercebemos do crescendo de complexidade do financiamento do desenvolvimento urbano como problema jurídico. A estreita ligação com análises estratégicas e tácticas, a particular relação com a capacidade de gerir meios a partir de uma realidade presente com vista a alcançar uma futura desejável sob diferentes perspectivas – económica, social, de equilíbrio entre zonas rural e urbana, ... –, a exigência de tecnicidade e profissionalismo nas decisões, a proximidade aos factos, a capacidade de negociação com diferentes parceiros sociais mostram à saciedade que o mundo em que este problema se situa está muito distante do formalismo do Estado de Direito assente sobre a separação de poderes e o princípio da legalidade, bem como sobre instrumentos jurídicos como a norma geral e abstracta que contém em si toda a realização do direito, sendo o acto administrativo uma mera decisão de execução.

**5.** E aqui proponho-me avançar para a tentativa de resposta à segunda questão inicialmente colocada, qual seja a de saber como é que a vontade política forjada na consciência urbanística se verte em instrumentos jurídicos novos.

Podemos enunciar cinco modalidades de instrumentos: *em primeiro lugar*, a formulação de normas abertas, normas que não são, à maneira clássica, concebidas como produtos finais de realização do direito, antes permitem que as políticas públicas ganhem elasticidade, se diversifiquem e adequem à realidade concreta, desde logo em razão da informação obtida sobre os factos e da selecção e ponderação que deles é feita. *Em segundo lugar*, a modelação de instrumentos de negociação, de contratualização entre entidades públicas, mesmo no plano organizacional, desenvolvendo um procedimento argumentativo, racional, a partir da realidade concreta e substituindo os modelos hierárquico e tutelar clássicos por um modelo em rede orgânica de colaboração e interdependências. Em *terceiro lugar*, a conformação de meios de contratualização entre privados ou entre estes e entidades públicas, não espartilhados em modelos-tipo, antes deixados à criatividade dos actores envolvidos. Em *quarto lugar*, o reconhecimento da tarefa de coordenação de actividades privadas de natureza pública. Finalmente, *em quinto lugar*, a multiplicação de actuações informais de recomendação à promessa, passando pela simples informação, que agilizam procedimentos e permitem um melhor relacionamento da actuação pública com o tempo, actuações admitidas sob reserva de licitude.

É no quadro destes novos instrumentos que o financiamento do desenvolvimento urbanístico se desenrola enquanto problema jurídico.

**6.** Que a construção e a reconstrução urbana tem um custo e que esse custo é de imediato percepcionado como elevado é uma realidade consensual. Falha, porém, a consensualidade quanto à resposta à questão do financiamento em si, particularmente na definição de *quem* fixa os custos do financiamento em função dos objectivos, *quem* suporta esse mesmo financiamento e *como* vai esse financiamento ser feito, *qual* o seu faseamento, a que controlo está sujeito, que garantias existem para o seu cumprimento.

*O Financiamento do Desenvolvimento Urbano...*

Numa comunidade em que o pluralismo de opiniões é uma imposição constitucional e a liberdade de oposição um direito constitucionalmente garantido, falar em consensos torna-se particularmente difícil. Daí que o ordenamento jurídico português comporte uma grande elasticidade de soluções para o financiamento da construção e reconstrução urbanas, procurando consensos sectoriais ajustados à área de intervenção e aos actores envolvidos, forjados a partir de procedimentos de natureza argumentativa.

Ciente do seu papel no teatro político, o cidadão de hoje não pode bastar-se em ser um repositório de saberes sociais com capacidade de tomar decisões no período eleitoral. Consciente das novas realidades sócio-políticas, deve adestrar a capacidade de influenciar políticas e decisões públicas, bem como a de trabalhar em grupo, interagindo com vários interlocutores, com vista a um resultado unitário. Deve desenvolver a capacidade de lidar com diferentes interesses, económicos, sociais, ambientais ou outros, públicos e privados, articulando-os ponderadamente, com sentido de medida, evidenciando-os na decisão e na sua justificação. Deve esforçar-se por saber comportar-se em situações de conflito, argumentando por forma a convencer a contraparte da bondade da sua posição. Finalmente, deve adestrar a capacidade de construir consensos, soluções negociadas, através de um saber reivindicar de forma ordeira e de saber ceder, com vista à obtenção de soluções concertadas.

É neste quadro de uma cidadania activa que o financiamento urbanístico pode e deve ser equacionado, fora ou para além das clássicas soluções fiscais, assumindo a sociedade civil o risco do desenvolvimento urbano com a colaboração ou sob coordenação dos poderes públicos.

**7.** A percepção de que a construção, até certo ponto anárquica, de edifícios tem acarretado custos elevados para as finanças locais, com os proprietários e reivindicarem a ligação dos seus edifícios à rede pública, como se de um direito fundamental se tratasse, e mostrando, a prazo, despesas incomportáveis em equipamentos colectivos, em razão de desejo de dar resposta a princípios de justiça e igualdade, implicam, por outro lado, uma nova atitude da parte dos poderes públicos.

Essa atitude passa pela capacidade de os poderes públicos criarem incentivos à acção concertada dos privados, apelando à criatividade das soluções, fornecendo informações, persuadindo à acção, desenvolvendo a base de confiança indispensável ao desenvolvimento dos projectos urbanísticos. Porque se a intervenção urbanística pública alargada se revela financeiramente incomportável, uma intervenção meramente protectora está votada ao fracasso, quer pela acção – em que a privatização é elevada

70       *O Sistema Financeiro e Fiscal do Urbanismo*

ao paroxismo – quer pela omissão, geradora de um coro de reivindicações. Entre estes extremos, a «*democracia administrativa*» aparece como a solução, apesar da sua complexidade.

Com uma diversidade organizatória alargada e uma acção multiplicada em instrumentos jurídicos, nela os poderes públicos procuram desenvolver o conteúdo das normas num quadro de racionalidade em que os princípios gerais de direito pontuam, desde o da proibição do arbítrio, na dupla perspectiva de proibição de abusos e cláusula atributiva de competência, à ponderação de interesses, passando pelo princípio da confiança.

Destes princípios, porventura o da confiança merece particular atenção, porquanto é indispensável a uma argumentação e a um diálogo criativos. Porque o espírito de colaboração e/ou cooperação entre órgãos e entre estes e particulares não pode funcionar se não estiver garantida a confiança entre eles. Só com confiança cada um pode programar as suas tarefas, formular alternativas, computar custos e compará-los, sob pena de agir em pura perda, com prejuízo para a acção que globalmente todos pretendem construir. Quando as acções funcionam em rede, na base da colaboração dos diferentes intervenientes, se um deles tergiversa, ilude expectativas, age sem linearidade, frustra a confiança que nele depositam os demais. Em consequência, o direito é afectado no seu âmago, porquanto a confiança em que se baseia é atingida.

Em matérias como as do direito do urbanismo, nas quais as verbas envolvidas são elevadas, só a confiança permite gerar a segurança indispensável aos investimentos necessários.

A negociação entre particulares e Administração para a diminuição de custos de urbanização só pode ser entendida na base da confiança. Tal como só na base da confiança pode funcionar o sistema de compensação gerador de uma justa e equitativa repartição de custos e benefícios entre os que desenvolvem o conteúdo de um plano. E falamos aqui amplamente, envolvendo os mecanismos de perequação, de base negocial, ao nível das unidades de execução dos planos, e os contratos de urbanização, convénios de repartição dos custos e benefícios de urbanização.

Do ponto de vista financeiro, não há dúvida de que a actividade contratual no domínio do urbanismo permite diminuir os gastos públicos e diversificar os riscos. Ponto é que todos os intervenientes, proprietários, proponentes, investidores, urbanizadores... – assumam integralmente as suas responsabilidade e não sejam tentados a reverter para os poderes públicos os prejuízos de uma actividade que, sendo pública, foi integralmente reconhecida como sua. Estou a pensar em prejuízos que porventura poderão surgir da dificuldade em fazer repercutir no preço de mercado o investimento feito

*O Financiamento do Desenvolvimento Urbano...* 71

nas infraestruturas, cuja solução deverá ser então o reajustamento do preço dos solos, recriando o clima de justiça que presidiu ao convénio inicial e não a reivindicação de verbas compensatórias da Administração pública.

**8.** E termino com um exemplo de um modo criativo de financiamento de um empreendimento urbanístico, juridicamente enquadrável no nosso sistema jurídico, à espera de soluções imaginativas, com uma cidadania activa e uma Administração pública colaborante.

Vamos supor que um jovem engenhoso mas sem recursos financeiros, depois de ouvir no seu noticiário preferido que Portugal precisa de perto de 4.000 enfermeiros, começa a cogitar uma solução de formação desta classe profissional que passa pela criação conjunta de um hospital, de uma escola de enfermagem e de uma Faculdade de Medicina. Amadurece a ideia, testa-a com amigos de formação na área da saúde, entusiasma-os e formam mesmo um grupo que sustenta a ideia. Quando a têm já bem maturada procuram convencer uma instituição de ensino superior da bondade da sua ideia. Esta adere e acrescenta um projecto educativo de qualidade, mas sente a dificuldade do esforço financeiro envolvido que a ultrapassa completamente. Resolvem então ir à procura de investidores que se responsabilizem financeiramente pelo projecto. Têm que convencer um, e outro, e outro ainda. Mas os investidores têm dificuldades em financiar a aquisição dos solos, depois dos estudos que encomendam aos técnicos da especialidade. Enquanto isso, a escolha do local não está decidida ainda. Analisam alternativas e os três grupos envolvidos – os promotores da ideia, a instituição de ensino e os investidores – fixam três locais em municípios diferentes. Começam por se dirigir ao que, em razão dos estudos económicos, sociais, culturais feitos reúne as melhores condições e tentam convencer os respectivos órgãos autárquicos de que o seu projecto vai desenvolver exponencialmente o município, de si carenciado nas aludidas estruturas. O município sabe que, se não se decidir rápido e não oferecer boas condições, o grupo vai bater à porta de outro município e o projecto de desenvolvimento urbanístico escapa-lhe. Mas não tem solos suficientes e muito menos no local por todos considerado desejável. Na antevisão de cedências de solos em contrapartida da licença de operação loteamento na área, o município compromete-se com o projecto. Mas um novo passo tem de ser dado. O município tenta convencer os proprietários da zona – e são muitos – de que o projecto tem enormes potencialidades. Acresce que a ausência de plano de urbanização na zona dificulta o andamento do projecto e para isso o município pede o auxílio dos investidores para contribuírem com um primeiro esboço a apresentar aos órgãos competentes e a consulta pú-

72      *O Sistema Financeiro e Fiscal do Urbanismo*

blica. Encetam-se conversações com os proprietários, procurando captá-los com a enunciação dos benefícios que do projecto irão retirar, e mostrando-lhes as compensações e o sistema de perequação engendrado para a zona. Os proprietários sabem que sozinhos terão dificuldade em retirar dos respectivos solos os benefícios que lhes acenam agora, mas estão agarrados à terra e todo o projecto lhes parece complexo e difícil de gerir.

Bom e assim por diante... Depois, é necessário verter toda esta teia de relações subjectivas mútuas num texto, um protocolo, que salvaguarde os interesses em jogo e traduza o sistema de justiça interno por todos acordado.

O sistema jurídico português acolhe esta como outras hipóteses imaginativas de financiamento do desenvolvimento urbanístico, particularmente no seu Decreto-lei n.° 380/99, de 22 de Setembro, apresentando propostas de solução para as compensações que procuram recriar a igualdade entre proprietários dos solos, afectados pelos usos diversificados, programados para a sua propriedade.

**9.** Retomo a ideia com que iniciei esta minha intervenção.

A abertura normativa do actual direito do urbanismo exige uma «*consciência urbanística*» enraizada, que tenha presente os conhecimentos técnicos dos profissionais de diferentes áreas, mas que saiba defender interesses, reivindicar direitos, trabalhar em grupo, confiar. É aqui que, em termos gerais, reside o problema, porque todo este envolvimento implica ultrapassar desconfianças, egoísmos e individualismos exacerbados.

ROBERT AXELROD, citado por FRANCIS FUKUYAMA, apresenta assim o dilema do prisioneiro, problema clássico da teoria do jogo:

«*Eu e Sam estamos presos numa cela, e acordamos num plano para tentar a fuga. Se cooperarmos, conseguimos escapar. Mas se eu cumprir a minha parte ao passo que Sam me denuncia aos guardas, serei severamente castigado. Inversamente, se Sam cumprir a sua parte do acordo e eu o denunciar a ele, os guardas recompensar-me-ão a mim. Se ambos denunciarmos, nenhum dos dois ganhará seja o que for. O melhor para nós será cumprirmos ambos os termos do acordo original, mas o risco de Sam me trair é substancial, e eu obterei uma recompensa se o trair a ele. Assim sendo, ambos decidimos denunciar*»[7].

E concluimos. Apesar do reconhecimento das vantagens mútuas da cooperação, o risco de a contraparte não cumprir o acordo impediu que as vantagens deste fossem conhecidas.

---

[7] *A Grande Ruptura. A natureza humana e a reconstituição da ordem social*, Lisboa, 2000, p.252.

Por outras palavras, no dilema do prisioneiro, a racionalidade da solução cooperativa não conseguiu vencer o egoísmo... Será que o direito do urbanismo conseguirá criar o clima social de confiança indispensável ao desenvolvimento de soluções urbanísticas racionais, ecónomas, eficientes e justas?

# O SISTEMA FINANCEIRO
# E FISCAL DO URBANISMO EN ESPANHA*

*Prof. Doutor Angel Menéndez Rexach*
(Universidade Autónoma de Madrid)

## I. PRINCIPIOS CONSTITUCIONALES DEL URBANISMO

Para centrar con mayor precisión el contenido de esta Ponencia, conviene empezar ofreciendo algunos datos de carácter general, sobre la distribución de competencias entre el Estado, las Regiones (Comunidades Autónomas) y los Municipios en materia de urbanismo, así como sobre los principios de la regulación vigente en esta materia.

### A) *La distribución de competencias sobre urbanismo*

La organización territorial del Estado introducida en 1978 h tenido en el urbanismo una de las referencias en que más claramente se aprecia la nueva distribución vertical del poder. Ya antes de la promulgación de la Constitución (en la llamada "fase preautonómica") se transfirieron a las nuevas Entidades territoriales la práctica totalidad de las competencias ejecutivas con el criterio de colocar a aquéllas en el lugar que la Ley del Suelo de 1976 asignaba a la Administración del Estado. Tras la promulgación de la Constitución, que incluyó el urbanismo entre las materias susceptibles de atribución a las Comunidades Autónomas (junto con la ordenación del territorio y la vivienda), los sucesivos Estatutos de Autonomía configuraron la competencia en estas materias como "exclusivas", lo que implicaba la asunción de facultades legislativas plenas, junto con las ejecutivas que ya ostentaban.

---

\* Text elaborado pelo autor para o colóquio.

En la práctica el Gobierno de la Nación siguió dictando todavía importantes disposiciones [1] y adoptó algunas iniciativas legislativas de gran alcance, que no llegaron a cuajar por vicisitudes políticas. Por su parte, las Comunidades Autónomas, haciendo uso de sus competencias legislativas, empezaron a aprobar leyes, en algunos casos de gran importancia [2], aunque ninguna de ellas con pretensión de sustituir en bloque al ordenamiento estatal.

El problema competencial pasó a primer plano, cuando en la segunda mitad de la década de los 80, ante el espectacular incremento de los precios del suelo, el Gobierno nacional se propuso, entre otras medidas, la reforma de la Ley del Suelo de 1976, con el fin de modificar el régimen de la propiedad del suelo y reforzar los instrumentos de intervención de los poderes públicos en el mercado inmobiliario. Simultáneamente, algunas Comunidades Autónomas emprendían iniciativas en la misma dirección [3]. La reforma de la legislación estatal, instrumentada mediante la Ley 8/1990 y el posterior Decreto Legislativo 1/1992, de 26 de junio, sería recurrida ante el Tribunal Constitucional por varias Comunidades. Los recursos tardaron varios años en resolverse, lo que se hizo por la sentencia 61/1997, de 20 de marzo, que declaró contrarios a la Constitución, por razones competenciales y no de fondo, la mayor parte de las disposiciones de la citada Ley.

Pese a aceptar, en principio, la corrección del planteamiento competencial hecho por el legislador estatal, la declaración de inconstitucional de un número tan elevado de preceptos, responde, por un lado, a la nueva doctrina del Tribunal sobre la supletoriedad del derecho estatal (el legislador nacional no puede dictar normas meramente supletorias en materia de competencia regional, como es el urbanismo) y, por otro, a la también novedosa interpretación restrictiva de la competencia estatal para el establecimiento de las "condiciones básicas" del ejercicio del derecho de propiedad, como derecho fundamental reconocido en la Constitución (art. 149.1.10). Esta competencia, que se había venido entendiendo como un "denominador común" normativo garantizador de la igualdad sustancial de todos los españoles en todo el territorio del Estado, se interpreta ahora

---

[1] Real Decreto-Ley 3/1980, sobre creación de suelo y agilización de la gestión urbanística, Real Decreto-Ley 12/1980, para impulsar las actuaciones del Estado en materia de vivienda y suelo y, sobre todo, Real Decreto-Ley 16/1981, sobre adaptación de planes generales de ordenación urbana.

[2] Como la Ley 3/1984, de medidas de adecuación del ordenamiento urbanístico de Cataluña o la Ley 11/1985, de adaptación de la estatal del suelo al territorio de Galicia.

[3] Especialmente, la Ley de Navarra 7/1987, sobre medidas de intervención en materia de suelo y vivienda y Ley vasca 9/1989, de valoración del suelo.

restrictivamente como un "mínimo denominador común", en cuya virtud sólo se pueden dictar normas "principiales" o "mínimas", lo que se traduce, a efectos prácticos, en que el legislador estatal únicamente puede definir supuestos (derechos y deberes básicos, posiciones jurídicas fundamentales, limitaciones generales, etc.), pero no puede imponer, con carácter vinculante u obligatorio para otras Entidades territoriales, consecuencias jurídicas ligadas a esos supuestos (ni siquiera en caso de incumplimiento). El resultado es que las normas estatales reguladoras de las "condiciones básicas" del derecho de propiedad son, en general, normas incompletas, que deben ser integradas en un sistema normativo completo por la correspondiente legislación autonómica.

La posterior Ley estatal 6/1998, de 13 de abril, sobre régimen del suelo y valoraciones, recientemente modificada por el Real Decreto-Ley 4/2000, refleja ya esa limitación drástica de la competencia estatal. La regulación del urbanismo se establece en el nivel regional, aunque el Estado conserva algunas posibilidades de intervención en aspectos muy generales.

Los problemas de delimitación competencial en materia de urbanismo no afectan sólo a las dos esferas territoriales superiores, Estado y Comunidades Autónomas. También los Municipios, en virtud de su autonomía constitucionalmente garantizada, han hecho del urbanismo uno de los contenidos esenciales de aquélla, como se puso de relieve desde las primeras elecciones locales postconstitucionales, celebradas en 1979. Ciertamente, aquí no está en juego la potestad legislativa, pero sí la ordenación a través del planeamiento y las facultades relativas a la gestión y disciplina. Así lo confirmó, pocos años después, la Ley 7/1985, reguladora de las bases del régimen local, al atribuir a los Municipios competencias en materia de *"ordenación, gestión, ejecución y disciplina urbanística"*, si bien es cierto que *"en los términos de la legislación del Estado y de las Comunidades Autónomas"* (art. 25.2.d), lo que plantea el problema de determinar en cada caso si esa legislación respeta o no la autonomía municipal. La polémica competencial es en este ámbito mucho más difícil de resolver por la ausencia de criterios generales y ha obligado a la jurisprudencia a un gran esfuerzo por reconducir la conflictividad a unas pautas objetivas no siempre fáciles de aplicar (ejemplo típico: la doctrina establecida sobre el alcance de las facultades del órgano autonómico competente para la aprobación definitiva del planeamiento urbanístico municipal).

La legislación autonómica ha renunciado a trazar una delimitación competencial nítida, porque quiere reservar a la Administración regional facultades para desarrollar una acción urbanística propria y directa, que se añade a la que llevan a cabo los Municipios. En contrapartida, la citada legislación insiste en la necesaria concertación y cooperación entre ambas Administraciones, estableciendo mecanismos orgánicos y procedimentales a tal efecto. El resultado es que la articulación entre Comunidades Autónomas y Municipios ha de buscarse en estas leyes materia por materia, si bien en términos generales puede considerarse válida la afirmación de que el urbanismo es una competencia primariamente municipal, que se ejerce dentro de los límites marcados por la legislación autonómica y bajo el control de la Administración regional en algunos aspectos concretos en que están en juego los intereses supramunicipales, ya que, como ha declarado el Tribunal Constitucional, la existencia de controles genéricos o indeterminados es incompatible con la autonomía municipal constitucionalmente garantizada.

En un intento de síntesis, quizá demasiado simplista, se puede trazar el siguiente esquema de distribución competencial:

- El Estado es competente para regular las condiciones básicas del estatuto de la propiedad (derechos y deberes básicos) y ejerce las competencias sectoriales con incidencia territorial que le corresponden (carreteras, ferrocarriles, puertos y aeropuertos de interés general, defensa nacional, etc.)
- Las Comunidades Autónomas regulan la ordenación del territorio y el urbanismo con plenitud de competencia legislativa (planeamiento, gestión, disciplina, intervención en el mercado inmobiliario y estatuto de la propiedad) con sujeción a las condiciones básicas marcadas por el Estado. Además ejercen una acción directa sobre el territorio en ejercicio de sus competencias de ordenación del mismo, urbanísticas y sectoriales con incidencia territorial
- Los Municipios son competentes para establecer, en su ámbito, el modelo territorial a través del planeamiento general, cuya aprobación definitiva, sin embargo, no les corresponde. También son competentes para aprobar (incluso definitivamente) el planeamiento de desarrollo (planes parciales, especiales y otros instrumentos), para asumir su ejecución o controlarla (en los supuestos de gestión privada) y para velar por el respeto a la legalidad en todos los actos de edificación o uso del suelo (disciplina urbanística), otorgando las licencias necesarias e imponiendo, en su caso, las correspondientes sanciones.

Este es el marco de referencia en el que hemos de situar el estudio del régimen financiero y fiscal del urbanismo en España. Veamos a continuación cuáles son los principios sustantivos que presiden dicha regulación.

## B) *Principios generales del derecho urbanístico español: deberes legales de los propietarios, equidistribución (perecuación), participación de la comunidad en las plusvalías urbanísticas*

En el derecho español, la actividad urbanística está considerada como una función pública, cuyo desarrollo es responsabilidad de los poderes públicos competentes, pero en la que deben participar también los agentes privados, en ejercicio del derecho de propiedad y de la libertad de empresa que la Constitución garantiza. Por consiguiente, tanto la iniciativa pública como la privada deben tener la posibilidad de desarrollar actividades urbanísticas, si bien la articulación entre una y otra depende de la legislación regional (autonómica). Sobre esta cuestión clave, la Ley estatal 6/98 se limita a disponer que (art. 41):

> "1. Los propietarios deberán contribuir, en los términos establecidos en las leyes, a la acción urbanística de los entes públicos, a los que corresponderá, en todo caso, la dirección del proceso, sin perjuicio de respetar la iniciativa de aquéllos.
> 2. La gestión pública a través de su acción urbanística y de las políticas de suelo suscitará, en la medida más amplia posible, la participación privada.
> 3. En los supuestos de actuación pública, la Administración actuante promoverá, en el marco de la legislación urbanística, la participación de la iniciativa privada aunque ésta no ostente la propiedad del suelo."

La participación privada en la actividad urbanizadora supone el cumplimiento de los deberes legales que recaen sobre los propietarios y que son reflejo de la función social de la propiedad establecida en la Constitución (art. 33). El contenido de esos deberes se vincula también a la efectividad de otros mandatos constitucionales relativos al urbanismo, como son la utilización racional del suelo evitando la especulación, la participación de la comunidad en las plusvalías urbanísticas y la distribución equitativa de los beneficios y cargas del planeamiento (equidistribución). Como tendremos ocasión de comprobar, la definición legal de estos deberes establece al mismo tiempo los mecanismos básicos de financiación de las actividades urbanísticas, ya que en el Derecho español esos mecanismos son fundamentalmente "urbanísticos" y no fiscales.

## 1. Deberes legales de los propietarios

Los derechos y deberes de los propietarios dependen de la clasificación del suelo (urbano, urbanizable o no urbanizable) asignada por el pla-

# 30      *O Sistema Financeiro e Fiscal do Urbanismo*

neamiento urbanístico municipal. En los suelos urbanos no consolidados[4] y urbanizables, los propietarios tienen, en general, los siguientes deberes[5]:

*a*) costear y ejecutar las obras de urbanización necesarias para que los terrenos adquieran la condición de "solar" (superficie urbanizada apta par la edificación).

*b*) ceder obligatoria y gratuitamente a la Administración el suelo necesario para los elementos de uso o servicio público (vías públicas, zonas verdes, espacios libres, equipamientos de titularidad pública).

*c*) ceder a la Administración el suelo correspondiente al porcentaje de aprovechamiento urbanístico que legalmente corresponde a aquélla (en principio, el 10% del aprovechamiento del ámbito, salvo que la legislación autonómica establezca otro porcentaje inferior)[6].

*d*) distribuir equitativamente los beneficios y las cargas del planeamiento en el ámbito de la actuación y en proporción a sus respectivas aportaciones. La concreción de las técnicas de equidistribución o perecuación (aprovechamiento tipo, aprovechamiento medio, transferencias de aprovechamiento) corresponde a la legislación regional[7].

---

[4] En la categoría del suelo urbano, los deberes de los propietarios son diferentes según que se trate de suelo "consolidado" o "no consolidado". En el primer caso, los propietarios únicamente están obligados a completar la urbanización necesaria para que el terreno sea edificable y a edificar en el plazo que establezca el planeamiento, pero no a ceder suelo a la Administración. En cambio, en el suelo urbano no consolidado el régimen de la propiedad es análogo al del suelo urbanizable y, por tanto, los propietarios están obligados a cumplir el conjunto de deberes que se mencionan en el texto. La determinación de los suelos urbanos que se incluyen en cada categoría corresponde a la legislación regional y al planeamiento municipal.

[5] Artículos 14 y 18 de la Ley estatal 6/1998, cuyo contenido se desarrolla en las correspondientes leyes regionales.

[6] Este deber se explica porque la Ley no atribuye a los propietarios todo el "aprovechamiento" urbanístico (que se concreta en edificabilidad) permitido por el plan. Una parte (normalmente el 10%) corresponde a la Administración (normalmente, al Municipio). De ahí que los propietarios en rigor no cedan ese porcentaje de aprovechamiento (no les pertenece), pero sí el suelo necesario para su materialización. Un matiz importante es que, cuando el planeamiento no permite que ese aprovechamiento de la Administración (que se incorpora al Patrimonio Municipal del Suelo) se destine a los fines previstos legalmente para dicho patrimonio, aquélla puede venderlo a los propietarios por su valor urbanístico. De ahí que algunos consideren que este porcentaje de aprovechamiento de la Administración funciona en la práctica como un tributo que los propietarios deben pagar. Desde luego, no es ése su significado legal. Cuestión distinta es que se aplique de forma desviada.

[7] No obstante, la ley estatal 6/98 marca algunos criterios, que deben considerarse "mínimos", de obligado respeto por el legislador autonómico.

*e*) en suelos urbanizables que estén desconectados de las zonas urbanas existentes, los propietarios deberán, además, costear y ejecutar los costes de conexión con las redes generales de servicios o, en su caso, reforzar o ampliar las existentes.

*f*) el deber de conservación de las obras de urbanización, una vez terminadas, recae sobre la Administración a la que corresponda su titularidad (normalmente, el Municipio). Sin embargo, en urbanizaciones particulares y turísticas el planeamiento puede imponer ese deber a los propietarios, que lo asumen a través de una entidad urbanística de conservación, a la que pagan las cuotas correspondientes.

*g*) el deber de conservación de los edificios existentes corresponde a los propietarios, que deberán ejecutar y costear las obras de reparación y, en su caso, rehabilitación que sean necesarias. El límite de ese deber viene marcado por los supuestos en que procede la declaración de ruina del edificio, lo que se regula en la legislación regional. En unas Comunidades ese límite es el 50% del valor actual del edificio y en otras, el 50% del coste de reposición, lo que resulta bastante más oneroso para los propietarios. Si el edificio está protegido, la legislación establece beneficios financieros y fiscales, para compensar al menos en parte, los gastos que la conservación ocasiona al propietario.

## 2. Esquema general de financiación

El sistema de financiación que resulta de esta regulación de la propiedad es, en líneas generales, el siguiente:

– los propietarios deben asumir los costes de la urbanización del ámbito de la actuación, en proporción a sus aportaciones (superficie de los terrenos o su valor urbanístico) [8]

---

Son los siguientes:
– la equidistribución es obligatoria en suelo urbano no consolidado y en el urbanizable (arts. 14.2.d. y 18.5).
– debe tener lugar antes del inicio de la ejecución material del planeamiento, es decir, antes del comienzo de las obras de urbanización
– incluye a todos los propietarios afectados por cada actuación, en proporción a sus aportaciones
– en defecto de acuerdo entre los propietarios, se aplican los criterios de valoración establecidos en la ley (art. 23, párrafo segundo)

[8] Según la Ley del Suelo estatal de 1976 (art.122), los costes de urbanización comprenden: *a*) las obras de vialidad, saneamiento, suministro de agua y energía eléctrica,

- la Administración también debería asumir, en principio, el coste de la urbanización en proporción al aprovechamiento urbanístico que le corresponde. Sin embargo, la legislación nacional autoriza a la regional para "reducir" esa participación. En la práctica, en las leyes regionales se va extendiendo el criterio de eliminar por completo esa obligación, imponiendo a los propietarios el deber de ceder esos terrenos ya urbanizados
- los terrenos destinados al uso o servicio público son de cesión obligatoria para los propietarios. Las obras correspondientes también se ejecutan a costa de los propietarios en cuanto formen parte de la urbanización. Las demás se ejecutan a costa de la Administración en cada caso competente. En suelos urbanizables "aislados" las infraestructuras de conexión con las redes de servicios existentes deben ser costeadas y ejecutadas por los propietarios
- en suelo urbano consolidado, al no existir el deber de cesión de los terrenos destinados a uso o servicio público, estos terrenos deben obtenerse por otras vías (normalmente, la expropiación).
- la conservación de la obras de urbanización corresponde a la Administración titular, pero, en urbanizaciones privadas, puede (y suele) imponerse a los propietarios
- la conservación de las edificaciones corresponde a los propietarios, hasta el límite de la declaración de ruina. Más alláde ese límite, las obras necesarias deberán ser costeadas por la Administración que las ordene (art. 246.2 de la Ley del Suelo de 1992)

El cumplimiento de los deberes legales más arriba expuestos depende, lógicamente, de que los propietarios asuman o no directamente la ejecución de las actuaciones urbanísticas correspondientes. Ello depende, a su vez, del sistema de actuación que se haya elegido para el desarrollo de cada operación. Dichos sistemas combinan la iniciativa pública y la privada, con diferente grado de protagonismo de una y otra en la ejecución del planeamiento.

---

arbolado y jardinería, sin perjuicio del derecho de reintegrarse, total o parcialmente de los gastos de instalación de las redes de agua y energía eléctrica con cargo a las empresas que presten estos servicios; *b*) las indemnizaciones procedentes por el derribo de construcciones o instalaciones o la destrucción de plantaciones; *c*) el coste de redacción y tramitación del planeamiento de desarrollo, del proyecto de urbanización y del instrumento de distribución de cargas y beneficios (proyecto de compensación o de reparcelación).

## II. Los sistemas de actuacion y la financiación

La legislación estatal ha previsto tradicionalmente tres sistemas para la ejecución del planeamiento, denominados sistema de compensación, de cooperación y de expropiación. Estos tres sistemas se han mantenido en la legislación regional, que es ahora la competente para su regulación y que, en algunas Comunidades Autónomas, ha incorporado otras posibilidades de actuación, entre las que interesa destacar la ejecución a través de un agente urbanizador no propietario del suelo y los convenios urbanísticos. En algunas Comunidades, la Administración puede elegir, motivadamente, el sistema de actuación que considera más adecuado a las características de la actuación. En otras se da preferencia a la iniciativa privada, de modo que, si los propietarios mayoritariamente (60% de la superficie) solicitan hacerse cargo de la actuación, la Administración tiene que optar por el sistema de compensación, que es el sistema típico de gestión privada.

Aquí nos limitaremos a señalar las peculiaridades de cada sistema desde la perspectiva de la financiación:

*a*) En el *sistema de compensación,* los propietarios, agrupados en un organismo que se denomina "Junta de Compensación", ejecutan a su costa las obras de urbanización y aportan los terrenos que deben ceder obligatoriamente a la Administración;

*b*) En el *sistema de cooperación* los propietarios aportan los suelos de cesión obligatoria y la Administración ejecuta las obras de urbanización con cargo a ellos, pudiéndoles exigir el pago de cantidades a cuenta de los gastos de urbanización;

*c*) En el *sistema de expropiación*, la Administración procede a la expropiación de todo el ámbito de la actuación, pagando el justiprecio correspondiente a los terrenos y demás bienes y derechos afectados. Sin embargo, la ley permite que, si los expropiados están de acuerdo, el justiprecio se haga efectivo en parcelas aptas para la edificación, una vez concluída la urbanización. Esta es costeada por la Administración actuante o por un tercero al que se ha adjudicado la ejecución de las obras;

*d*) Una modalidad que goza ahora de gran predicamento en la legislación regional es la adjudicación de las obras a un *urbanizador que no es propietario* de los terrenos, pero sin que se efectúe la expropiación de éstos. En tal caso, el urbanizador asume el coste de las obras, pero los propietarios le retribuyen en metálico o, lo que es más frecuente, en terrenos edificables [9];

---

[9] La Ley de la Comunidad Valenciana 6/1994, de 15 de noviembre, que ha sido pionera en la materia, exige la aprobación de un programa para el desarrollo de estas actua-

*e*) Algunas leyes autonómicas prevén también la posibilidad de considerar las obras de urbanización como *obras públicas ordinarias*, que se ejecutan por la Administración (directamente o a través de un contratista), pudiendo ésta exigir a los propietarios afectados el pago de las cuotas de urbanización o bien, alternativamente, imponer contribuciones especiales (que tienen naturaleza tributaria) a los particulares que se beneficien de ellas. Esta modalidad se utiliza muy poco en la práctica [10].

*f*) Por último, la legislación regional admite con bastante amplitud la ejecución de actuaciones en virtud de convenios o acuerdos suscritos entre la Administración y los particulares ("*convenios urbanísticos*"), en los que se determinan los compromisos de las partes en orden a la financiación y ejecución de las obras y demás características de la actuación. Estos convenios no pueden ignorar ni contradecir los deberes básicos de los propietarios establecidos con carácter general.

III. LOS PATRIMONIOS PUBLICOS DE SUELO

Un mecanismo indirecto de financiación que en ocasiones pueden tener gran importancia es la existencia de terrenos públicos sobre los que puede localizarse la actuación urbanizadora. Teniendo en cuenta que la carestía del suelo ha sido casi siempre un obstáculo para las actuaciones de iniciativa pública (también de la privada) y ha repercutido en los precios finales de las viviendas y los demás productos inmobiliarios, la actuación sobre un suelo "barato" puede contribuir a una reducción sustancial de dichos precios. Esto explica que el legislador haya insistido (y lo siga haciendo) en la constitución y ampliación de patrimonios públicos de suelo como un instrumento eficaz de intervención de los poderes públicos en el mercado inmobiliario. En el Preámbulo de la Ley del Suelo de 1956 se lle-

---

ciones y obliga al urbanizador a soportar los costes de la urbanización, que le son retribuídos en parcelas edificables urbanizadas o en metálico. La retribución del urbanizador comprende el coste de los proyectos y obras necesarias, así como el beneficio empresarial. Los propietarios pueden cooperar de dos maneras: *a*) aportando sus terrenos sin urbanizar y recibiendo a cambio parcelas edificables ya urbanizadas; *b*) abonando en metálico al urbanizador su cuota parte de las cargas de urbanización. También pueden negarse a cooperar, en cuyo caso serán expropiados (arts. 29 y 67).

[10] Así, por ejemplo, la Ley 2/1998, de 4 de junio, de Ordenación del Territorio y de la Actividad Urbanística de Castilla-La Mancha, prevé esta modalidad de ejecución en municipios sin planeamiento general y para actuaciones sencillas (art. 129). La financiación de la urbanización se hace por alguna de las modalidades señaladas en el texto.

gaba a afirmar como "ideal" que todas las actuaciones de nueva urbanización se localizasen sobre suelo público, pero, como ello resultaba imposible por la carencia de recursos para llevar a cabo las expropiaciones necesarias, se proponía la constitución de patrimonio municipales de suelo, como instrumento al servicio de las operaciones de desarrollo urbano. Las leyes posteriores han insistido en esta finalidad, aunque en la práctica los resultados han sido desiguales.

La legislación estatal (Ley del Suelo de 1992) regula los aspectos básicos del patrimonio municipal de suelo. Esa regulación se completa en la legislación regional, que en algunos casos ha añadido la del patrimonio regional de suelo. Por consiguiente, no existe una regulación unitaria más allá de los citados aspectos básicos, que son los que destacaremos a continuación.

## A) *Constitución y bienes que lo integran*

La existencia de patrimonio municipal de suelo (PMS) es obligatoria es los Municipios que tengan planeamiento general [11], es decir, en principio, en todos, pues todos los municipios deberían contar con un instrumento general de ordenación. Los bienes que lo integran se determinan en la legislación regional, por lo que no son necesariamente los mismos. En términos generales, se integran en este patrimonio: *a*) los terrenos que los propietarios han de ceder obligatoriamente a la Administración municipal; *b*) los de titularidad de ésta que estén clasificados como suelo urbano y urbanizable; *c*) los que se adquieran con esa finalidad; *d*) los obtenidos en virtud de expropiaciones urbanísticas o en ejercicio de los derechos de adquisición preferente; *e*) el aprovechamiento urbanístico que corresponde legalmente al Municipio; *f*) los ingresos obtenidos con la enajenación y gestión de los citados bienes.

Una particularidad destacable que se ha ido afirmando en los últimos años es que el PMS no está integrado únicamente por "suelo" (terrenos) sino también por los recursos económicos obtenidos de su gestión. Este conjunto de bienes constituye un patrimonio "separado" en el sentido de que está afectado al cumplimiento de unos fines específicos: los vinculados a las competencias urbanísticas del municipio respectivo y, en especial, la construcción de viviendas sujetas a algún régimen de protección pública u otros usos de interés social, como se verá más adelante.

---

[11] En principio, todos los municipios deben contar con un instrumento de ese tipo, pero en la práctica hay bastantes que carecen de él (sobre todo, los pequeños).

La legislación estatal de 1976 (art. 194) obligaba a los Municipios de población superior a 50.000 habitantes a destinar para la constitución o ampliación de su PMS el 5% de su presupuesto ordinario. Esta obligación se mantiene en algunas leyes regionales, con la misma u otra referencia en el porcentaje y, en ocasiones, extendiéndola a un número mayor de municipios [12], mientras que otras la ignoran. En la práctica, el mandato legal ha sido sistemáticamente incumplido.

La legislación vigente no sólo autoriza a los municipios para adquirir bienes con destino al PMS, amistosamente o por expropiación, sino que también les permite delimitar zonas de reserva para la posible adquisición de los terrenos incluídos en ellas. La delimitación de la zona implica la facultad de expropiar los terrenos correspondientes, si bien la Administración no está obligada a ello.

### B) *Destino*

En contrapartida a las facilidades que la legislación atribuye a los Municipios para la constitución y ampliación del PMS, se pretende que la gestión de estos bienes no se haga con criterios puramente lucrativos, de obtención de la máxima rentabilidad. Este modo de proceder, con el que los Municipios contribuirían a incrementar la especulación inmobiliaria, sería contrario a la Constitución (art. 47), que ordena a todos los poderes públicos adoptar las medidas necesarias para combatir la especulación. Por ello, la legislación estatal, desde 1990, acota los fines a que pueden ser destinados los bienes del PMS: viviendas sujetas a algún régimen de protección pública u otros usos de interés social, de acuerdo con el planeamiento urbanístico, que será quien decida en definitiva sobre el destino de dichos bienes. Algunas leyes regionales han concretado los usos de interés social a que pueden destinarse estos bienes en términos bastante amplios que permiten vincularlos al ejercicio de la competencia urbanística municipal en todos sus aspectos [13]. Pese a la amplitud de los fines a que puede

---

[12] Por ejemplo, la Ley vasca 20/1998, de 29 de junio, impone a los municipios de más de 7.000 habitantes en cuantía equivalente al 10% del total consignado en los capítulos I y II de ingresos. La Ley 2/1998, de Castilla-La Mancha, antes citada, impone a todos los municipios y a la propia Administración regional la obligación consignar con ese fin una cantidad equivalente al 5% de su presupuesto de inversiones.

[13] Así, la Ley vasca 20/1998, citada en la nota anterior, incluye entre esos usos los siguientes (art. 7): *a*) adquisición y promoción pública de suelo para actividades económicas; *b*) obras de urbanización y ejecución de sistemas generales: *c*) construcción de equi-

destinarse el PMS, la afectación a ellos impide gestionarlos con criterios de máxima rentabilidad, lo que han recordado algunas sentencias del Tribunal Supremo, rechazando la pretensión municipal de utilizar estos bienes como fuente de ingresos que pueden dedicarse a financiar cualquier gasto.

### C) *Enajenación y gestión*

La vinculación del PMS a la realización de fines públicos no implica que la titularidad de esos bienes se mantenga inalterada. Al contrario, se puede afirmar que su destino normal es la enajenación en favor de otras entidades públicas o de particulares que asuman la consecución de los fines a que están destinados. La enajenación se hará por subasta o por concurso, según lo establecido en la legislación aplicable, que en algunos casos permite la enajenación directa (para la construcción de edificios destinados a Organismos oficiales o para la construcción de viviendas por ellos, así como en favor de entidades sin ánimo de lucro). En estos casos y en otros de especial interés público se admite la cesión gratuita o por precio inferior al valor urbanístico del bien.

### D) *El PMS como recurso financiero*

Las consideraciones anteriores ponen de relieve que el PMS no es sólo un instrumento de intervención municipal en el mercado inmobiliario, que permite la realización de actuaciones urbanísticas sobre un suelo "barato", sino también una fuente de ingresos para la Tesorería de la Corporación respectiva. Pues bien, la consideración legal de estos bienes como un patrimonio "separado" del resto de los bienes municipales ofrece la peculiaridad de que los ingresos que se obtengan de su gestión (sobre todo, de su enajenación) deben reinvertirse en la adquisición de nuevos bienes que se integrarán en el propio PMS o en la realización de los fines a que éste se destina.

---

pamientos colectivos y otras instalaciones de uso público de ámbito municipal, siempre que sean promovidos por las Administraciones públicas o sus sociedades instrumentales; *d*) operaciones integradas o aisladas de iniciativa de rehabilitación de vivienda o de renovación urbana; *e*) rehabilitación del patrimonio histórico y cultural; *f*) operaciones de conservación, protección o recuperación del medio físico natural en zonas declaradas de especial protección.

La Ley del Suelo de 1956 obligó a los Municipios más importantes (capitales de provincia y los de población superior a 50.000 habitantes) y autorizó a los demás a formar un presupuesto especial de urbanismo, conforme a las reglas establecidas para el presupuesto ordinario (art. 176). En el estado de ingresos de dicho presupuesto especial únicamente podían figurar los recursos destinados a fines urbanísticos, entre ellos los "*productos de las enajenaciones de terrenos afectos al Patrimonio Municipal del Suelo*". La existencia de este presupuesto especial garantizaba así la reinversión de los rendimientos del PMS para cubrir los gastos previstos en aquél, aunque, sorprendentemente, entre ellos no se incluía la realización de nuevas inversiones para la ampliación del PMS.

Esta regulación se mantuvo vigente hasta 1981, en que se suprimió el presupuesto especial de urbanismo, afirmándose el principio de presupuesto único para todos los gastos e ingresos municipales, así como el de unidad de caja, mediante la centralización de todos los fondos y valores generados por operaciones presupuestarias y extrapresupuestarias. Estos principios se mantienen en la vigente Ley de Haciendas Locales de 1988 (arts. 145 y 177). Sin embargo, se admite la existencia de ingresos específicos afectados a fines determinados (art. 146.2 de la citada Ley), lo que ocurre, como hemos visto, en el caso de los rendimientos del PMS. La única limitación es que estos ingresos, como todos los procedentes de bienes patrimoniales, no pueden destinarse a la financiación de gastos corrientes (art. 5 de la misma Ley). Esos gastos incluyen los de funcionamiento de los servicios, los de intereses y las tranferencias corrientes (art. 148.3.b). Por lo tanto, los citados ingresos habrán de destinarse a la financiación de gastos de capital, es decir, en general, a la realización de inversiones en materia de urbanismo.

### E) *Patrimonios regionales*

La regulación de los patrimonios regionales de suelo es similar a la del PMS, aunque mucho más escueta, limitándose a permitir tanto la adquisición de bienes con esa finalidad, como la delimitación de zonas de reserva para su posible adquisición, en los términos antes indicados [14]. Su

---

[14] Véase, por ejemplo, la Ley 9/1995, de 28 de marzo de la Comunidad de Madrid (arts. 112-114), que obliga a la Administración regional a consignar en su presupuesto anual una cantidad no inferior al 2% del importe total del capítulo de ingresos, con destino a este patrimonio especial. Esta Ley, como las demás que regulan el patrimonio regional,

destino de define en términos muy amplios, acordes con la configuración de estos patrimonios como instrumentos de la Administración regional para el ejercicio de sus competencias urbanísticas.

## IV. ASPECTOS FISCALES DEL URBANISMO

Los tributos tienen una importancia secundaria para la financiación del urbanismo, ya que, como hemos visto, el coste de las obras de urbanización se abona por los propietarios o por la Administración, según el sistema de actuación que se elija para la ejecución de las operaciones previstas en el planeamiento. En alguna de las modalidades de ejecución, que en la práctica tiene muy poca importancia, la Administración puede recuperar los costes de la urbanización, mediante la imposición de contribuciones especiales a los que resultan particularmente beneficiados por aquélla. Estas contribuciones son tributos para cuya exigencia el Municipio debe aprobar la correspondiente ordenanza fiscal.

La legislación histórica española reguladora del "ensanche" de las poblaciones establecía las dos posibilidades básicas de financiación de las obras de de nueva urbanización. Así, la primera Ley de Ensanche de 1864 declaraba de utilidad pública (a efectos expropiatorios), las obras de ensanche de las poblaciones en lo que se refiere a calles, plazas, mercado y paseos. Para realizar estas obras se concedía a los Ayuntamientos el importe de la contribución territorial durante veinticinco años y un recargo extraordinario. Los propietarios podían elegir entre pagar estos tributos o ceder al Ayuntamiento los terrenos necesarios para calles y plazas y construir la urbanización. Aquí se instrumentan las dos opciones básicas para financiar las obras de urbanización, consideradas como obras públicas: bien a costa del Ayuntamiento, que recupera su importe mediante tributos, bien a costa de los propietarios, que ceden, además, los terrenos necesarios para las vías públicas, pero no pagan los tributos mencionados. Esta segunda vía ha sido por la que avanzado en el Derecho urbanístico español en épocas posteriores.

---

adscribe estos bienes a unos fines tan amplios, que permiten su gestión congran flexibilidad. Así, según el art. 112.2: "El patrimonio de suelo de la Comunidad de Madrid tendrá por finalidad prevenir, encauzar y desrrollar técnica y económicamente la ordenación del territorio y el crecimiento y la transformación urbana, así como la regulación del mercado inmobiliario. Los bienes que lo integran y los recursos económicos de ellos obtenidos quedarán afectados a la gestión urbanística para la preparación, cesión o enajenación de suelo edificable o para la constitución de reservas de terrenos con vistas a su utilización o puesta en el mercado cuando así proceda".

Todavía la Ley del Suelo de 1976 otorgaba importantes beneficios fiscales (reducción del 80% durante diez años de la base imponible de la contribución territorial urbana) a quienes sufragasen íntegra y anticipadamente las obras de urbanización (art. 202). Sin embargo, esos beneficios han desaparecido en la regulación vigente.

En un intento de síntesis, obligadamente breve, se pueden destacar los siguientes aspectos de la normativa fiscal con relevancia en materia de urbanismo:

- impuestos locales que gravan la propiedad del suelo, su incremento de valor o la realización de obras
- medidas fiscales con finalidades específicamente urbanísticas adoptadas por la legislación regional
- beneficios fiscales para estimular la realización de determinadas actuaciones o para compensar los gastos obligatorios en virtud del deber de conservación

## A) *Impuestos locales*

Algunos existen en todos los Municipios, mientras que otros pueden ser o no establecidos por la Corporación respectiva, si bien en la práctica casi todas los han establecido, por la necesidad de recurrir a todas las fuentes de financiación que la ley permite. Entre los primeros, hay que mencionar el Impuesto sobre Bienes Inmuebles. Entre los segundos, el Impuesto sobre el Incremento de Valor de los Terrenos y el Impuesto sobre Construcciones, Instalaciones y Obras. El rendimiento de estos impuestos, como el de los demás tributos locales, se ingresa en la Tesorería de la Entidad correspondiente y su importe se destina a financiar los gastos generales de aquélla. No son, por lo tanto, fuentes específicas de financiación del urbanismo.

La legislación estatal del suelo de 1976 establecía un impuesto sobre los terrenos no edificados conforme al planeamiento (art. 199 LS 76). Quizá porque se aplicó en pocas ocasiones, fue suprimido en la reforma de las haciendas locales llevada a cabo en 1988. Sin, embargo, alguna Comunidad Autónoma lo ha restablecido con el carácter de tributo propio, como se verá más adelante.

## 1. Impuesto sobre Bienes Inmuebles (IBI)

Es un impuesto directo, que sustituyó a las antiguas Contribuciones Territoriales (Rústica y Urbana) y se exige a los propietarios de bienes inmuebles situados en el territorio municipal, así como a los titulares de un derecho de usufructo o de superficie o de una concesión administrativa sobre dichos bienes (arts. 61 y siguientes de la Ley de Haciendas Locales de 1988). Se paga anualmente un porcentaje del valor catastral del bien[15]. Este valor comprende el del suelo y el de las construcciones existentes. Tiene una gran importancia práctica porque es el que se utiliza como referencia para determinar el valor urbanístico del suelo en numerosos supuestos.

## 2. Impuesto sobre Incremento de Valor de los Terrenos

También es un impuesto directo, pero, a diferencia del IBI (que se aplica por la mera existencia del bien), se exige solamente cuando se produce una transmisión de los de naturaleza urbana (no de los rústicos), en la que se constata el incremento de valor que ha experimentado (arts. 105 y siguientes de la Ley de Haciendas Locales). Se paga un porcentaje del incremento de valor, variable en función de la población del Municipio (entre el 16 y el 30%).

## 3. Impuesto sobre Construcciones, Instalaciones y Obras (ICIO)

Es un impuesto indirecto que se exige por la realización de cualquier obra para la que sea necesaria la obtención de previa licencia urbanística municipal. Está obligado al pago el dueño de la obra y el importe se fija en un porcentaje del coste real de aquélla, variable en función de la población del Municipio (entre el 2,4 y el 4%).

### B) *Medidas fiscales con finalidades urbanísticas en la legislación regional*

Las Comunidades Autónomas pueden establecer tributos propios, conforme a la Constitución y la Ley Orgánica que regula su financiación. En uso de esta autorización, algunas Comunidades han establecido tribu-

---

[15] Entre el 0,3 y el 0,9% para los bienes de naturaleza rústica y entre el 0,4 y el 1,1% para los de naturaleza urbana. El tipo mínimo es el señalado en primer lugar, pero los Municipios pueden incrementarlo hasta los mencionados límites, que pueden superarse en los casos previstos en el art. 73 de la Ley de Haciendas Locales.

tos para la consecución de fines urbanísticos. Quizá el más significativo sea el *Impuesto sobre Suelo sin Edificar* implantado en Extremadura (Ley 9/1998, de 26 de junio), que recae sobre los titulares de los terrenos que, teniendo como destino natural la edificación y siendo legalmente edificables, no lo estén en el plazo establecido en la propia Ley. También están sometidas al impuesto las edificaciones declaradas en ruina, que no hayan sido sustituídas o rehabilitadas. Como puede comprobarse, este tributo tiene una finalidad semejante al desaparecido impuesto sobre solares, que regulaba la legislación estatal de régimen local hasta 1988. Sin embargo, la tarifa es progresiva: el primer año se paga el 10% del valor del terreno o la edificación, pero este porcentaje se incrementa cada año en cinco puntos, hasta llegar al límite máximo del 30%, si los obligados no acometen la realización de las obras, cuya omisión da lugar a la aplicación de este impuesto.

Esta Ley regional ha sido recurrida por el Presidente del Gobierno ante el Tribunal Constitucional, sin que todavía se haya dictado sentencia.

Con un significado opuesto, el de compensar la clasificación del suelo como no urbanizable de especial protección, la Comunidad de las Islas Baleares, por Ley 6/1999, de 3 de abril, ha adoptado medidas fiscales en favor de los propietarios de terrenos de esa clase, a los que considera agraviados en relación a los propietarios de suelo no urbanizable común, cuyas posibilidades de actuación son más amplias. Las medidas adoptadas son, en síntesis: *a)* bonificaciones en el Impuesto sobre Sucesiones, consistente en una reducción del 95% del valor del terreno; *b)* deducciones de la cuota autónomica [16] del Impuesto sobre la Renta de las Personas Físicas (IRPF) del 25% de los gastos de conservación y mejora realizados en dichas fincas. Estas disposiciones también han sido impugnadas por el Presidente del Gobierno ante el Tribunal Constitucional, que todavía no se ha pronunciado.

### C) *Beneficios fiscales*

El cumplimiento del deber de urbanizar (y de costear las obras correspondientes) que recae sobre los propietarios no implica en la actualidad

---

[16] Para comprender el significado de esta deducción, conviene aclarar que, conforme al régimen de financiación de las Comunidades Autónomas actualmente vigente, la cuota del IRPF Impuesto se descompone en una cuota estatal (la más importante) y otra autonómica. La deducción a que se hace referencia en el texto sé aplica a esta última, no a la estatal.

la atribución de beneficio fiscal alguno, ya que se parte de la base de que los propietarios resultan suficientemente compensados con la plusvalía que obtienen por la transformación urbanística de sus terrenos. Lo mismo ocurre, en términos generales, respecto del deber de conservación de las edificaciones. Ya hemos dicho que la realización de las obras correspondientes debe ser costeada por los propietarios hasta el límite de ese deber y, en lo que exceda de él, por la Administración que las ordene. Sin embargo, cuando se trate de bienes especialmente protegidos, como son los integrados en el Patrimonio Histórico Español, la ley establece beneficios fiscales consistentes en la exención del pago de determinados impuestos locales (entre ellos, el antes citado Impuesto sobre Bienes Inmuebles), así como reducciones o bonificacion s de la cuota en otros (como el IRPF) [17].

Estas medidas de apoyo al cumplimiento del deber de conservación de edificios se insertan en el marco más amplio del fomento de la rehabilitación, que comprende también otras de naturaleza no fiscal y que merece, por su importancia, un comentario separado.

## V. Medidas de fomento de la rehabilitación y conservacion

La legislación urbanística española ha estado centrada tradicionalmente en la regulación de los nuevos desarrollos urbanísticos (el "ensanche" de las poblaciones, como se denominaba en la legislación del siglo XIX), dejando en segundo plano los problemas derivados del mantenimiento y mejora de los espacios urbanos existentes. Sin embargo, en los últimos años, el orden de las preocupaciones se ha alterado, de modo que no resulta exagerado decir que la inquietud de los legisladores y de la Administración está hoy más orientada hacia la rehabilitación y mejora de los espacios urbanos degradados, incluyendo, por supuesto, los centros históricos de las ciudades.

La magnitud del problema y la cuantía de las inversiones que se requiere para afrontarlo determina la improcedencia de situarlo exclusivamente en el ámbito de los deberes individuales de los propietarios. De ahí que el protagonismo de los poderes públicos haya sido creciente, actuando en un doble plano: *a*) apoyo a las actuaciones individuales de rehabilitación; *b*) diseño y ejecución de actuaciones colectivas o "integrales". Desde la perspectiva de la financiación de estas actuaciones, que es la que debe-

---

[17] Estos beneficios se regulan en general en la Ley estatal 16/1985, de 25 de junio, del patrimonio histórico español y, en el ámbito de cada Comunidad Autónoma, por las dictadas por el legislador regional en esta materia.

94 *O Sistema Financeiro e Fiscal do Urbanismo*

mos adoptar aquí, esa doble línea de actuación se ha traducido, por un lado, en la adopción de medidas de fomento de la rehabilitación individual y, por otro, en la ejecución de las operaciones integradas como tareas propias de la Administración.

Las medidas de apoyo a la rehabilitación individual (es decir, la que se emprende por los propietarios aisladamente) se encuentran reguladas en las normas dictadas por las tres grandes esferas territoriales en que se organiza el Estado [18]. Su regulación se vincula a la política de vivienda, por lo que reviste una gran complejidad. En un intento de síntesis, necesariamente simplificador, se pueden mencionar las siguientes, además de las medidas fiscales a que ya se ha hecho referencia:

*a*) otorgamiento de subvenciones con ciertos límites (20 o 30% del presupuesto)

*b*) financiación por la Administración de una parte del interés de los préstamos concedidos por instituciones financieras [19]

*c*) apoyo técnico en la redacción de los proyectos y material en la ejecución de las obras

Por lo que se refiere a las operaciones de rehabilitación "integradas" o por conjuntos de inmuebles, lo normal es que estén previstas en el planeamiento urbanístico, que determinará la modalidad de su ejecución (por iniciativa pública o privada). En tales casos, los propietarios y la Administración están sujetos al cumplimiento de los deberes legales establecidos con carácter general. La legislación prevé la posibilidad de que suscriban convenios entre diversas Administraciones para la ejecución de

---

[18] La disposición estatal básica en la materia es el Real Decreto 2329/1983, de 28 de julio, sobre protección a la rehabilitación del patrimonio residencial y urbano, que establece un sistema de ayudas fundamentado en la subvención de intereses para la financiación de créditos y en las subvenciones personales en función de la renta familiar de los usuarios. Esta regulación ha sido parcialmente sustituída por la establecida en el Real Decreto 726/1993, de 14 de mayo. Las Comunidades Autónomas han dictado numerosas disposiciones, cuya reseña es imposible aquí. Finalmente, es frecuente que los municipios aprueben ordenanzas de ayudas a la rehabilitación, que incluyen un conjunto muy amplio de medidas, fiscales (bonificaciones y exenciones), financieras (subvenciones), apoyo técnico y material (cesión de andamios para la realización de la obra).

[19] A esto se denomina "subsidiación de los intereses de los préstamos" y ha sido una pieza clave de la política de vivienda en España durante muchos años, no sólo en materia de rehabilitación. Otra medida tradicional de fomento era el acceso al crédito oficial, en mejores condiciones que las ofrecían las instituciones financieras privadas. Pero esto ha desaparecido a consecuencia de la privatización de la banca pública.

programas conjuntos de rehabilitación. Las leyes autonómicas más recientes manifiestan una creciente preocupación por la mejora de los espacios urbanos degradados, mediante la delimitación de áreas de rehabilitación preferente o la formulación de programas y convenios de rehabilitación concertada[20]. En algún caso se obliga a la Comunidad a incluir una partida presupuestaria con esta finalidad[21]. Sin embargo, la característica de estas disposiciones es que no establecen modalidades específicas para la financiación de estas actuaciones, sino que remiten a cada operación la determinación de la financiación aplicable, lo que habrá de hacerse en el Programa o Convenio correspondiente.

## VI. SANCIONES

Las sanciones que pueden imponerse como consecuencia de la comisión de infracciones urbanísticas son normalmente multas, de cuantía variable, según la gravedad de la infracción. La legislación estatal de 1976 ordenaba que el importe de las multas se ingresase en el presupuesto especial de urbanismo, destinándose así a la financiación de la actividad urbanística municipal. La desaparición de este presupuesto especial en 1981 ha traído como consecuencia que el importe de las multas se ingresa en la Tesorería de la Corporación, destinándose a la financiación del conjunto de las actividades municipales y no específicamente de las urbanísticas. Sin embargo, algunas leyes regionales establecen que el importe de las sanciones se destine al PMS o a la financiación de actuaciones relacionadas con la ordenación del territorio y el urbanismo[22]. En tales casos,

---

[20] Es el caso de la ya citada Ley 2/1998, de Castilla-La Mancha (art. 141). Muy ambiciosa es la reciente Ley 7/2000, de 19 de junio, de la Comunidad de Madrid, sobre rehabilitación de espacios urbanos degradados y de inmuebles que deban ser objeto de preservación, en la que se regulan los programas y convenios a que se hace referencia en el texto y se prevé la formación de un Catálogo Regional de Patrimonio Arquitectónico, en el que habrán de incluirse los edificios merecedores de protección. Sin embargo, esta Ley es más una declaración de buenas intenciones que un instrumento directamente operativo.

[21] Así, la Ley de Madrid citada en la nota anterior obliga a destinar a estos fines el 2% del presupuesto de la Consejería de Obras Públicas, Urbanismo y Transportes que es la competente en la materia.

[22] La legislación vigente ofrece diversos grados de concreción. Por ejemplo, la Ley de Disciplina Urbanística de Asturias (Ley 3/1987, de 8 de abril) se limita a disponer que el importe de las multas será obligatoriamente destinado a la financiación de inversiones

la aplicación del régimen sancionador actúa como otra fuente de financiación del urbanismo, aunque es evidente que no es ésa su finalidad primordial.

## VII. COMENTARIO FINAL

El sistema español de financiación del urbanismo se basa en la regulación de la propiedad y no en la fiscalidad. Ello no impide la existencia de tributos específicos con una finalidad urbanística, pero su importancia es pequeña es la práctica. El criterio general es el de la "autofinanciación" de las actuaciones que se realicen, cuyo coste debe ser satisfecho por los propietarios o por la Administración, si es ella quien ha asumido la ejecución de la actuación. El promotor de ésta (público o privado) recupera la inversión y obtiene un beneficio mediante la venta de los terrenos edificables resultantes de la urbanización.

La competencia urbanística corresponde primariamente a los municipios, si bien la Administración regional también puede llevar a cabo actuaciones urbanísticas propias. Conforme a la regulación vigente, el urbanismo es una fuente de ingresos para los municipios que se concreta en: *a*) la atribución legal de una parte del aprovechamiento (edificabilidad), que no corresponde a los propietarios; *b*) los recursos obtenidos de la gestión del PMS; *c*) la posible revalorización de los terrenos que ya son de propiedad municipal mediante su reclasificación (típicamente, de no urbanizable a urbanizable; *d*) las contraprestaciones que pueden obtener en virtud de los convenios urbanísticos que suscriben con promotores privados. Utilizando a fondo los instrumentos legales a su alcance, los municipios españoles pueden obtener importantes recursos en ejecución de sus políticas urbanísticas.

La penuria endémica de las haciendas municipales explica que algunas de estas Corporaciones caigan en la tentación de utilizar los mecanismos urbanísticos no ya como fuente de financiación de sus actividades en esta materia, sino de cualquier otra que la Entidad tenga a su cargo. Este modo de proceder (explicable pero no justificable) implica un serio riesgo de desvirtuar la aplicación de la normativa vigente, en cuanto que la "optimización" de sus posibilidades se haga con una finalidad puramente recau-

---

reales (art. 18.4), no necesariamente en materia de urbanismo. La Ley de Urbanismo de Aragón (Ley 5/1999, de 25 de marzo), prevé genéricamente la afectación a actividades urbanísticas (art. 207.4). La Ley 2/1998, de Castilla-La Mancha dispone el destino al PMS y a actuaciones de restauración del medio ambiente y el territorio (art. 197.3). En otras Comunidades la legislación vigente no establece nada al respecto.

datoria, y no la de mejorar la calidad de la vida en las ciudades. Como hemos visto, la legislación anterior trataba de evitar este peligro imponiendo a los Municipios más importantes la obligación de formar un presupuesto especial de urbanismo, diferenciado del general de la Corporación. Pero la vuelta al presupuesto único (que también tiene importantes argumentos a su favor) ha planteado de nuevo el problema. La solución debe buscarse por la vía de la reforma de la legislación de haciendas locales. Si los Municipios tienen recursos insuficientes para las tareas que se les encomiendan, habrá que dotarles de otros adicionales para garantizar que sean suficientes, dentro de las posibilidades existentes.

Otro problema importante es el de la falta de vinculación obligatoria entre el planeamiento urbanístico y los presupuestos municipales. De nada sirve que los planes establezcan determinadas estrategias de actuación, si los presupuestos anuales de cada Corporación no prevén los créditos necesarios para su financiación. Este es un problema que se plantea en todos los ámbitos (no sólo en el urbanismo) y que afecta a cualquier reforma legislativa, cuya aplicación exige la realización de determinadas inversiones. En el caso del urbanismo, la inexistencia de previsiones presupuestarias suficientes compromete la propia credibilidad del plan, que puede convertirse en letra muerta, si no se ejecuta. Esto ha ocurrido en España en demasiadas ocasiones.

La vigente Ley de Haciendas Locales (art. 147.2) se limita a establecer que el Plan de Inversiones que acompaña al presupuesto debe coordinarse con los Programas de Actuación y los planes de etapas del planeamiento urbanístico, pero no dice cómo se lleva a cabo esa coordinación. En consecuencia, los programas de actuación de los planes urbanísticos, que son plurianuales, sólo sirven como referencia para la elaboración del programa de inversión que se incluye en el presupuesto anual, pero sin carácter vinculante. El problema no es fácil, pero habría que intentar resolverlo en términos que refuercen la ejecución de las previsiones del planeamiento. En esta línea, algunas leyes regionales recientes han previsto la posibilidad de que se aprueben programas municipales de suelo vinculantes, durante su vigencia, para el presupuesto municipal [23].

En definitiva, se puede afirmar que, aunque se mantiene abierto el debate sobre la regulación de la propiedad, los principios generales del sistema están sólidamente establecidos. Los problemas se sitúan más bien en la aplicación de esos principios y en la reforma, siempre pendiente, de las haciendas municipales.

---

[23] Art. 129.3 de la Ley 5/1999, de 8 de abril, de Urbanismo de Castilla y León.

# FINANCEMENT ET RECOUVREMENT FISCAL DANS LE DOMAINE DE L'URBANISME EN ALLEMAGNE*

*Prof. Dr. Volkmar Götz*
(Universidade Göttingen)

I. DÉTERMINANTS DU RAPPORT SYSTÉMATIQUE ENTRE L'URBANISME ET L'ORDRE FINANCIER PUBLIC

## 1. **L'urbanisme comme attribution des communes**

L'urbanisme en tant que charge publique est en Allemagne du ressort des communes. Il en résulte un maximum de décentralisation. Il existe en Allemagne environ 15.000 communes, dont 83 sont des villes ayant plus de 100.000 habitants, le reste, ce sont des villes moyennes, de petites villes et des communes aux dimensions les plus variées. Toutes les communes ont à leur charge cette attribution publique, l'urbanisme. Leur compétence consiste naturellement à remplir effectivement cette tâche, qui se manifeste de différentes façons. Dans les petites communes locales, qui – aujourd'hui encore dans lesdits « nouveaux Länder», c'est-à-dire en Allemagne de l'Est, préservent la qualité de communes légalement autonomes – cette compétence est considérablement réduite. En Allemagne occidentale, des réformes, mises en place entre 1965 et 1980, ont réduit considérablement le nombre de communes par une sorte de concentration. Dans le plus grand des Länder de la République Fédérale d'Allemagne, le *Land Nordrhein--Westfalen*, avec une population d'environ 18 millions d'habitants, on n'y compte plus que 396 communes contre les 2277 existantes avant la réforme. Après ces réformes on ne peut que conclure que toutes les communes sont en mesure de remplir effectivement cette tâche publique de l'urbanisme. On essaie actuellement de mettre en marche ces mêmes réfor-

---

\* Texto elaborado pelo autor para o colóquio e revisto pelo mesmo para efeitos da sua publicação.

mes communales dans le territoire de l'Allemagne de l'Est. La Constitution Allemande, la Loi Fondamentale de 1949, établit, dans l'article 28, l'autonomie administrative communale. Cette garantie comprend aussi, selon une interprétation générale et indéniable, la compétence de planification communale. La compétence de planification communale est le centre des compétences communales pour l'urbanisme. Elle constitue, de cette façon, le déterminant légal, normatif et politique de l'urbanisme en Allemagne. Afin de respecter pleinement sa signification et son importance, la compétence de planification communale doit être mise en rapport avec la souveraineté de l'état. L'état a la compétence de planification pour «un espace plus grand» – l'espace d'une région, d'un *Land* ou de tout le territoire allemand, et il dispose d'instruments lui permettant d'exécuter cette compétence de planification. Au niveau des régions et des *Länder*, il existe une planification globale formelle (appelée: *Landesplanung*), qui crée un cadre obligatoire pour la planification communale. La planification spéciale par rapport aux voies de circulation supra locales, surtout les routes interurbaines est, elle aussi, une attribution de l'état. Ces planifications globales et sectorielles de l'état créent des limites, que les communes doivent respecter lors de la planification urbanistique locale. Cependant la compétence de planification communale est préservée dans sa substance. L'urbanisme n'est pas possible sans la volonté politique des assemblées municipales élues. L'existence des directives gouvernementales ne change rien non plus à la planification.

En plus, l'état donne encore une marge dans des sens bien différents. C'est lui qui procède à la réglementation du droit urbanistique, qui balise le plan général d'urbanisation communale. L'état joue aussi un rôle déterminant en tant que législateur fiscal en dotant les communes de moyens financiers.

## 2. Le système fiscal public – impôts, taxes, cotisations

Dans le droit fiscal allemand, on distingue entre impôts, taxes et cotisations. Cette distinction joue un rôle très important pour le système de financement de l'urbanisme. En effet, il n'existe pas dans ce système des impôts qui se rattachent spécialement au type normatif de l'urbanisation. Il n'existe pas non plus d'impôts dont l'utilisation soit associée à des fins urbanistiques. L'utilisation d'une partie des recettes, provenant des impôts sur l'huile minérale, destinée à la subvention fédérale pour la construction et agrandissement de certaines voies de circulation, considérées importantes d'après la loi de financement de la circulation communale de 1971, constitue la seule exception. Les taxes et les cotisations, par contre, ont une place très importante au sein du droit urbanistique auquel elles sont étroitement liées. Quelle est la différence entre impôts, taxes et cotisations? Les impôts sont définis légalement (§ 3 Loi Fiscale) comme «prestations pécuniaires, qui ne représentent pas une rétribution pour la prestation d'un service et qui sont appliquées par une entité publique pour l'obtention de recettes imposées à tous ceux qui remplissent les conditions auxquelles la loi rattache l'obligation fiscale».

Les taxes et cotisations, par contre, sont des charges fiscales ayant le caractère d'une rémunération. La taxe est une rémunération spéciale pour un service spécial de l'administration publique. La cotisation est une prestation pécuniaire qui vise la réduction ou couverture des frais de construction, agrandissement, amélioration ou renouvellement d'installations publiques exigées par ceux, auxquels la possibilité d'utilisation des installations apporte des avantages économiques. Taxes et cotisations ont en commun le fait que l'état ou la commune ait réalise um projec déterminé et fait des dépenses. Ces dépenses vont être réparties par recouvrement fiscal entre ceux qui, *d'une façon individualisable, en tirent des avantages*. La «philosophie» des taxes et des cotisations est en principe différente de celle du recouvrement fiscal. En effet, le type normatif d'impôts ne prévoit pas que l'état effectue certaines améliorations et fasse des dépenses. Avec les impôts, l'état absorbe la capacité de prestation individuelle, là où il la trouve. Avec les taxes et les cotisations, au contraire, les dépenses financières des entités publiques retombent sur ceux, auxquels ces dépenses ont apporté des avantages particuliers de façon quantifiable.

## 2. Règles de financement dans le domaine du droit de l'urbanisme – bref aperçu

Il existe en Allemagne un droit de l'urbanisme codifié. Celui-ci a la qualité de droit fédéral – une situation qui a une grande importance dans le système fédéraliste. En effet, le droit fédéral est valable dans tout le territoire national. La loi fédérale d'urbanisation, appliquée depuis 1960, a été renouvelée d'abord en 1976 et en 1979, puis encore une fois en 1987 et nommée «Code de l'Urbanisme». La Réunification de l'Allemagne a fait naître un certain besoin d'adaptation et de modernisation. La loi en vigueur aujourd'hui a été révisée le 1.1.1998. Le Code de l'Urbanisme contient un instrument de financement pour l'urbanisme général: il s'agit de la Contribution Spéciale pour les opérations d'aménagement urbain («Erschliessungsbeitrag»). Avec cet instrument, dont les détails seront encore analysés, on vise fondamentalement le financement de la construction de routes – appelée création première de routes – dans des territoires nouveaux considérés urbanisables. Cette contribution spéciale est une contribution du système fiscal allemand pris au sens qui a déjà été expliqué. Elle est caractérisée par les marques globales de la cotisation. Elle traduit la circonstance par laquelle une dépense financière publique retombe sur ceux qui tirent un avantage de la disposition publique. Cette contribution spéciale s'applique aux propriétaires de terrains, devenus urbanisables grâce aux nouveaux réseaux de routes, dans la mesure où ces routes rendent possible l'accès à ces immeubles.

En outre, le Code de l'Urbanisme contient dans sa forme actuelle deux matières du domaine du «droit particulier de l'urbanisme», notamment les mesures d'assainissement et les mesures de développement urbanistique. Ces procédés urbanistiques spéciaux présentent aussi des composantes financières particulières. La raison de tout cela – et aussi du fait que le droit général de l'urbanisme ne connaisse pas ces composantes financières – advient d'un changement des exigences politiques par rapport à la planification urbanistique. Le modèle de planification urbanistique établi dans la loi fédérale d'urbanisation de 1960 la conçoit comme une «proposition» faite aux propriétaires privés, d'utiliser les immeubles selon les déterminations du Plan. La tâche de la commune consiste uniquement à entreprendre lesdits travaux d'urbanisation, c'est-à-dire se charger de l'urbanisation de ces terrains. Ce modèle libéral ne satisfaisait plus les desseins politiques de la fin des années 60, début des années 70. Des réformes pour une configuration sociale plus active ont alors été annoncées. L'opinion que non seulement la planification, mais aussi l'exécution de la planification doit être prise en main par des entités publiques, afin d'assainir, en grand style, de vieux quartiers en faisant remplacer les vieux immeubles par des constructions nouvelles et construire des cités-satellite – comme celles des grandes villes – sur «la prairie verte», s'est imposée dans la politique et dans l'économie. C'est sous ce signe que la loi sur la promotion d'activités urbanistiques («Städtebauförderungsgesetz») a été établie en 1971. Elle accentuait la responsabilité des communes dans la préparation de la planification, la planification elle-même et dans son exécution. Elle a introduit des instruments de financement particuliers, notamment les plus-values à prélever parmi les propriétaires et la promotion de la part de l'état de l'assainissement par des subventions. Cet ensemble spécial d'instruments au service de l'assainissement et des mesures de développement urbanistique – outre la planification urbanistique générale – est préservé dans le Droit en vigueur actuellement. (§§ 136 et suivants, du Code de l'Urbanisme).

## II. LE MODÈLE NORMAL DU FINANCEMENT D'INVESTISSEMENTS PUBLICS DANS L'URBANISME

Le financement des investissements publics dans l'urbanisme nous renvoie, dans un premier temps, à la base du modèle normal du Droit Urbanistique. Plus loin dans cette communication on essaiera de découvrir quelles sont les modifications qu'il est possible d'introduire dans ce modèle normal: les communes *a*) mènent une politique tournée vers la conservation des réserves du sol et financent une partie de leurs investissements publics grâce aux recettes provenant de la vente de terrains urbanisables ou *b*) obtiennent des résultats semblables grâce à la réalisation des dits contrats urbanistiques. Toutefois, ces possibilités, à aborder plus loin, ne réduisent aucunement l'importance du modèle dit normal, que nous passons à analyser. Il est basé sur le caractère communal, déjà mentionné, du plan général d'urbanisation perçu comme une proposition adressée aux propriétaires de terrains, qui acceptent l'engagement de respecter les indications de construction du plan d'urbanisation communal. Il revient à la commune de prendre en charge les travaux d'urbanisation, à moins qu'ils ne soient de la responsabilité légale ou contractuelle d'autres entités, par exemple les entreprises responsables de la distribution d'énergie électrique.

Les travaux d'urbanisation impliquent la création de mécanismes d'urbanisation qui rendent possible une exploitation réglementée des terrains urbanisables. Sous les auspices du financement, il s'ensuit la division suivante:

## 1. **La contribution spéciale comme instrument du financement de la construction de réseaux routiers**

Le noyau des mécanismes d'urbanisation est représenté par les installations, ainsi nommées définitivement dans le § 127, alinéa 2 de le Code de l'Urbanisme, au moyen desquelles les charges de la toute première construction, y compris les frais de l'immeuble, sont transférées de la commune (90%) aux propriétaires des immeubles, par voie du recouvrement avec la contribution spéciale (pour les opérations d'aménagement urbain). Il s'agit ici des installations capables d'entraîner une contribution spéciale à l'urbanisation. Il est important de faire remarquer que ces installations sont définitivement énoncées au niveau du Code de l'Urbanisme. La loi établit aussi les échelles proportionnelles admissibles, dont les limites sont utilisées pour baliser l'application aux habitants des charges relatives aux travaux d'urbanisation. Ces installations concernent, en première ligne, les voies publiques à l'intérieur d'un territoire urbanisable et qui permettent d'avoir accès aux terrains de construction, y compris les zones vertes et les espaces destinés au stationnement d'automobiles.

Il faut ajouter aux frais de construction des routes aussi les frais pour la construction de chemins, pistes à bicyclette, voire l'éclairage et le drainage des routes. À part les routes et les places, il y a peu d'installations avec cette capacité de contribution. On retrouve dans ce sens des zones vertes autonomes. Leur fonction de viabilisation pour les terrains individuels est reconnue dans la jurisprudence des tribunaux administratifs, si elles ne sont pas séparées par une distance supérieure à 200m sur une ligne droite. D'autre part les installations pour la réduction de nuisance, telles que les digues de protection contre le bruit, sont elles aussi l'objet d'une contribution spéciale pour l'urbanisation.

Les détails du droit de contribution doivent être négligés ici. Il nous faut encore mettre en évidence deux points de grande importance. L'obligation de cotisation est entraînée par la construction définitive des installations d'urbanisation, de sorte que les caractéristiques de ce que signifie une construction définitive doivent être établies dans le règlement municipal. De cette situation légale il en résulte une charge de préfinancement pour la commune. La loi offre à celle-ci plusieurs possibilités pour se débarrasser de cette charge. Elle peut rendre les comptes d'avance pour une partie fonctionnelle d'une installation ou certaines parties d'une route. Le moyen le plus important pour éviter une charge de préfinancement est le recouvrement par anticipation d'une prestation. Elle est parfaitement admissible pour le montant total probable de la contribution spéciale à l'urbanisation. À l'origine, les textes légaux exigeaient, pour ces situations, qu'il y ait eu auparavant une autorisation pour un projet de construction. Depuis le Code de l'Urbanisme de 1987, il est devenu possible d'exercer une pression sur la réalisation de l'urbanisation au moyen du recouvrement de prestations préalables pour la contribution spéciale à l'urbanisation. La prestation anticipée peut être exigée aussitôt que débutent les travaux d'urbanisation. Si l'installation d'urbanisation n'est pas achevée six ans après le paiement de la prestation préalable, le propriétaire a droit à la restitution des prestations. Un dernier aspect qui me semble principal se rattache à la compétence administrative contentieuse des tribunaux qui doivent résoudre des recours administratifs contentieux, portés par les propriétaires contre la détermination de prestations préalables et la détermination de contributions spéciales pour l'urbanisation. Le contrôle administratif contentieux est très rigide. Le recouvrement des contributions spéciales pour l'urbanisation a le caractère d'une «liquidation» ou «répartition des frais», c'est pourquoi il est très important, dans tous les sens, de s'assurer de l'exactitude de la liquidation: il faut bien contrôler si on a fait une répartition juste des frais financiers par les différents immeubles dans les limites qui découlent des avantages des travaux d'urbanisation.

## 2. Taxes et cotisations pour le financement des frais d'investissement dans les installations destinées à la distribution d'eau et dans les installations destinées à résiduaires

Font partie des travaux d'urbanisation, outre ce noyau déjà représenté d'installations pour lesquelles on peut fixer une contribution spéciale pour l'urbanisation, les installations chargées de la distribution d'énergie électrique, gaz, eau, et encore les services chargés de l'évacuation des eaux résiduaires et du collectage de déchets solides et encore l'installation de parcs publics pour enfants. Ces installations sont aussi nécessaires pour assurer l'exploitation réglée des terrains urbanisables. Toutefois on ne peut pas recouvrer, pour la charge nécessaire à leur réalisation, la contribution spéciale susmentionné. Les frais d'investissement pour les services associés à ces prestations, tels que le service de distribution d'eau et les services d'assainissement des eaux résiduaires, peuvent être couverts par des taxes ou cotisations conformément à la loi des taxes municipales des Länder. Le Code de l'Urbanisme (§ 127, alinéa 4) ouvre clairement cette possibilité. Les communes ont le droit de décider si elles veulent financer les services de distribution d'eau et les services d'évacuation des eaux résiduaires au moyen d'une taxe – et les inclure ainsi dans l'ensemble des taxes d'utilisation – ou alors adopter le recouvrement d'une cotisation spécialement pour couvrir ces frais d'investissement. Grâce à ces charges fiscales, il devient possible de couvrir non seulement les frais qui prennent forme au moment du calcul, mais aussi ceux que l'on prévoit faire dans le futur. De ces frais font aussi partie lesdits prix de coût calculés, tels que les amortissements et les intérêts. Les amortissements sont compatibles avec les frais d'installation ou de renouvellement. D'après les statistiques, le taux de couverture des frais dans le cas de la distribution d'eau et de l'évacuation des eaux résiduaires se situe entre 85 et 90%. Ce degré de couverture des coûts doit être considéré extrêmement élevé, si l'on pense qu'a) les prix de coût calculés, provenant de l'amortissement, y sont compris, b) l'évacuation des eaux résiduaires comprend également les frais très élevés qui résultent de la dépuration des eaux souillées, une opération extrêmement coûteuse.

En ce qui concerne la distribution d'énergie électrique, les frais d'investissement sont pris en charge par des entreprises de distribution d'énergie qui les font ensuite retomber sur les consommateurs d'électricité.

## 3. Infrastructure générale

La troisième catégorie d'investissements concerne l'infrastructure, dont la nécessité s'ensuit de la construction des logements etc. Cela comprend des écoles, écoles maternelles, hôpitaux, cimetières, bâtiments administratifs, installations supra locales destinées aux loisirs et aux sports, des zones vertes et des installations pour la circulation de personnes. Il ne s'agit plus ici de travaux d'urbanisation perçus sous le signe du droit urbanistique. D'autant plus que celui-ci ne connaît aucune réglementation financière particulière. Par conséquent, les investissements communaux doivent être entièrement financés par le budget global de la commune. Cependant, il existe par rapport à des institutions particulières, telles que des écoles ou des écoles maternelles, des mécanismes de co-financement par l'état et la commune.

## 4. Agrandissement («amélioration») de routes existantes

Avant de quitter ce paragraphe subordonné au «modèle normal» de l'urbanisme, il faut revenir encore une fois sur le réseau routier local. Seule la toute première construction de routes, permettant l'accès aux terrains urbanisables, peut être retranchée de la contribution spéciale à l'urbanisation. Pour l'entretien courant des routes, par exemple réparations, il n'existe aucun devoir fiscal. Il y a cependant, pour les travaux de rénovation, amélioration ou agrandissement des routes, le droit des communes: il s'agit de la contribution spéciale pour l'agrandissement des routes dont le recouvrement retombe sur les propriétaires des terrains urbanisables qui ont un avantage dans la possibilité d'utilisation des routes. Une incidence fiscale totale des frais d'agrandissement n'est toutefois pas possible. La commune doit supporter elle-même une partie des frais plus ou moins considérable selon le type de route, car l'agrandissement des routes est de l'intérêt public général. Elle peut cependant recevoir une subvention de l'état. La contribution spéciale pour l'agrandissement des voies publiques est balisée par la loi des taxes municipales des *Länder*. Je crois qu'on doit ici illustrer ce mécanisme à l'aide d'un exemple évident et très caractéristique de la situation allemande (Tribunal supérieur administratif contentieux de Niedersachsen, jugement du 7.9.1999, 9 L 393/99 – Niedersächsischer Städtetag – Nachrichten 2000 page 196):

L'agrandissement des routes est dans ce cas décrit de la façon suivante: «On a recouvert la chaussée à plusieurs endroits de pavés gris et de pavés de béton rouges. Plus loin, une bande d'asphalte d'une largeur de 30 cm a été détachée de la chaussée; une nouvelle bande d'asphalte a été appliquée et on a mis des pierres de bordure. Sur les côtés, la commune a fait construire un chemin pédestre et pour vélo. Elle a créé en outre une voie verte ainsi que 29 places de parcage... Finalement, on a fait le drainage de la surface... dotée de nouveaux chenaux liés au canal principal...»

Le Tribunal supérieur administratif contentieux confirma que ceci a été une amélioration imposable et qu'il a été légalement correct de faire retomber 70% des frais sur les propriétaires du fonds voisin.

## III. LES CONDITIONS SPÉCIALES DU FINANCEMENT

### 1. Des modèles de contrats

Le «modèle normal» du financement des investissements publics dans l'urbanisme représenté jusqu'ici implique que les frais d'investissement ne sont couverts que jusqu'à un certain point par les charges fiscales des propriétaires. Les investissements par rapport auxquels on peut fixer une contribution spéciale à l'urbanisation ne constituent qu'une partie de la dépense. Eux non plus, ils ne peuvent être appliqués aux propriétaires que selon une échelle proportionnelle établie, et encore doit-il s'agir de propriétaires dont les immeubles tirent des avantages des travaux d'urbanisation. Dans cette situation, une question se pose à l'administration publique: celle de savoir si l'intérêt, à ses yeux légitime et public, de faire retomber, à une plus grande échelle, les investissements publics sur des investisseurs et des propriétaires, peut être atteint par le biais d'autres formes de configuration légale. Il s'ensuit la question de savoir si la plus-value des immeubles visés par la planification peut être absorbée, au moins partiellement, par les propriétaires des immeubles au profit du budget public. Les réponses à ces questions sont affirmatives, si les communes réussissent ponctuellement à se procurer elles-mêmes la possession des immeubles en question, par une politique à succès tournée vers la conservation des réserves du sol, ou alors si elles réussissent, au moyen de la réalisation de contrats publics légaux avec des investisseurs, à faire en sorte que ceux-ci acceptent le financement total des travaux d'urbanisation. D'un point de vue légal, nous avons ici un assemblage de trois positions de droit qui permet à la commune d'avoir accès à des conditions très favorables de financement des investissements urbanistiques: premièrement elle a, grâce à sa compétence de planification, le pouvoir de créer des terrains urbanisables ou de refuser l'urbanisation; deuxièmement, elle peut réussir à se procurer elle-même la possession des terrains dans le territoire urbanisable. Si elle n'y réussit pas, alors – troisièmement – elle prendra en considération la possibilité de conclure un contrat avec un investisseur qui, de son côté, possède les terrains. Analysons d'abord la propriété dans le territoire où sont situés les terrains. Pour le Droit d'urbanisme général et pour son modèle de planification, il est indifférent qui sont les propriétaires des terrains du territoire urbanisable. Cependant, dans la pratique, cela peut être important pour les communes quand elles sont en possession des terrains. Car elles auront alors la chance, lors de la vente au public des terrains urbanisables, de continuer à charger les acheteurs des frais d'investissement, dans la mesure où les prix accessibles pratiqués sur le marché d'immeubles le permettront. Ce modèle joue souvent un rôle, mais dans la pratique les choses se passent différemment. Essayons de ne pas perdre de vue les possibilités à la disposition de la commune quand l'un des investisseurs est un propriétaire de terrains situés dans le territoire urbanisable. La commune a, vis-à-vis de l'investisseur, une position de négociation particulièrement forte quand le plan d'urbanisation communal n'a pas été définitivement établi. Elle négocie avec l'investisseur à la condition que le plan d'urbanisation soit réglé – une condition qui, lors de la conclusion d'un contrat de droit public avec l'investisseur, revêt le caractère d'une condition contractuelle dans le sens juridique. Plusieurs types de contrats de droit public sont mentionnés clairement dans le Code de l'Urbanisme. Le contrat de droit public classique dans le droit urbanistique, c'est la convention d'urbanisation (§ 124 du Code de l'Urbanisme). C'est grâce à elle que la commune attribue les travaux d'urbanisation à un entrepreneur dans un territoire urbanisable déterminé. Celui-ci s'engage vis-à-vis de la commune à mettre les installations d'urbanisation sur place, sur son propre compte, et à les remettre à la commune. Cela a comme conséquence que la commune ne recouvre pas des contributions particulières pour l'urbanisation. La renonciation à ces contributions spéciales est à l'abri de la condition selon laquelle l'entrepreneur se doit de réaliser entièrement les installations d'urbanisation tel qu'il en a été accordé. La commune prend possession de toutes les installations d'urbanisation par le biais de ce contrat sans frais financiers et sans la charge du financement préalable. D'après un changement légal introduit en 1993, elle n'a pas l'obligation non plus de supporter sa cotisation de 10%, qu'elle devait supporter lors du recouvrement de la contribution spéciale pour l'urbanisation. Ressortant du modèle du contrat d'urbanisation, le Code de l'Urbanisme s'est ouvert en grand style au principe de la collaboration avec le secteur privé, dans son texte en vigueur depuis 1998. Elle a réglé expressément quelques types de contrats. Cette liste de possibles contrats n'est cependant pas exclusive. Ce genre de contrats urbanistiques (§ 11 du Code de l'Urbanisme) met l'élaboration et l'exécution de la planification (par ex. avec obligation d'urbanisation) entre des mains privées. «Le transfert de frais ou d'autres dépenses découlant des mesures urbanistiques prises par la commune; y compris la mise à disposition des terrains» (§ 11, alinéa 1, numéro 3 du Code de l'Urbanisme) est expressément mentionnée dans les textes légaux. La capacité de décision sur le plan de l'urbanisation ne doit pas sortir des mains de la commune. La planification doit être de la responsabilité administrative et politique des communes et y rester.

Le droit urbanistique allemand a aussi pris en main un instrument qui, lors de la Réunification allemande, a tout d'abord été introduit en Allemagne de l'est: il s'agit d'un projet d'urbanisation («Vorhaben- und Erschliessungsplan») qui, grâce à un contrat d'exécution avec un investisseur, est exécuté dans de certains délais. L'investisseur travaille sur la planification urbanistique et s'engage contractuellement à la réaliser. Originalement, la légalisation de ce genre de planification de la part des investisseurs s'appuyait sur les faiblesses administratives de l'administration communale, qui n'est en construction que depuis 1990 en Allemagne de l'est. Mais aujourd'hui un tel modèle a toute sa place, dans le contexte actuel d'un changement des rapports entre l'administration et la société, dans laquelle l'autorégulation sociale et la résolution coopérative de problèmes sont favorisées. Les solutions coopératives signifient indéniablement, pour le financement des investissements publics dans l'urbanisme, une dynamisation et le dépassement des frontières qui bornent, dans le modèle normal, le financement par charge fiscale publique. À quel point cette dynamisation est légitime et légale, cela est très discuté en Allemagne aujourd'hui. Mais cette dynamisation est sans aucun doute sur la bonne voie. Je vais l'illustrer à l'aide de deux exemples (d'après Erbguth, op. cit. Fp. 217)

*Cas 1.* Relativement à l'urbanisation interne, une grande ville informe... les intéressés que le Conseil de la ville aurait décidé d'établir des procédés applicables au plan général d'urbanisation et des procédés selon le § 125 du Code de l'Urbanisme pour les terrains situés dans la commune. Les investisseurs privés pourraient eux aussi participer, si

- 25% de la surface habitée de la ville était gratuitement cédée et cela au moyen d'une proposition légalisée par le notaire à remettre avant l'amorcement du projet.
- il était réglé dans un contrat urbanistique, conclu entre le détenteur de la proposition et la ville, que l'intéressé serait prêt à payer une compensation de 25,00 DM pour chaque $m^2$ de surface routière recouverte.
- un contrat d'urbanisation était conclu entre l'intéressé et la ville pour l'urbanisation du territoire, étant par conséquent les coûts de plusieurs installations d'urbanisation, y compris des parcs publics pour enfants, eux aussi supportés par l'intéressé.

*Cas 2:* Une ... grande ville exige comme condition pour l'établissement de plans d'urbanisation la conclusion d'un accord urbanistique, et donc:

- il faut construire une fraction maximale de 30% des habitations dans le cadre de la promotion publique de la construction de résidences,
- afin de couvrir les frais pour des mesures infrastructurelles supplémentaires (écoles maternelles, etc.), il faudra payer une contribution de 130,00 DM pour chaque m² de surface pour chaque étage et
- renvoyer à la ville 2/3 de la valeur ajoutée grâce à la planification après avoir considéré l'accumulation des frais.

## 2. L'assainissement et les mesures de développement urbanistique

À la fin nous devons encore revenir sur deux procédés du droit urbanistique particulier déjà mentionnés: l'assainissement et le développement urbanistique. En effet ces procédés montrent des instruments de financement spécifiques, réglementés par la loi.

Considérons tout d'abord l'assainissement urbanistique. Il est défini par le législateur comme «des mesures, au moyen desquelles un territoire visant l'élimination d'anomalies est considérablement corrigé ou reconfiguré» (§ 136 alinéa 2 du Code de l'Urbanisme). La loi fait appel à deux instruments de financement particuliers. Le premier est la contribution de compensation: chacun des propriétaires d'un immeuble situé dans un territoire d'assainissement déterminé formellement doit remettre à la commune pour le financement de l'assainissement une cotisation de compensation en argent, dont le montant correspond à la hausse de la valeur du sol servi par l'assainissement (§ 154 du Code de l'Urbanisme). Dans le système fiscal, la contribution de compensation est perçue comme similaire à une cotisation. Matériellement cette charge fiscale a comme fonction d'absorber la hausse de la valeur du sol entraînée par l'assainissement au profit du budget public et d'effectuer une contribution pour le financement de l'assainissement vue comme une mesure d'ensemble. La constatation de la hausse de la valeur résulte du travail d'une commission d'experts balisé par des critères d'évaluation réglés avec grande précision. Seule la hausse de la valeur du sol a un caractère normatif, pas la hausse de la valeur de l'édifice. Le deuxième instrument de financement est la promotion publique de la Fédération (Bund) et des Länder au moyen d'un budget. Les subventions pour la promotion d'activités urbanistiques reviennent aux communes qui détiennent dans ce cas aussi la responsabilité de financement. Elles peuvent être utilisées en particulier pour le financement de mesures de préparation de l'assainissement (enquêtes préparatoires, planification), pour des mesures d'ordre public (par ex. déblayage de terrains, déménagement des habitants, installations d'urbanisation) et pour la construction (par ex. d'installations d'utilité publique et d'équipement infrastructurel) (§ 164 a du Code de l'Urbanisme).

D'après la définition légale desdites mesures de développement urbanístique «les subdivisions locales et autres subdivisions du territoire communal doivent être en toute première ligne développées ou entraînées vers un développement nouveau dans le cadre d'un ordre urbanistique nouveau» (§ 165 du Code de l'Urbanisme). Selon les conditions historiques de sa création, cet instrument était ajusté aux nouvelles constructions des cités--satellite. Ce type d'application devrait avoir aujourd'hui une importance assez réduite. Toutefois la pratique nous montre que les communes s'intéressent aujourd'hui encore aux procédures d'élaboration des plans d'urbanisme des zones de développement urbanistique. Cela devrait être la cause du fait qu'avec la détermination d'une zone de développement urbanisti-

112          *O Sistema Financeiro e Fiscal do Urbanismo*

que on vienne, dans l'immédiat, attenter contre la propriété privée. Selon la loi en vigueur les propriétaires du territoire planifié ont l'obligation de vendre leurs terrains à la commune. Cette obligation est sanctionnée par le droit d'expropriation de la commune. La commune est investie par la loi du devoir d'acquérir les terrains. Cette acquisition communale du sol ne doit cependant avoir, selon le modèle légal, qu'une nature transitoire. La commune a l'obligation de vendre les immeubles à des intéressés après la reconfiguration et les travaux d'urbanisation. Toutefois, elle doit ici accorder la préférence aux anciens propriétaires (§ 169 du Code de l'Urbanisme). Cette procédure d'acquisition de la propriété signifie que les hausses des valeurs du sol servies par les mesures de développement adviennent de la différence entre les prix d'achat et les prix de revente. Ce puisage a la même fonction que la contribution de compensation pour l'assainissement. La jurisprudence de la juridiction contentieuse – administrative ne laisse pas l'application du modèle du développement urbanistique par les communes sans limites. Il se guide comme auparavant sur l'exemple des cités-satellite, grâce auquel on a pu planifier des subdivisions locales entières. La loi n'exige pas strictement qu'il s'agisse de la planification d'une subdivision locale entière, elle peut s'étendre aussi à «d'autres parties du territoire municipal». Le tribunal administratif fédéral, en tant qu'instance supérieure de la juridiction contentieuse administrative allemande, interprète ce point de la loi d'une façon restrictive et accentue que «les nouveaux territoires urbanisables» ne sont pas tous susceptibles de devenir des zones de développement, mais seulement un qui ait «un poids considérable» et «une importance particulière pour le développement urbanistique de la commune (jugement 3.7.1998, 4 CN 2.97, BVerwGE 107, 123).

## BIBLIOGRAFIE

Battis/Krautzberger/Löhr, Baugesetzbuch, 8. Auflage 2002

Bielenberg/Koopmann/Krautzberger, Städtebauförderungsrecht, 2001

Hans-Jörg Birk, Die städtebaulichen Verträge nach dem BauGB 98, 3. Auflage 1999

Ernst Dietzel, Straßenbaubeitragsrecht, in: Hoppenberg, Handbuch des öffentlichen Baurechts, 1999

Rainer Döring, Verträge zur Erschließung von Bauland, Neue Zeitschrift für Verwaltungsrecht 1994, S. 853

Hans-Joachim Driehaus, Erschließungs- und Ausbaubeiträge, 5. Auflage 1999 ders. (Hrsg.), Kommunalabgabenrecht, 1996

Wilfried Erbguth, Bauleitplanung und private Investitionen, Verwaltungsarchiv 89 (1998) S. 189

Ernst/Zinkahn/Bielenberg, Baugesetzbuch, Kommentar, Loseblatt, 6. Auflage 1999

Arnd Fischer, Erschließungs- und Erschließungsbeitragsrecht, in: Hoppenberg, Handbuch des öffentlichen Baurechts, 1999

Herbert Grziwotz, Baulanderschließung, 1993

Werner Hoppe/Susan Grotefels, Öffentliches Baurecht, 1995

Peter M. Huber, Rechtliche Grenzen von Planungswertausgleich und städtebaulichen Verträgen, in: Die Öffentliche Verwaltung 1999, S. 173

Jens Kersten, Verbesserung des Baulandangebots – Planungswertausgleich – Baulandmobilisierung durch Steuern, in: Deutsches Verwaltungsblatt 1999, S. 222

Michael Quaas, Kommunales Abgabenrecht, 1997

Hans Richarz/Frank Steinfort, Erschließung in der kommunalen Praxis, 1994

Eberhard Schmidt-Aßmann/Walter Krebs, Rechtsfragen städtebaulicher Verträge, 2. Auflage 1992

# FINANZIERUNG UND ABGABENERHEBUNG BEIM STÄDTEBAU IN DEUTSCHLAND*

*Prof. Dr. iur. Volkmar Götz*
(Universität Göttingen)

## I. Determinanten des Systematischen Zusammenhangs Zwischen Städtebau und Öffentlicher Finanzordnung

### 1. Städtebau als Aufgabe der Gemeinden

Städtebau als öffentliche Aufgabe fällt in Deutschland in die Zuständigkeit der Gemeinden. Daraus resultiert ein Höchstmaß an Dezentralisation. Es gibt in Deutschland rund 15.000 Gemeinden, von denen 83 Großstädte mit mehr als 100.000 Einwohnern sind, der Rest Mittelstädte, Kleinstädte und kleine Gemeinden der verschiedensten Größenklassen. Alle Gemeinden sind Träger der öffentlichen Aufgabe des Städtebaus. Naturgemäß ist ihre Fähigkeit, diese Aufgabe effektiv zu erfüllen, sehr verschieden ausgeprägt. Bei kleinen Dorfgemeinden, die heute noch in den sog. "neuen Ländern", d.h. in Ostdeutschland, die Eigenschaft rechtlich selbständiger Gemeinden haben, ist diese Fähigkeit stark reduziert. In Westdeutschland wurden zwischen 1965 und 1980 Reformen durchgeführt, die die Zahl der Gemeinden durch Zusammenlegungen erheblich reduziert haben. Im größten Land der Bundesrepublik Deutschland, dem Land Nordrhein--Westfalen, mit rund 18 Millionen Einwohnern, gibt es nur noch 396 Gemeinden gegenüber 2277 Gemeinden vor der Reform. Nach diesen Reformen kann man davon ausgehen, dass alle Gemeinden die öffentliche Aufgabe des Städtebaus effektiv erfüllen können. In Ostdeutschland werden jetzt die gleichen kommunalen Gebietsreformen durchgeführt. Die deutsche Verfassung, das 1949 beschlossene Grundgesetz, garantiert in Artikel 28 die kommunale Selbstverwaltung. Diese Garantie schließt nach allgemei-

---

\* Texto elaborado pelo autor para o colóquio e revisto pelo mesmo para efeitos da sua publicação.

ner, unbestrittener Auffassung auch die kommunale Planungshoheit ein. Die kommunale Planungshoheit ist das Zentrum der kommunalen Kompetenzen für den Städtebau. Sie ist somit überhaupt das maßgebliche rechtliche und politische Datum des Städtebaus in Deutschland. Um ihre Bedeutung vollständig zu würdigen, muss die kommunale Planungshoheit zu den Hoheitsrechten des Staates in Beziehung gesetzt werden. Der Staat hat die Planungshoheit für den "größeren Raum" – den Raum einer Region, eines Landes oder des gesamten deutschen Staatsgebietes, und er verfügt über Instrumente, diese Planungshoheit auszuüben. Auf der Ebene der Region und des Landes besteht eine förmliche Gesamtplanung (sog. Landesplanung), die für die kommunale Planung einen verbindlichen Rahmen schafft. Auch die Fachplanung der überörtlichen Verkehrswege, also vor allem der Fernverkehrsstraßen, ist Staatsaufgabe. Diese staatlichen Gesamtplanungen und Fachplanungen schaffen einen Rahmen, den die Gemeinden bei der örtlichen städtebaulichen Planung zu beachten haben. Gleichwohl bleibt die kommunale Planungshoheit in ihrer Substanz erhalten. Städtebau ist ohne den politischen Willen der gewählten Gemeindevertretungen nicht möglich. Daran ändert auch die Existenz der staatlichen Vorgaben der Planung nichts.

Der Staat gibt außerdem noch in verschiedenen weiteren Hinsichten einen Rahmen vor. Er ist der Gesetzgeber des Städtebaurechts, das den Rahmen für die kommunale Bauleitplanung setzt. Und der Staat spielt auch als Steuergesetzgeber die maßgebliche Rolle für die Ausstattung der Gemeinden mit Finanzmitteln.

## 2. Das System der öffentlichen Abgaben – Steuern, Gebühren, Beiträge

Im deutschen Abgabenrecht wird zwischen Steuern und Gebühren sowie Beiträgen unterschieden. Die Unterscheidung spielt für das System der Finanzierung des Städtebaus eine große Rolle. Denn es existiert in diesem System keine Steuer, die speziell an den Tatbestand der Bebauung anknüpft. Es existiert auch keine Steuer, deren Aufkommen zur Verwendung für städtebauliche Zwecke gebunden ist. Die einzige Ausnahme bildet die Verwendung eines Teils der Mineralölsteuer für Bundeszuschüsse zum Bau und Ausbau bestimmter verkehrswichtiger örtlicher Straßen nach dem Gemeindeverkehrsfinanzierungsgesetz von 1971. Dagegen haben Gebühren und Beiträge einen bedeutenden Platz innerhalb des Städtebaurechts und in unmittelbaren Zusammenhang mit diesem. Welches ist der Unterschied zwischen Steuern und Gebühren sowie Beiträgen? Steuern werden gesetzlich definiert (§ 3 Abgabenordnung) als "Geldleistungen, die nicht eine Gegenleistung für eine besondere Leistung darstellen und von einem öffentlich-rechtlichen Gemeinwesen zur Erzielung von Einnahmen allen auferlegt werden, bei denen der Tatbestand zutrifft, an den das Gesetz die Leistungspflicht knüpft". Dagegen sind Gebühren und Beiträge Abgaben, die den Charakter eines Entgeltes haben. Die Gebühr ist ein spezielles Entgelt für eine spezielle Leistung der öffentlichen Verwaltung. Der Beitrag ist eine Geldleistung zur Verringerung oder Deckung des Aufwands für die Herstellung, Erweiterung, Verbesserung oder Erneuerung von öffentlichen Einrichtungen, welche von denjenigen gefordert wird, denen die Möglichkeit der Inanspruchnahme der Einrichtungen besondere wirtschaftliche Vorteile bringt. Gebühren und Beiträge knüpfen daran an, dass der Staat oder die Gemeinde einen bestimmten Aufwand getätigt und Ausgaben geleistet hat. Dieser Aufwand wird durch Abgabenerhebung auf diejenigen umgelegt, die *in einer individualisierbaren Weise daraus Vorteile ziehen*. Die "Philosophie" der Gebühren und Beiträge ist prinzipiell verschieden von der Steuererhebung. Denn der Steuertatbestand setzt nicht voraus, dass der Staat bestimmte Aufwendungen getätigt und Ausgaben geleistet hat. Mit Steuern schöpft der Staat die individuelle Leistungsfähigkeit aus, wo immer er sie vorfindet. Mit Gebühren und Beiträgen wird dagegen öffentlicher finanzieller Aufwand auf diejenigen umgelegt, denen der Aufwand in zurechenbarer Weise besondere Vorteile erbracht hat.

## 3. Finanzierungsregeln im Städtebaurecht – ein Überblick

In Deutschland besteht ein kodifiziertes Städtebaurecht. Dieses hat die Qualität von Bundesrecht – ein Umstand, dem im föderalistischen System große Bedeutung zukommt. Denn Bundesrecht gilt einheitlich im gesamten Staatsgebiet. Das 1960 in Kraft getretene Bundesbaugesetz wurde zuerst 1976 und 1979 und dann 1987 ein weiteres Mal novelliert und in "Baugesetzbuch" umbenannt. Die Wiedervereinigung Deutschlands löste einen gewissen Anpassungs- und Modernisierungsbedarf aus. Mit Wirkung vom 1.1.1998 gilt das Baugesetzbuch in einer Neufassung. Das Baugesetzbuch enthält *ein* Finanzierungsinstrument für den allgemeinen Städtebau, den Erschließungsbeitrag. Mit diesem Instrument, auf dessen Einzelheiten wir noch zurückkommen werden, wird im Wesentlichen der Neubau von Straßen – die sog. erstmalige Herstellung von Straßen – in neuen Baugebieten finanziert. Der Erschließungsbeitrag ist ein Beitrag in dem oben dargestellten Sinne des deutschen Abgabensystems. Er wird durch die allgemeinen Merkmale des Beitrags charakterisiert. Er ist die Umlage eines bestimmten öffentlichen Finanzaufwandes auf diejenigen, die einen bestimmten Vorteil aus der öffentlichen Einrichtung haben. Das sind beim Erschließungsbeitrag die Eigentümer der Grundstücke, die durch das neu geschaffene Straßennetz baureif gemacht werden, so weit diese Straßen ihnen die Zufahrt zum Grundstück ermöglichen.

Das Baugesetzbuch enthält in seiner heutigen Fassung auch zwei Materien des "besonderen Städtebaurechtes", nämlich die Sanierungsmaßnahmen und die städtebaulichen Entwicklungsmaßnahmen. Diese besonderen städtebaulichen Verfahren weisen auch besondere Finanzkomponenten auf. Der Grund dafür – und zugleich dafür, dass das allgemeine Städtebaurecht diese Finanzkomponenten nicht kennt – liegt in gewandelten politischen Ansprüchen an die städtebauliche Planung. Das im Bundesbaugesetz von 1960 realisierte Modell der städtebaulichen Planung lässt diese als ein "Angebot" an die privaten Eigentümer erscheinen, die Grundstücke entsprechend den Festsetzungen des Planes zu nutzen. Die Aufgabe der Gemeinde ist es lediglich, die sog. Erschließung vorzunehmen, das heißt, dafür zu sorgen, dass die Grundstücke bebaut werden können. Dieses liberale Modell genügte den Ende der 60er und Anfang der 70er Jahre vorherrschenden politischen Vorstellungen nicht mehr. Reformen im Sinne aktiver Sozialgestaltung waren damals angesagt. Es setzte sich in Politik und Wirtschaft die Meinung durch, dass es notwendig sei, nicht nur die Planung, sondern *auch die Durchführung der Planung* in die Hand öffentlicher Träger zu legen, um in großem Stil alte Stadtviertel durch Neubauten zu sanieren und "auf der grünen Wiese" Trabantensiedlungen der großen Städte zu bauen. Unter diesem Vorzeichen wurde das Städtebauförderungsgesetz 1971 beschlossen. Es betonte die Verantwortung der Gemeinden für die Vorbereitung der Planung, die Planung selbst und für ihre Durchführung. Es führte spezielle Finanzierungsinstrumente ein, nämlich den von den Eigentümern zu leistenden Planungswertausgleich und eine staatliche Förderung der Sanierung durch Subventionen. Im geltenden Recht ist dieses besondere Instrumentarium der Sanierung und der städtebaulichen Entwicklungsmaßnahmen – neben der allgemeinen städtebaulichen Planung – erhalten geblieben (§§ 136 ff. Baugesetzbuch).

II. DAS NORMALMODELL DER FINANZIERUNG ÖFFENTLICHER INVESTITIONEN IM STÄDTEBAU

Die Finanzierung der öffentlichen Investitionen im Städtebau ist zunächst auf der Grundlage des Normalmodells des Städtebaurechts darzustellen. In einem weiteren Abschnitt dieses Beitrags werden wir dann untersuchen, welche Modifikationen dieses Normalmodells dadurch möglich sind, dass die Gemeinden a) Bodenvorratspolitik betreiben und durch die Gewinne aus dem Verkauf von Bauland einen Teil ihrer öffentlichen Investitionen finanzieren, oder b) entsprechende Effekte durch den Abschluss sog. städtebaulicher Verträge erzielen. Diese noch zu erörternden Möglichkeiten mindern aber, wie vorab betont werden muss, keineswegs die Bedeutung, die das im Folgenden behandelte "Normalmodell" hat. Es beruht auf dem schon oben hervorgehobenen Charakter der kommunalen Bauleitplanung als einem "Angebot" an die Eigentümer der Grundstücke, diese entsprechend den Festsetzungen des kommunalen Bebauungsplanes zu bebauen. Der Gemeinde obliegt die Erschließung, sofern sie nicht nach Gesetz oder Vertrag anderen Trägern, z. B. den Energieversorgungsunternehmen, obliegt. Erschließung bedeutet die Herstellung der Erschließungsanlagen, die eine bestimmungsgemäße Nutzung von Bauland ermöglichen. Unter dem Blickwinkel der Finanzierung ergibt sich folgende Einteilung:

## 1. Der Erschließungsbeitrag zur Finanzierung des Straßenbaus

Den "Kern" der Erschließungsanlagen stellen die in § 127 Abs. 2 Baugesetzbuch abschließend genannten Anlagen dar, bei denen der Aufwand für die erstmalige Herstellung, einschließlich der Grundstückskosten, von der Gemeinde zu 90 % auf die Grundstückseigentümer im Wege der Erhebung des Erschließungsbeitrages umgelegt wird. Dies sind die sog. erschließungsbeitragsfähigen Anlagen. Es ist wichtig hervorzuheben, dass diese Anlagen abschließend im Gesetz aufgeführt sind. Das Gesetz benennt auch die zulässigen Verteilungsmaßstäbe, nach deren Maßgabe der Erschließungsaufwand auf die Anlieger umgelegt wird. Bei den betreffenden Anlagen handelt es sich in erster Linie um die innerhalb des Baugebietes liegenden öffentlichen Verkehrswege, die eine Zufahrt zu den Baugrundstücken ermöglichen, einschließlich der dazugehörigen Grünanlagen und Flächen für das Parken von Kraftfahrzeugen.

Zu den relevanten Kosten der Herstellung der Straße gehören auch die Kosten für Gehwege und Fahrradwege sowie für die Beleuchtung und die Entwässerung der Straße. Außer den Straßen und Plätzen sind nur wenige Anlagen erschließungsbeitragsfähig. Es sind dies zum einen selbständige Grünanlagen. Ihre Erschließungsfunktion für die einzelnen Grundstücke wird in der Rechtsprechung der Verwaltungsgerichte anerkannt, wenn sie nicht mehr als 200 m Luftlinie entfernt sind. Zum anderen sind auch

120  *O Sistema Financeiro e Fiscal do Urbanismo*

Immissionsschutzanlagen, z. B. ein Lärmschutzwall, erschließungsbeitrags-fähig.

Die Einzelheiten des Erschließungsbeitragsrechtes müssen an dieser Stelle vernachlässigt werden. Nur zwei Punkte seien noch hervorgehoben, denen wir grundsätzliche Bedeutung beimessen. Die Beitragspflicht entsteht erst mit der endgültigen Herstellung der Erschließungsanlage, wobei die Merkmale dessen, was endgültige Herstellung bedeutet, in einer Satzung der Gemeinde geregelt werden müssen. Aus dieser Rechtslage resultiert grundsätzlich eine die Gemeinde treffende Vorfinanzierungslast. Das Gesetz gibt der Gemeinde jedoch verschiedene Möglichkeiten, sich von dieser Last zu befreien. Sie kann bestimmte Abschnitte einer Straße oder auch funktionelle Teile der Anlage vorab abrechnen. Das wichtigste Mittel zur Vermeidung der Vorfinanzierungslast ist die Erhebung einer Vorausleistung auf den Erschließungsbeitrag. Sie ist in voller Höhe des zu erwartenden Erschließungsbeitrages zulässig. Nach der ursprünglichen Gesetzesfassung war dafür aber erforderlich, dass bereits ein Bauvorhaben auf dem Grundstück genehmigt ist. Seit dem Baugesetzbuch von 1987 kann mit der Erhebung von Vorausleistungen auf den Erschließungsbei-trag stärkerer Druck auf die Realisierung der zulässigen Bebauung aus-geübt werden. Denn die Vorausleistung kann schon dann verlangt werden, wenn mit der Erschließung begonnen wurde. Wenn aber innerhalb von 6 Jahren nach der Forderung der Vorausleistung die Erschließungsanlage nicht endgültig hergestellt ist, so hat der Eigentümer einen verzinslichen Rückforderungsanspruch. Ein letzter prinzipieller Aspekt scheint mir in der Zuständigkeit der Gerichte der Verwaltungsgerichtsbarkeit zu liegen, die über Anfechtungsklagen der Eigentümer gegen Vorausleistungsbe-scheide und Erschließungsbeitragsbescheide entscheiden. Die verwaltungs-gerichtliche Kontrolle ist als intensiv einzuschätzen. Die Erhebung des Erschließungsbeitrages hat den Charakter einer "Abrechnung" oder "Um-lage" und ist daher in jeder Hinsicht auf die Korrektheit der Abrechnung, in gewissem Umfang auch auf die Erforderlichkeit der Aufwendungen sowie darauf zu kontrollieren, ob eine gerechte Verteilung des Finanz-aufwandes auf die einzelnen Grundstücke nach Maßgabe des ihnen aus der Erschließung zufließenden Vorteils stattfindet.

## 2. Gebühren und Beiträge zur Finanzierung des Investitionsaufwan-des bei Wasserversorgungsanlagen und Abwasseranlagen

Zur Erschließung gehören, über den dargestellten "Kern" der erschlie-

*Finanzierung und Abgabenerhebung beim Städtebau in Deutschand* 121

ßungsbeitragsfähigen Anlagen hinaus, die Anlagen zur Versorgung mit Elektrizität, Gas und Wasser, ferner die Anlagen zur Ableitung von Abwasser und zur Beseitigung fester Abfallstoffe sowie schließlich auch die Anlage von Kinderspielplätzen. Diese Anlagen sind ebenfalls notwendig, um die bestimmungsgemäße Nutzung von Bauland zu ermöglichen. Aber für den Aufwand zu ihrer Herstellung können Erschließungsbeiträge nicht erhoben werden. Der Investitionsaufwand für die leitungsgebundenen Einrichtungen, also die Wasserversorgungsanlage und die Abwasseranlagen, kann jedoch durch Gebühren oder Beiträge auf der Grundlage der Kommunalabgabengesetze der Länder gedeckt werden. Das Baugesetzbuch (§ 127 Abs. 4) eröffnet ausdrücklich diese Möglichkeit. Die Gemeinden haben ein Auswahlermessen, ob sie die Herstellungskosten für die Wasserversorgungsanlage und die Abwasserbeseitigungsanlage über Wasser- und Abwassergebühren finanzieren – sie also in die Benutzungsgebühren einbeziehen – oder einen Beitrag speziell zur Deckung dieser Investitionskosten erheben. Durch diese Abgaben kann nicht nur der im Zeitpunkt der Kalkulation bereits entstandene, sondern auch der zukünftig noch zu erwartende Aufwand gedeckt werden. Zu den Kosten zählen auch sog. kalkulatorische Kosten wie Abschreibungen und Zinsen. Abschreibungen sind von den Herstellungskosten oder den Wiederbeschaffungskosten der Anlage zulässig. Nach der Statistik liegt die Kostendeckung in der Wasserversorgung und der Abwasserbeseitigung zwischen 85 und 90 %. Dieser Kostendeckungsgrad ist als außerordentlich hoch einzuschätzen, wenn bedacht wird, dass a) dabei auch die kalkulatorischen Kosten eingerechnet sind, die durch Abschreibungen entstehen, b) bei der Abwasserbeseitigung auch die sehr hohen Kosten für die Reinigung der Abwässer in die Kalkulation der Gebühren oder Beiträge eingehen können.

Was die Elektrizitätsversorgung betrifft, so werden die Investitionskosten von den Elektrizitätsversorgungsunternehmen aufgebracht und über den Strompreis auf die Stromabnehmer überwälzt.

## 3. Allgemeine Infrastruktur

Die dritte Kategorie von Investitionen betrifft die Infrastruktur, die als Folge der Siedlungtätigkeit notwendig wird. Dazu gehören Schulen, Kindergärten, Krankenhäuser, Friedhöfe, Verwaltungsgebäude, überörtliche Freizeit-, Sport- und Grünanlagen und Einrichtungen des Personennahverkehrs. Bei alldem handelt es sich nicht mehr um Erschließung im Sinne des Städtebaurechts. Dieses kennt auch keine speziellen Finanzierungsregelungen. Kommunale Investitionen müssen daher grundsätzlich aus dem allgemeinen Haushalt der Gemeinde finanziert werden. Allerdings bestehen hinsichtlich einzelner Anlagen, z. B. Schulen oder Kindergärten, Mechanismen der Kofinanzierung von Staat und Gemeinde.

## 4. Ausbau ("Verbesserung") vorhandener Straßen

Bevor wir diesen Abschnitt verlassen, der das "Normalmodell" des Städtebaus behandelt, ist noch einmal auf das örtliche Straßennetz zurückzukommen. Nur die erstmalige Herstellung der Straßen, die den Baugrundstücken eine Zufahrt ermöglichen, kann über den Erschließungsbeitrag abgerechnet werden. Für die laufende Straßenunterhaltung, also z. B. Reparaturen, besteht keine Abgabenpflicht. Aber es besteht für die Erneuerung, Verbesserung oder Erweiterung der Straßen das Recht der Gemeinden, einen sog. *Straßenausbaubeitrag* von den Eigentümern der Grundstücke zu erheben, die durch die Möglichkeit der Benutzung der Straße einen "Vorteil" haben. Allerdings ist eine vollständige Überwälzung dieser Ausbaukosten nicht möglich. Je nach der Straßenart muss die Gemeinde einen mehr oder weniger hohen Anteil der Kosten selbst tragen, weil der Straßenausbau auch im allgemeinen öffentlichen Interesse liegt. Sie kann aber staatliche Zuschüsse erhalten. Der Straßenausbaubeitrag richtet sich nach den Kommunalabgabengesetzen der Länder. Er soll an dieser Stelle durch ein, wie ich glaube, anschauliches und für die deutsche Situation charakteristisches Beispiel aus der Rechtsprechung erläutert werden (Niedersächsisches Oberverwaltungsgericht, Urteil vom 7.9.1999, 9 L 393/99, Niedersächsischer Städtetag – Nachrichten 2000 S. 196):

Der Straßenausbau wird in diesem Fall wie folgt geschildert: "An mehreren Stellen wurde die Fahrbahn mit Aufpflasterungen aus grauem und rotem Betonsteinpflaster versehen... Weiterhin wurde ein etwa 30 cm breiter Asphaltstreifen von der Fahrbahn abgetrennt; es wurde ein neuer Streifen aufgetragen und ein Bordstein als Abgrenzung gesetzt. Auf dem bisher unbefestigten Seitenstreifen legte die Gemeinde einen kombinierten Geh- und Radweg an. Sie schuf ferner einen Grünstreifen sowie 29 Pkw--Parkplätze... Schließlich wurde auch die Oberflächenentwässerung... mit neuen Rinnen versehen und an den bereits vorhandenen Hauptkanal angeschlossen."

Das Oberverwaltungsgericht bestätigte, dass dies eine beitragsfähige Verbesserung der Straße war und dass es rechtmäßig war, 70 % der Kosten auf die Anlieger umzulegen.

## III. Sonderbedingungen der Finanzierung

### 1. **Vertragsmodelle**

Das bisher dargestellte "Normalmodell" der Finanzierung öffentlicher Investitionen im Städtebau bedeutet, dass der Investitionsaufwand nur in bestimmten Grenzen durch Abgaben der Eigentümer gedeckt wird. Die erschließungsbeitragsfähigen Investitionen machen nur einen Teil des gesamten Aufwandes aus. Auch sie können nur nach festgelegten Verteilungsregeln auf diejenigen Eigentümer umgelegt werden, deren Grundstücke besondere Vorteile aus der Erschließung ziehen. In dieser Situation stellt sich für die öffentliche Verwaltung die Frage, ob das aus ihrer Sicht legitime öffentliche Interesse, die öffentlichen Investitionen *in einem größeren Umfange* auf die Investoren und Eigentümer umzulegen, mit anderen Formen rechtlicher Gestaltung erreicht werden kann. Darüber noch hinausgehend stellt sich auch die Frage, ob der durch die Planung erzielte Wertzuwachs der Grundstücke wenigstens teilweise von den Grundstückseigentümern zugunsten der öffentlichen Haushalte abgeschöpft werden kann. Diese Fragen lassen sich positiv beantworten, sofern es den Gemeinden im Einzelfall gelingt, entweder durch erfolgreiche Bodenvorratspolitik sich selbst das Eigentum an den betroffenen Grundstücken zu verschaffen, oder durch den Abschluss von öffentlich-rechtlichen Verträgen mit Investoren zu erreichen, dass diese die komplette Erschließung finanzieren. Rechtlich gesprochen ist es die Kombination von drei Rechtspositionen, die der Gemeinde die Tür zu günstigeren Bedingungen der Finanzierung städtebaulicher Investitionen öffnet: Erstens hat sie kraft ihrer *Planungshoheit* die Macht, Bauland zu schaffen oder die Bebauung zu verweigern. Zweitens kann es ihr gelingen, sich selbst das *Eigentum* an den Grundstücken im Baugebiet zu verschaffen. Falls es dazu nicht kommt, kommt – drittens – *der Vertrag mit einem Investor* in Betracht, der seinerseits das Eigentum an den Grundstücken hat. Betrachten wir zunächst das Eigentum an den im Baugebiet liegenden Grundstücken. Für das allgemeine Städtebaurecht und sein Planungsmodell ist es gleichgültig, wer Eigentümer der Grundstücke im Baugebiet ist. In der Praxis kann es aber für die Gemeinden wichtig sein, wenn sie das Eigentum an den Grundstücken haben. Denn dann haben sie die Chance, bei der Veräußerung der baureifen Grundstücke ihre Investitionskosten in dem Umfange an den Käufer weiterzubelasten, in dem die auf dem Grundstücksmarkt erzielbaren Preise dies erlauben. Dieses Modell spielt häufig eine Rolle, aber es ist in der Praxis nicht der Regelfall. Fassen wir nun die Möglichkeiten ins

Auge, die die Gemeinde hat, wenn ein Investor der Eigentümer der im Baugebiet liegenden Grundstücke ist. Die Gemeinde hat gegenüber dem Investor eine besonders starke Verhandlungsposition, wenn der kommunale Bebauungsplan noch nicht verbindlich beschlossen ist. Sie verhandelt mit dem Investor unter der Bedingung, dass der Bebauungsplan beschlossen wird – eine Bedingung, die beim Abschluss eines öffentlich-rechtlichen Vertrages mit dem Investor zur Vertragsbedingung im juristischen Sinne wird. Mehrere Typen dieser öffentlich-rechtlichen Verträge sind im Baugesetzbuch ausdrücklich erwähnt. Der klassische öffentlich-rechtliche Vertrag im Städtebaurecht ist der Erschließungsvertrag (§ 124 BauGB). Durch ihn überträgt die Gemeinde die Erschließung in einem bestimmten Baugebiet auf einen Unternehmer. Dieser verpflichtet sich gegenüber der Gemeinde dazu, die Erschließungsanlagen auf eigene Kosten herzustellen und auf die Gemeinde zu übertragen. Dies hat zur Folge, dass die Gemeinde Erschließungsbeiträge nicht erhebt. Der Verzicht auf Erschließungsbeiträge steht allerdings unter der Bedingung, dass der Unternehmer die Erschließungsanlagen vereinbarungsgemäß vollständig herstellt. Die Gemeinde erhält aufgrund dieses Vertrages ohne eigenen Finanzaufwand und ohne die Last der Vorfinanzierung das Eigentum an allen Erschließungsanlagen. Nach einer im Jahre 1993 in Kraft getretenen Gesetzesänderung muss sie auch nicht den 10%igen Eigenanteil tragen, den sie bei der Erhebung von Erschließungsbeiträgen tragen müsste. Über das Modell des Erschließungsvertrages noch hinausgehend, hat sich das Baugesetzbuch in der seit 1998 geltenden Fassung in seinem 4. Abschnitt in großem Stil dem Prinzip der "Zusammenarbeit mit Privaten" geöffnet. Es hat einige Vertragstypen ausdrücklich geregelt. Diese Liste möglicher Verträge ist aber nicht abschließend. Derartige städtebauliche Verträge (§ 11 BauGB) legen die Ausarbeitung der Planung und die Durchführung der Planung (z. B. mit Bauverpflichtung) in private Hand. Ausdrücklich im Gesetz erwähnt ist die "Übernahme von Kosten oder sonstigen Aufwendungen, die der Gemeinde für städtebauliche Maßnahmen entstehen; ...dazu gehört auch die Bereitstellung von Grundstücken" (§ 11 Abs. 1 Nr. 3 BauGB). Die Beschlussfassung über den Bebauungsplan darf die Gemeinde aber nicht aus der Hand geben. Die Planung muss in der administrativen und politischen Verantwortung der Gemeinden bleiben.

Das deutsche Städtebaurecht hat auch ein Instrument übernommen, das in der Phase der Wiedervereinigung Deutschlands zunächst in Ostdeutschland eingeführt worden war, den sog. Vorhaben- und Erschließungsplan, der aufgrund eines Durchführungsvertrages mit einem Investor innerhalb bestimmter Fristen durchgeführt wird (§ 12 BauGB). Hierbei

*Finanzierung und Abgabenerhebung beim Städtebau in Deutschland* 125

erarbeitet der Investor die städtebauliche Planung und verpflichtet sich vertraglich zu ihrer Verwirklichung. Ursprünglich beruhte die Legalisierung einer solchen Investoren-Planung auf der administrativen Schwäche der nach 1990 in Ostdeutschland erst aufzubauenden Kommunalverwaltungen. Aber heute fügt sich ein solches Modell in den aktuellen Kontext eines gewandelten Verhältnisses von Verwaltung und Gesellschaft ein, in welchem gesellschaftliche Selbstregulierung und kooperative Problemlösungen favorisiert werden. Für die Finanzierung der öffentlichen Investitionen im Städtebau bedeuten die kooperativen Lösungen zweifelos eine Dynamisierung und eine Überwindung der Grenzen, die im "Normalmodell" einer Finanzierung durch öffentliche Abgaben gezogen sind. Wie weit diese Dynamisierung legitim und noch legal ist, wird in Deutschland derzeit diskutiert. Aber ohne Zweifel liegt eine solche Dynamisierung im Trend. Ich illustriere sie mit zwei Beispielen (nach Erbguth, a.a.O. S. 217):

*Fall 1*: Im Zusammenhang mit einer Innenbereichsbebauung teilt eine Großstadt ... dem Bauwilligen mit, der Rat der Stadt habe beschlossen, Bauleitplanverfahren und Verfahren nach § 125 BauGB vorrangig für städtische Grundstücke durchzuführen. Von seiten privater Investoren könne dem Beschluß insoweit nachgekommen werden, wenn

- 25 % der Bruttowohnfläche der Stadt kostenfrei übereignet würden, und zwar aufgrund eines vor Einleitung des (Planungs-) Verfahrens abzugebenden notariell beglaubigten Angebots.
- in einem städtebaulichen Vertrag zwischen dem Vorhabenträger und der Stadt geregelt werde, daß der Vorhabenträger als Ausgleich für den Eingriff in den Naturhaushalt 25,00 DM pro m2 versiegelter Verkehrsfläche an die Stadt zu zahlen habe.
- zwischen dem Vorhabenträger und der Stadt für die Erschließung des Geländes ein Erschließungsvertrag abgeschlossen werde, demzufolge die Kosten für sämtliche Erschließungsanlagen einschließlich des Kinderspielplatzes vom Vorhabenträger zu zahlen seien.

*2*: Eine... Großstadt fordert als Voraussetzung für die Aufstellung von Bebauungsplänen den Abschluß einer städtebaulichen Vereinbarung, wonach

- ein Anteil von maximal 30 % der Wohnungen als öffentlich geförderter Wohnungsbau zu errichten ist,
- zur Abdeckung der Kosten zusätzlicher Infrastrukturmaßnahmen (Kindergarten etc.) ein Ablösebetrag von 130,00 DM pro m2 Geschoßfläche zu zahlen ist und

126     *O Sistema Financeiro e Fiscal do Urbanismo*

- der planungsbedingte Mehrwert unter Berücksichtigung aufgelaufener Kosten zu 2/3 an die Stadt abzuführen ist.

## 2. Sanierung und städtebauliche Entwicklungsmaßnahmen

Zum Schluss müssen wir noch auf die oben bereits erwähnten beiden Verfahren eines städtebaulichen Sonderrechts zurückkommen, *Sanierung* und *städtebaulicher Entwicklungsbereich*. Denn diese Verfahren weisen spezifische Finanzierungsinstrumente auf, die im Gesetz geregelt sind.

Lassen Sie uns zunächst die *städtebauliche Sanierung* betrachten. Sie wird vom Gesetzgeber definiert als "Maßnahmen, durch die ein Gebiet zur Behebung städtebaulicher Mißstände wesentlich verbessert oder umgestaltet wird" (§ 136 Abs. 2 BauGB). Das Gesetz sieht dafür zwei spezielle Finanzierungsinstrumente vor. Das erste ist der *Ausgleichsbetrag*: Jeder Eigentümer eines im förmlich festgelegten Sanierungsgebiet gelegenen Grundstücks hat zur Finanzierung der Sanierung an die Gemeinde einen Ausgleichsbetrag in Geld zu entrichten, dessen Höhe der durch die Sanierung bedingten Erhöhung des Bodenwertes des Grundstückes entspricht (§ 154 BauGB). Im Abgabensystem wird der Ausgleichsbetrag als einem Beitrag ähnliche Abgabe angesehen. Materiell hat diese Abgabe die Funktion, die durch die Sanierung eingetretene Erhöhung des Bodenwertes zugunsten des öffentlichen Haushaltes abzuschöpfen und einen Beitrag zur Finanzierung der Sanierung als Gesamtmaßnahme zu leisten. Die Feststellung der Werterhöhung erfolgt durch Gutachterausschüsse nach genau geregelten Bewertungsgrundsätzen. Maßgeblich ist nur die Erhöhung des Wertes von Grund und Boden, nicht die Erhöhung des Wertes der Bebauung. Das zweite Finanzierungsinstrument ist die öffentliche Förderung durch Haushaltmittel des Bundes und der Länder. Die *Städtebauförderungsmittel* fließen den Gemeinden zu, bei denen auch in diesem Falle die Finanzierungsverantwortung liegt. Sie können insbesondere zur Finanzierung von Maßnahmen der Vorbereitung der Sanierung (vorbereitende Untersuchungen, Planung), zu sog. Ordnungsmaßnahmen (z. B. Freilegung von Grundstücken, Umzug von Bewohnern, Erschließungsanlagen) und Baumaßnahmen (z. B. von Gemeinbedarfs- und Infrastruktureinrichtungen) verwendet werden (§ 164 a BauGB).

Mit *städtebaulichen Entwicklungsmaßnahmen* sollen nach der gesetzlichen Definition "Ortsteile und andere Teile des Gemeindegebiets ...erstmalig entwickelt oder im Rahmen einer städtebaulichen Neuordnung einer neuen Entwicklung zugeführt werden" (§ 165 BauGB). Nach den histo-

*Finanzierung und Abgabenerhebung beim Städtebau in Deutschand* 127

rischen Entstehungsbedingungen war dieses Instrument auf den Neubau von Trabantenstädten zugeschnitten. Dieser Anwendungsfall dürfte heute kaum noch eine Rolle spielen. Gleichwohl zeigt die Praxis, dass die Gemeinden auch heute noch an dem Planungsverfahren des städtebaulichen Entwicklungsbereiches interessiert sind. Dies dürfte nicht zuletzt darauf zurückzuführen sein, dass mit der Festlegung eines städtebaulichen Entwicklungsbereiches unmittelbar auf das Privateigentum zugegriffen wird. Kraft Gesetzes haben die Eigentümer im Plangebiet eine Pflicht, ihre Grundstücke an die Gemeinde zu veräußern. Diese Pflicht ist durch ein Enteignungsrecht der Gemeinde sanktioniert. Die Gemeinde hat kraft Gesetzes die Pflicht, die Grundstücke zu erwerben. Dieser kommunale Erwerb des Bodens soll allerdings nach dem gesetzlichen Modell nur transitorischer Natur sein. Die Gemeinde hat die Pflicht, die Grundstücke nach der Neuordnung und Erschließung an Bauwillige zu veräußern. Dabei ist sie gehalten, an erster Stelle die früheren Eigentümer zu berücksichtigen (§ 169 BauGB). Der Durchgangserwerb bedeutet, dass die durch die Entwicklungsmaßnahme bedingten Wertsteigerungen des Bodens als Differenz zwischen den Preisen des Kaufs und des Wiederverkaufs abgeschöpft werden. Diese Abschöpfung hat dieselbe Funktion wie der Ausgleichsbetrag in der Sanierung. Die Rechtsprechung der Verwaltungsgerichtsbarkeit lässt allerdings die Verwendung des Modells des städtebaulichen Entwicklungsbereiches durch die Gemeinden nicht unbegrenzt zu. Sie orientiert sich nach wie vor an dem Vorbild der Trabantenstädte, bei dem ganze Ortsteile neu geplant wurden. Das Gesetz verlangt zwar nicht strikt, dass es sich um die Planung eines gesamten neuen Ortsteils handeln muss, sondern lässt in einer weichen Formulierung auch "andere Teile des Gemeindegebiets" zu. Das Bundesverwaltungsgericht als höchste Instanz der deutschen Verwaltungsgerichtsbarkeit interpretiert diese Gesetzesstelle aber restriktiv und betont, dass "nicht jedes neue Baugebiet" als Entwicklungsbereich in Frage kommt, sondern nur eines, das ein "beträchtliches Eigengewicht" und "eine besondere Bedeutung für die städtebauliche Entwicklung der Gemeinde" hat (Urteil v. 3.7.1998, 4 CN 2.97, BVerwGE 107, 123).

## BIBLIOGRAFIE

Battis/Krautzberger/Löhr, Baugesetzbuch, 8. Auflage 2002

Bielenberg/Koopmann/Krautzberger, Städtebauförderungsrecht, 2001

Hans-Jörg Birk, Die städtebaulichen Verträge nach dem BauGB 98, 3. Auflage 1999

128    *O Sistema Financeiro e Fiscal do Urbanismo*

Ernst Dietzel, Straßenbaubeitragsrecht, in: Hoppenberg, Handbuch des öffentlichen Baurechts, 1999

Rainer Döring, Verträge zur Erschließung von Bauland, Neue Zeitschrift für Verwaltungsrecht 1994, S. 853

Hans-Joachim Driehaus, Erschließungs- und Ausbaubeiträge, 5. Auflage 1999 ders. (Hrsg.), Kommunalabgabenrecht, 1996

Wilfried Erbguth, Bauleitplanung und private Investitionen, Verwaltungsarchiv 89 (1998) S. 189

Ernst/Zinkahn/Bielenberg, Baugesetzbuch, Kommentar, Loseblatt, 6. Auflage 1999

Arnd Fischer, Erschließungs- und Erschließungsbeitragsrecht, in: Hoppenberg, Handbuch des öffentlichen Baurechts, 1999

Herbert Grziwotz, Baulanderschließung, 1993

Werner Hoppe/Susan Grotefels, Öffentliches Baurecht, 1995

Peter M. Huber, Rechtliche Grenzen von Planungswertausgleich und städtebaulichen Verträgen, in: Die Öffentliche Verwaltung 1999, S. 173

Jens Kersten, Verbesserung des Baulandangebots – Planungswertausgleich – Baulandmobilisierung durch Steuern, in: Deutsches Verwaltungsblatt 1999, S. 222

Michael Quaas, Kommunales Abgabenrecht, 1997

Hans Richarz/Frank Steinfort, Erschließung in der kommunalen Praxis, 1994

Eberhard Schmidt-Aßmann/Walter Krebs, Rechtsfragen städtebaulicher Verträge, 2. Auflage 1992

# LE SYSTÈME FINANCIER ET FISCAL DE L'AMÉNAGEMENT EN FRANCE*

*Prof. Doutor Yves Jégouzo*
Président honoraire de l'Université Paris I
(Panthéon-Sorbonne)

Le problème du financement de l'aménagement en France est à la fois complexe techniquement et délicat politiquement. Il faudrait sans doute dire qu'il est complexe techniquement en raison de ses implications politiques.

Le problème est complexe, tout d'abord, compte tenu de la diversité des opérations et actions que l'on place sous le vocable de l'aménagement. Le droit français a tenté une définition de l'aménagement. On la trouve dans l'article L 300-1 du Code de l'Urbanisme qui dispose que «les actions ou opérations d'aménagement ont pour objets de mettre en oeuvre une politique locale de l'habitat, d'organiser le maintien, l'extension ou l'accueil des activités économiques, de favoriser le développement des loisirs et du tourisme, de réaliser des équipements collectifs, de lutter contre l'insalubrité, de permettre la restructuration urbaine, de sauvegarder ou de mettre en valeur le patrimoine bâti ou non bâti et les espaces naturels». Si on retient cette définition, on constate immédiatement que l'on ne peut réaliser les mêmes montages financiers selon que l'on projette de faire de la «restructuration urbaine», c'est à dire en clair de réaménager des banlieues en difficulté ou bien, au contraire, de réaliser une opération d'aménagement touristique sur le littoral de la Côte d'Azur. Dans ce dernier cas il sera aisé de faire appel à des financements privés. Dans le cas de la restructuration urbaine, il est évidemment impossible de demander à des propriétaires sans ressources et à une population défavorisée de financer des investissements dont, par ailleurs, le marché se désintéresse. De la même façon, le financement de l'aménagement ne peut se concevoir de la même manière selon qu'il concerne l'habitat ancien où l'urbanisation nou-

---

\* Texto elaborado pelo autor para o colóquio.

velle. Dans le premier cas, rechercher un financement privé aboutira à demander aux propriétaires des immeubles existants de financer les investissements dont ils vont bénéficier. Dans le second cas, le financement est exigé non des propriétaires fonciers mais des constructeurs.

Il y a là des questions préalables à la compréhension des mécanismes de financement de l'aménagement.

A partir de ce préalable, deux grands systèmes de financement peuvent être distingués. Le premier consiste à financer les investissements publics destinés à améliorer la ville sur les budgets des collectivités publiques, c'est à dire par la fiscalité générale. Ce système est celui qui a prévalu en France au lendemain de la guerre lorsqu'il a fallu reconstruire les villes sinistrées ou réaliser de nouveaux quartiers destinés à accueillir la population issue de l'émigration rurale. Les propriétaires ne pouvant faire face à l'ampleur des actions nécessaires, l'aménagement a été financé essentiellement par l'État sur le budget général. Cet effort a d'ailleurs été considérable puisque la fonction «urbanisme et logement» du budget de l'État qui représentait 3% des dépenses de l'État avant-guerre atteignit 11% dans les années 1950 avant de retomber ensuite à environ 4 à 5%.

Ce modèle de financement pose, toutefois, de nombreux problèmes. Tout d'abord, il représente une charge lourde pour l'État, charge qui ne peut être supportée que dans des périodes exceptionnelles. Cela fut le cas pour la France de 1945 à 1960. Par ailleurs, ce mode de financement constitue un transfert de la charge de l'aménagement de ceux qui en bénéficient, les constructeurs, vers l'universalité des contribuables. Ce qui peut être justifié lorsqu'il s'agit de constructions à caractère social mais ne l'est pas dans d'autres hypothèses, par exemple, lorsqu'il s'agit d'aménagements touristiques, etc. Enfin, ce transfert ne peut fonctionner correctement que dans le cadre d'un État centralisé. Il est beaucoup plus difficile à réaliser dans le cadre d'un système décentralisé dans la mesure où les besoins de financement de l'aménagement sont très inégalement répartis entre les collectivités. Ainsi, les communes périurbaines ont dû supporter des coûts d'urbanisation sans commune mesure avec leurs ressources.

Ces caractéristiques du financement public expliquent qu'en France on ait assez rapidement recherché un autre modèle de financement de l'aménagement dont les progrès ont d'ailleurs été parallèles ceux de la décentralisation.

Ce second modèle repose sur le financement de l'aménagement par les bénéficiaires, c'est à dire dans un premier temps les aménageurs, puis dans un second temps sur les constructeurs et enfin, sur les acquéreurs de logements ou de locaux d'activité et les utilisateurs sur lesquels, la charge est finalement répercutée. Ce processus présente l'avantage d'être indolore pour les finances publiques: l'opération s'autofinance. Par ailleurs, en attirant les capitaux privés vers l'aménagement, on permet de mieux ajuster les choix d'urbanisme à la demande du marché. Enfin, ce mode de financement est parfaitement adapté à un système de décentralisation de l'aménagement. En contrepartie, il présente l'inconvénient de ne pas prendre en compte les besoins non solvables et, d'une manière générale, les équipements et utilisations de l'espace qui sont délaissés par le marché, logements sociaux, espaces naturels ouverts au public, etc.

Si dans les cinquante dernières années, la France a oscillé entre ces deux systèmes de financement, leurs mérites et leurs limites respectifs sont tels que les deux continuent de coexister de manière durable en France.

Le financement par les budgets publics conserve une large place. Il faut rappeler qu'en France, le logement social est financé à 90% par l'État. Quant à l'aménagement proprement dit, il fait fréquemment l'objet de politiques dites contractuelles, c'est à dire de financements conjoints entre l'Etat et les collectivités locales qui s'associent par contrat autour d'objectifs communs. C'est ainsi que les actions en direction des quartiers en difficulté, banlieues défavorisées, etc., font actuellement l'objet des contrats de ville qui s'inscrivent dans cette logique.

Toutefois, la tendance la plus marquante de l'évolution du droit français de l'aménagement réside dans le développement des mécanismes de financement par les aménageurs et constructeurs.

Ce système de financement a été admis pour la première fois par la loi du 7 août 1957 et les décrets du 31 décembre 1958. Ces textes permettaient de subordonner la délivrances des autorisations de construire ou d'urbanisme au versement d'une contribution au financement des équipements publics nécessités par la construction concernée. L'inconvénient de ce système est vite apparu. Il permettait à l'administration de négocier librement la participation financière du constructeur. Ce pouvoir discrétionnaire a conduit à des inégalités considérables entre les communes, certaines exigeant des contributions considérables dès lors que le marché leur permettait de les exiger et que le constructeur avait la possibilité de répercuter cette taxation sur les acquéreurs. Les abus de ce mécanisme ont été tels que, dans les années 1960, l'expression «d'urbanisme de l'escopette» a été utilisée pour décrire une situation où régnait l'arbitraire le plus complet.

La loi d'orientation foncière du 30 décembre 1967 s'efforça de corriger ce système. Elle se fixait comme objectif de fiscaliser les participations financières: celles-ci ne pouvaient plus être exigées que dans le cadre de taxes dites d'urbanisme dont les modalités étaient fixées par la loi. La principale de ces taxes était la taxe locale d'équipement. Parallèlement, la loi instituait les ZAC, zones d'aménagement concerté, dans lesquelles les participations financières pouvaient être négociées contractuellement. La loi de 1967 a ainsi posé les principes de base du système français actuel. La règle est le financement de l'aménagement par un impôt payé par les constructeurs, l'exception est le recours à des participations négociées ou non.

En fait, la réforme de 1967 se heurta très vite à divers obstacles. La rentabilité insuffisante de la taxe locale d'équipement a conduit les communes à développer des pratique illégales de financement par les constructeurs et ces illégalités se sont révélées très difficiles à sanctionner pour diverses raisons techniques. Le législateur lui-même (L. du 16 juillet 1971, L. du 31 décembre 1975, L. du 31 décembre 1981) institua à nouveau des participations financières additionnelles qui contribuèrent à obscurcir cette question. Le développement du contentieux en ce domaine a conduit à une réforme en profondeur du système du financement de l'aménagement. Cette remise en ordre résulta de la loi du 18 juillet 1985 qui, en même temps qu'elle procédait à une large décentralisation des procédures de l'aménagement urbain, restaurait les deux principes de la loi de 1967. Le financement par l'impôt redevenait le principe, les participations étaient l'exception. Ces principes ont encore été renforcés par les lois du 29 janvier 1993 et du 9 février 1994 en vue de prévenir les phénomènes de corruption que générait le mécanisme des participations.

## I. LE DROIT COMMUN: LE FINANCEMENT PAR LA FISCALITÉ

Le financement par l'impôt spécifique est indiscutablement le système qui offre le plus de garantie au constructeur. Le principe de légalité de l'impôt protège celui-ci contre l'arbitraire de l'administration et assure la transparence des coûts de l'aménagement puisque le taux de l'impôt est connu par l'investisseur préalablement à la décision qu'il est conduit à prendre.

La question est toutefois de savoir sur qui doit peser l'impôt spécifique. La solution la plus simple et la plus logique est qu'il soit perçu sur le constructeur, premier bénéficiaire des équipements et des opérations d'aménagement. Mais cela laisse alors au propriétaire foncier le bénéfice de la plus-value générée par l'aménagement. Cela explique les tentatives – finalement malheureuses – du législateur français pour instaurer une fiscalité foncière de l'aménagement.

## A) *Le mecanisme de base: l'imposition de la construction*

La taxe locale d'équipement constitue le principal impôt destiné à financer l'aménagement. Mais, le législateur a greffé sur la TLE d'autres taxes qui pèsent également sur le constructeur.

## 1. La taxe locale d'équipement

Le principe de la taxe locale d'équipement est assez simple. Le constructeur doit payer une taxe qui correspond au financement des dépenses d'équipement supplémentaires rendues nécessaires par la réalisation de sa construction. La taxe sera donc à la fois proportionnelle à l'importance de la construction et elle est affectée au budget d'investissement des communes. Cette taxe présente deux caractéristiques. C'est un impôt décentralisé et cet impôt pèse sur les constructions.

*a) Une taxe décentralisée.*
Depuis son origine, la TLE a été conçue comme une taxe décentralisée. En effet, elle a été créée par la loi du 30 décembre 1967 qui constitue la première étape de la décentralisation de l'aménagement en France. C'est le période où l'État qui, jusque là a assuré l'essentiel des dépenses liées à l'aménagement, entend se désengager. Le transfert de cette charge sur les communes nécessitait donc que soient données aux collectivités décentralisées de nouvelles ressources. La TLE figurera au premier rang de celles-ci.

Même si la TLE est instituée de plein droit dans les communes de plus de 10 000 habitants, cela ne remet pas en cause son caractère décentralisés puisque les conseils municipaux peuvent à la fois supprimer la TLE dans ces communes ou, au contraire, l'instituer dans les communes qui n'ont pas 10 000 habitants. Cette décentralisation se traduit aussi par le fait que les communes peuvent choisir le taux de la taxe dans la fourchette de 1 à 5% de la base d'imposition. Elle résulte enfin – comme cela sera examiné plus loin – dans le fait que les communes peuvent non seulement voter des exonérations au profit de certaines constructions et, notamment des logements sociaux, mais encore opter entre le système de la TLE et des mécanismes alternatifs de participations directes au financement en créant des ZAC ou en adoptant un programme d'aménagement d'ensemble (PAE).

La décentralisation de la TLE est toutefois limitée par le fait qu'il s'agit d'un impôt. Celui-ci ne peut donc être instauré, calculée et perçu que dans les conditions définies par la loi. Ainsi, la fourchette des taux fixée par le Code général des impôts s'impose aux communes qui ne peuvent fixer ni des taux supérieurs, ni des taux inférieurs. Il en va de même de certaines exonérations telles que celles dont bénéficient les constructions destinées à être affectées à un service public ou à but d'utilité publique. Celles-ci s'imposent aux conseils municipaux.

*b) Un impôt sur la construction.*

La TLE est un impôt perçu sur les constructeurs. Cela se manifeste de deux manières.

La première vient de ce que la base d'imposition est constituée par la valeur de la construction calculée selon un système forfaitaire. Cette valeur prend en compte la surface construite calculée selon un mécanisme qui est à base du droit français de la construction, la SHON (surface hors oeuvre nette). Il s'agit, en fait des surfaces de plancher utilisables au titre de l'utilisation principale de la construction (ainsi, les surfaces de garage ne sont pas prises en compte lorsqu'il s'agit d'une construction à usage d'habitat). Cette surface est multipliée par une valeur forfaitaire au mètre carré arrêtée chaque année en fonction de l'évolution du coût de la construction. Cette valeur varie selon les catégories de constructions, le Code général des impôts classant ʿelles-ci en 9 catégories, constructions agricoles, logements sociaux, etc. Ce dispositif est donc conçu de manière à proportionner la contribution fiscale des constructeurs à la fois à leurs capacités contributives (les logements résidentiels sont plus imposés que les logements sociaux) et à l'importance des équipements publics qu'ils nécessitent.

Conséquence de cette conception, le fait générateur de l'impôt sera l'acte qui autorise la construction puisque c'est celui-ci qui définit la surface et la nature de l'immeuble. Dans les faits, ce sera généralement le permis de construire mais ce peut être également l'autorisation de lotir ou de remembrer les terrains destinés à un aménagement.

## 2. La fiscalité additionnelle

Le caractère assez simple et pratique du mécanisme de la TLE a conduit le législateur, suivant un habitude qui remonte à la Révolution française, à additionner des taxes satellites à la TLE Le principe de la taxe additionnelle conduit à additionner à la TLE une autre taxe calculée selon les mêmes règles mais selon des taux différents et au profit de bénéficiaires qui peuvent être distincts.

Certaines de ces taxes additionnelles obéissent au même principe que la TLE. Il en est ainsi de la participation pour dépassement du coefficient d'occupation des sols (C. urb. Art L 332-1) qui conduit à exiger une participation financière d'un constructeur autorisé à bâtir des superficies qui excèdent celles que prévoyaient les règles d'urbanisme. Cette taxe est proportionnelle aux surfaces excédentaires et répond à la même logique que la TLE.

Par contre, le législateur a institué d'autres taxes additionnelles qui servent à financer des actions qui n'ont pas toujours un lien direct avec l'aménagement. C'est le cas, par exemple, de la taxe départementale des espaces naturels sensibles (C. Urb. Art. L 142-2) qui constitue plutôt un impôt lié à la protection de l'environnement puisque le produit de cette taxe, affecté au département, doit servir à acquérir les espaces naturels menacés et à les entretenir en vue de leur ouverture au public. Il est vrai qu'il existe une certaine logique entre ce type d'action et l'aménagement puisque la taxe trouve sa justification dans le fait que la réalisation d'aménagements supplémentaires dans une région a pour effet d'accroître les risques pour la protection des espaces naturels. Il peut donc être considéré comme normal que les constructeurs participent au financement d'actions que leurs interventions rendent nécessaires. La même remarque peut être faite pour la taxe pour le financement des conseils d'architecture d'urbanisme et d'environnement (CAUE). Cette taxe est prélevée sur les constructeurs pour financer des organismes institués en vue d'améliorer la qualité architecturale des constructions.

## 3. **Les insuffisances de la fiscalité de base de l'urbanisme**

L'imposition des constructeurs en vue du financement de l'aménagement a fait l'objet de nombreuses critiques. La première porte sur son caractère forfaitaire qui comporte tous les inconvénients que l'on prête généralement à ce type de mécanisme. Présumer que le coût des équipements publics nécessaires est proportionnel à la surface de la construction est bien artificiel. Construire un immeuble dans un centre ville déjà très équipé ne nécessite généralement pas d'investissements publics nouveaux alors que ce ne sera pas de cas de constructions en périphérie urbaine. Par ailleurs, la complexité et le coût de perception de ces diverses taxes au regard de leur

136      *O Sistema Financeiro e Fiscal do Urbanismo*

produit ont également fait l'objet de nombreuses critiques. Pour ne prendre que cet exemple, la participation pour dépassement de COS ne rapporte que 200 millions de francs, essentiellement à Paris et dans quelques communes de la banlieue parisiènne. Ce qui est très peu compte tenu de la lourdeur du système et des dépenses qu'implique son calcul et sa perception.

Mais, surtout, le problème posé par la TLE et les taxes additionnelles vient de ce que dans le cas des opérations d'aménagement d'ensemble, le coût des équipements publics nécessaires excède de beaucoup ce que rapportent ces impôts. Certes des aménagements ont été apportés en vue d'accroître la rentabilité de la TLE. C'est ainsi que dans le cas des lotissements, la TLE est payée non par les constructeurs mais, par avance, par l'aménageur qui en répercute ensuite le coût sur les acquéreurs de terrains à bâtir. Surtout, cette taxe forfaitaire est calculée en fonction de la superficie constructible maximale alors que, très souvent, la totalité des droits à construire n'est pas consommée par les constructeurs, tout au moins dans l'immédiat. Cette TLE forfaitisée rapporte donc plus que le ferait le système normal.

Il n'en demeure pas moins que, dans bien des hypothèses, le produit de la TLE se révèle très inférieur au coût des équipements nécessaires. Ce qui rend nécessaire soit le recours au système des participations directes, soit la recherche d'autres recettes fiscale.

## B) *Le financement par la fiscalité foncière: tentatives et utopies*

L'imposition des terrains à aménager est, en France, l'objet d'un débat ancien. Celui-ci est d'autant plus vif que toutes les tentatives visant à obtenir des propriétaires fonciers une participation au financement de l'aménagement ont, jusqu'ici échoué. La plus ambitieuse mais aussi la plus ambiguë a été la création du versement pou dépassement du PLD.

## 1. **L'échec du plafond légal de densité**

Lors de sa création par la loi du 31 décembre 1975, le plafond légal de densité n'a pas été institué dans un but de financement de l'aménagement. L'objectif très ambitieux du législateur était principalement de réduire les inégalités que la réglementation d'urbanisme instaure entre les différents propriétaires selon qu'ils se voient ou non accordés des droits de construire et selon l'importance de ces droits. Le plafond légal de densité avait comme but de réduire la plus-value accordée aux propriétaires bénéficiant de la possibilité de construire des densités importantes puisqu'au delà d'un certain plafond, dit plafond légal de densité (PLD), ils devaient racheter le droit de bâtir en payant aux collectivités publiques un versement pour dépassement du PLD. Cela se faisait de manière indirecte: en effet si le versement pour dépassement du PLD était acquitté par le constructeur, le mécanisme institué avait pour but de conduire l'acquéreur a refuser de payer des prix trop élevés à des vendeurs de terrains bénéficiant d'importants droits à construire puisque la taxe était calculée d'après le prix de vente.

Ce premier objectif n'a pas été atteint car les tensions qui existaient sur le marché immobilier visé par la réforme, le centre des grandes agglomérations françaises, se sont révélées trop fortes. Le résultat du PLD a donc été principalement de renchérir le coût de certains terrains à bâtir, ce qui allait à l'encontre du but recherché. Le législateur a donc assoupli le dispositif initial par deux lois du 27 décembre 1982 et du 18 juillet 1985 qui ont donné aux communes la possibilité de moduler le plafond légal de densité.

Cette réforme a eu pour résultat de changer totalement la signification du versement pour dépassement du PLD. Celui-ci est devenu une ressource nouvelle des communes en vue de financer l'aménagement et la réalisation de logements sociaux. En fait, le mécanisme du PLD n'a pu fonctionner que dans les communes où la demande de terrains constructibles est telle qu'il est possible de répercuter le coût de ce prélèvement sur les constructeurs. Dans la pratique, celles-ci sont peu nombreuses. En 1997, le versement pour dépassement de PLD ne rapportait que 257 millions de francs, dont 90% environ étaient perçus dans une dizaine de communes de l'Ile-de--France.

## 2. **Les tentatives d'imposition des propriétaires bénéficiant d'opérations d'aménagement**

L'impôt foncier et l'imposition des propriétaires de terrains à bâtir en vue de les amener à contribuer au financement des équipements qui concernent leurs terrains ont été au cœur d'un autre grand débat en France.

L'idée de départ est simple. Elle consiste à considérer que les propriétaires de terrains qui bénéficient d'aménagements doivent participer au financement de ceux-ci, indépendamment du fait qu'ils construisent ou non. De ce fait, les propriétaires d'immeubles bâtis doivent participer au financement des aménagements au même titre que les propriétaires de terrains à bâtir. Les arguments en faveur de cette participation sont bien connus: on considère qu'il n'est pas équitable que ces propriétaires bénéficient d'équipements et de la plus-value qui en résulte alors qu'ils n'ont en rien contribué à leur réalisation. On invoque à la fois la théorie de l'enrichissement sans cause et le principe d'égalité devant les charges publiques.

A partir de cette analyse, deux tentatives ont été conduites qui, d'ailleurs, relèvent d'inspirations un peu différentes.

*a*) La première a été faite par la loi d'orientation foncière du 30 décembre 1967 qui instituait la taxe locale d'urbanisation. Cette taxe pesait uniquement sur les propriétaires de terrains à bâtir qui devaient acquitter une taxe annuelle destinée à financer l'urbanisation, aussi longtemps qu'ils ne construisaient pas. Cette taxe était calculée en fonction de la valeur du terrain déclarée par le propriétaire. La sanction des déclarations sous-évaluées était assez sévère. En cas d'expropriation, la valeur déclarée était opposable au propriétaire. En fait, le but véritable de la loi n'était pas principalement d'obtenir une participation des propriétaires au financement de l'aménagement. Il visait plutôt à inciter les propriétaires de terrains à bâtir à construire pour échapper à cette taxe annuelle et donc à accroître l'offre foncière.

Cette loi n'a jamais été appliquée puis a été officiellement abrogée. Il ne reste de cette tentative qu'une disposition beaucoup plus modeste de la loi du 10 janvier 1980 (article 1396 du Code général des impôts) qui permet aux conseils municipaux de majorer le taux de la taxe foncière sur les propriétés non bâties pour les terrains classés dans les zones constructibles des POS.

*b*) La seconde tentative est plus récente puisqu'elle a été évoquée lors du projet de réforme actuels de l'urbanisme qu'opère la future loi solidarité et renouvellement urbain qui va être adoptée avant la fin 2000.

Elle s'inspirait du système des participations des riverains qui existe en Alsace-Lorraine. Les deux départements d'Alsace et le département de la Moselle sont encore régis par une loi du 21 mai 1879 adoptée alors que ces régions étaient possession allemande. Cette loi impose à tous les propriétaires de terrains et d'immeubles bâtis de contribuer aux frais de création des voies nouvelles, quelle que soit la date de construction de l'immeuble. Cette taxe permet également de financer les réseaux d'éclairage public. Il s'agit donc ici véritablement d'un mécanisme qui permet d'exiger des propriétaires fonciers qu'ils participent au financement de l'aménagement. Les auteurs du projet de loi solidarité et renouvellement urbain envisageaient à la fois de généraliser à l'ensemble du territoire cette mesure locale et d'en amplifier la portée.

Là encore cette réforme n'a pas aboutie puisqu'elle disparu du projet de loi. Les tentatives d'obtenir un financement de l'aménagement par le biais de la fiscalité foncière ont donc échoué en France, tout au moins jusqu'ici.

## II. L'Exception: les participations financières des amenageurs et des constructeurs

Le financement direct par les aménageurs constitue, depuis les années 1970, le principal mode de financement de l'urbanisation. Alors que les taxes d'urbanisme rapportaient en 1997 environ 3,5 milliards (dont 2,5 milliards pour la seule TLE), les participations ont permis de collecter environ 5 milliards de francs (750 millions d'euros).

Il faut, toutefois, distinguer très clairement deux types de participations. Les premières – les plus importantes et les plus intéressantes sur le plan juridique – constituent des alternatives au système de droit commun. Les autres peuvent être exigibles en plus de la TLE mais cela ne peut être que d'une manière exceptionnelle et dérogatoire.

### A) *Les participations alternatives a la TLE*

Dans l'hypothèse où une opération nécessite des investissements d'une importance considérable dont le coût excède ce que peuvent rapporter les taxes d'urbanisme, le Code permet exceptionnellement aux collectivités publiques de substituer à la TLE des participations financières directes des aménageurs ou des constructeurs d'un montant supérieur à ce qui serait exigible dans le système de droit commun. La première hypothèse prévue par le Code de l'urbanisme est à la fois la plus ancienne et la plus importante. Il s'agit des participations négociées dans le cadre des zones d'aménagement concertées (ZAC). La loi du 18 juillet 1985 a prévu un second dispositif, le programme d'aménagement d'ensemble (PAE).

### 1. **Les participations négociées**

Depuis leur création en 1967, les ZAC ont servi de cadre à la plupart des grandes opérations d'aménagement réalisées en France. Il y a à cela plusieurs raisons dont la principale tient à ce que les ZAC sont – comme leur nom le laisse deviner – les instruments les plus adaptés à l'organisation d'un partenariat entre les investisseurs privés et les collectivités publiques. La procédure de la ZAC permet de définir de manière concertée le

140      *O Sistema Financeiro e Fiscal do Urbanismo*

programme et les règles d'urbanisme qui s'appliquent au périmètre de l'opération. Par ailleurs – et c'est le problème qui nous intéresse – elles permettent de négocier les conditions de financement des équipements publics avec l'aménageur. Il s'agit d'une véritable négociation puisque les participations financières de l'aménageur donneront lieu à un contrat.

Cette possibilité de recourir aux participations négociées n'est possible que si l'aménageur prend à sa charge «au moins le coût des équipements» qu'énumère le Code général des impôts, à savoir les voies intérieures, les réseaux, les espaces verts, les aires de jeux, les stationnements, etc. En fait, les participations négociées avec les aménageurs vont au delà et englobent généralement d'autres équipements collectifs tels que des équipements scolaires, sportifs, sociaux, culturels, etc.

Ces participations peuvent d'ailleurs se traduire par des contributions financières versées aux collectivités publiques qui auront alors la maîtrise d'ouvrage des équipements publics réalisés. Mais, la convention d'aménagement peut prévoir que les aménageurs réaliseront eux-mêmes les équipements publics prévus et les remettront ensuite en pleine propriété aux collectivités publiques.

Ce système de financement a connu un très grand succès auprès des communes car il a permis d'obtenir de l'aménageur des participations financières qui, dans certains cas, étaient quatre à cinq fois supérieures à ce qu'aurait rapporté la TLE. Mais, précisément, le problème est venu des facilités financières qu'offrait le système des ZAC aux communes. Certaines en ont abusé et exigé des aménageurs le financement d'équipements collectifs sans aucun rapport avec les besoins de l'opération. Le montant des participations s'est trouvé, pendant une certaine période, livré aux seules lois du marché. Les aménageurs les acceptaient en fonction uniquement de la possibilité économique de les répercuter sur les acquéreurs de logements ou de locaux d'activité.

Ce système a fait l'objet de fortes critiques. Tout d'abord, il conduisait mécaniquement les communes à pénaliser les opérations les moins rentables que délaissait le marché, logements sociaux, etc. Par ailleurs, ce dispositif créait une grande inégalité entre les collectivités publiques: les communes résidentielles de la région parisienne ou celles du littoral, très recherchées par les investisseurs privés pouvaient disposer de sources de financement de leurs équipements publics dont ne disposaient pas d'autres communes plus défavorisées et où, précisément, les besoins en équipements étaient plus nombreux. Enfin, et surtout, ce système laissait à l'administration un pouvoir quasi discrétionnaire peu compatible avec l'esprit des finances publiques.

Le Conseil d'État, le premier, a réagi contre l'application qui était faite du système des participations négociées. Dans un arrêt Communauté urbaine de Brest du 28 juillet 1989 (Droit. administratif. n.° 610), il a opéré une distinction entre les équipements publics qui étaient situés à l'intérieur du périmètre de la ZAC et ceux qui étaient en dehors. Il a considéré que les premiers étaient présumés nécessaires à la réalisation de l'opération compte tenu de leur localisation. Par contre, la collectivité publique devait démontrer que les équipements situés en dehors de la ZAC étaient réalisés «dans l'intérêt principal des constructeurs». Cette solution n'était pas parfaitement satisfaisante car il est évident que des équipements réalisés dans le périmètre d'une ZAC peuvent n'avoir aucun rapport avec le programme de l'opération. Par exemple, une commune peut localiser dans le périmètre d'une ZAC de tourisme la construction d'un collège qui, par définition, ne sert pas aux enfants des résidents en vacances.

Cela explique que le législateur ait voulu aller plus loin. La loi du 29 janvier 1993 puis celle du 9 février 1994 adoptées dans le cadre de la politique de lutte contre la corruption ont introduit dans le Code de l'urbanisme un nouvel article L 311-4-1 qui dispose que ne peuvent être mis à la charge des constructeurs que les équipements «réalisés pour répondre aux besoins des futurs habitants ou usagers des constructions à édifier dans la zone». Il résulte de ce texte que les conventions de ZAC ne peuvent prévoir des participations financières que pour les seuls équipements qui présentent un lien fonctionnel avec l'opération, ceux-ci pouvant se situer dans le périmètre de la ZAC ou en dehors (la loi de 1994 revient sur ce point sur la jurisprudence Communauté urbaine de Brest). Par ailleurs, dans l'hypothèse où l'équipement ne sert que partiellement aux habitants ou usagers de la ZAC, seule la proportion correspondante du coût pourra être mise à la charge de l'aménageur. Par exemple, la construction d'un collège qui n'est utilisé qu'à 50% par les enfants habitant les logements réalisés dans la ZAC ne pourra être financée qu'à 50% par l'aménageur. Ce fractionnement peut accompagner la réalisation d'un programme en plusieurs tranches.

Les règles fixées par l'actuel article L 311-4-1 paraissent avoir à la fois répondu aux critiques antérieures et instauré un équilibre satisfaisant entre les besoins de financement spécifiques des collectivités publiques et la recherche d'un régime plus transparent et moins discrétionnaire. Cet équilibre est d'autant plus affirmé que ces règles font l'objet de sanctions extrêmement efficaces (V. infra B). Cela explique que le principe posé par l'article L 311-4-1 ait été étendu aux participations financières qui peuvent êtr demandées dans le cadre d'une seconde procédure dérogatoire qui est elle des programmes d'aménagement d'ensemble.

## 2. Les participations exigibles dans le cadre de programmes d'aménagement d'ensemble

Il est fréquent que les collectivités publiques se trouvent dans la nécessité de réaliser un programme important d'équipements publics dont le coût dépasse de beaucoup ce que rapporteraient les taxes d'urbanisme de droit commun sans pouvoir recourir à la procédure des ZAC. Il en est ainsi dans des secteurs partiellement bâtis dans lesquels la propriété des terrains est répartie entre un grand nombre de propriétaires que la collectivité ne peut ou ne veut pas exproprier. Dans ce cas, la collectivité n'est pas dans la possibilité de négocier avec un aménageur unique la participation des constructeurs aux dépenses d'équipement qui permettront d'urbaniser ou d'améliorer l'urbanisation du secteur.

C'est pour répondre à cette situation que la loi du 18 juillet 1985 a institué les programmes d'aménagement d'ensemble (C. urbanisme art. L 332-9) applicables dans les secteur dits d'aménagement. La décision appartient à la commune qui peut délimiter ce secteur d'aménagement et voter un programme d'équipements publics. Ce programme définit la nature des équipements qui devront être réalisés dans le secteur pour répondre aux «besoins des futurs habitants ou usagers des constructions à édifier dans la zone concernée». Il en chiffre le coût prévisionnel. Surtout, l'objet du PAE est alors de déterminer la part des dépenses de réalisation des équipements qui sera mise à la charge de tous ceux qui construiront dans le secteur. Cela conduit généralement à définir une participation financière par mètre carré construit avec la possibilité de moduler celle-ci selon les types de constructions. Cette participation se substitue à la TLE qui n'est plus perçue. Elle doit obéir aux mêmes principes que la participation exigée dans les ZAC. Elle ne peut concerner que les équipements répondant aux besoins de la population de la zone et, si cette condition est remplie, elle doit être proportionnelle à l'utilisation qui en est faite par les constructeurs du secteur.

Les PAE sont un mécanisme à la fois plus complexe et plus difficile à mettre en oeuvre que celui des ZAC. D'une part, le coût des équipements est prévisionnel et non contractuel et peut donc faire l'objet de contestations. D'autre part, ces participations ne sont perçues qu'à l'occasion de la délivrance des permis de construire. Leur versement est donc très étalé dans le temps alors que dans les ZAC la date du versement est définie par la convention. Surtout, dans l'hypothèse où les constructeurs ne réalisent pas les constructions prévues, le programme est privé de ce financement alors que la collectivité a souvent engagé le dépenses. Enfin, et cela n'est pas le moindre problème, les propriétaires des constructions existantes n'y sont pas assujettis alors qu'ils bénéficient des équipements réalisés. Il en est ainsi alors même qu'ils procèderaient à des travaux de restauration ou de réhabilitation de leurs immeubles ayant pour effet d'en accroître l'attractivité.

En dépit de ces inconvénients, le système des PAE a été très apprécié par les communes car il permet d'exiger des participations beaucoup plus élevées que ce que rapporteraient les taxes d'urbanisme de droit commun.

### B) *Les participations additionnelles dérogatoires*

L'insuffisance du produit de la TLE explique précisément que le législateur ait dû prévoir, en supplément de cet impôt et des autres taxes d'urbanisme, des participations financières additionnelles à la TLE.

### 1. Le caractère dérogatoire des participations

Afin d'éviter que se reproduisent les abus qui existaient avant 1985, le législateur a posé un principe important. Lorsque la TLE est exigible, les participations ont un caractère dérogatoire: ne peuvent donc être exigées que celles qu'énumère le Code de l'urbanisme et les sanctions du respect de ce principe ont été considérablement renforcées.

Le principe posé par l'article L 332-6 du Code de l'urbanisme est clair. Ne peuvent être exigées en plus de la TLE que les participations énumérées aux articles L 332-6 et L 332-6-1. Cela exclut toutes les contributions instituées par les collectivités locales même lorsqu'elles correspondent à un service rendu. Celles-ci sont systématiquement déclarées illégales par le juge. Il en va ainsi d'un droit global de branchement au réseau d'eau (CE 12 mars 1998, Commune de Montfort sur Argens, Revue française de droit administratif 1998, p. 1136) ou d'une redevance d'équipement (CE 22 octobre 1976, Société Thomson-Hotchkiss, Recueil des arrêts du Conseil d'État p. 437). La même solution est adoptée dans l'hypothèse où les aménageurs ou les constructeurs ont accepté par contrat de verser une participation exceptionnelle (CE 27 mars 1985 Brunet, Gazette du Palais 1986, I, p. 289). Le juge considère même que toute convention prévoyant une participation financière est nulle de plein droit (CAA Paris 13 juin 1989, Commune de Bois d'Arcy, Recueil p. 318). Cela ne concerne pas, évidemment, les conventions de ZAC.

Surtout, la sanction de ce principe a été organisé de manière beaucoup plus efficace. Celle-ci est double.

Lorsque la participation financière illégale est instituée par l'autorisation d'urbanisme (permis de construire ou autorisation de lotir), elle s'analyse comme une condition financière de l'autorisation. A ce titre, elle peut faire l'objet d'un recours en annulation au même titre que l'autorisation elle-même. Jusqu'en 1985, toutefois, ces recours étaient peu efficaces en raison de la théorie jurisprudentielle de l'indivisibilité des autorisations d'urbanisme. Celle-ci conduisait le juge à considérer que l'illégalité de la participation financière rejaillissait sur la totalité de l'autorisation. Il annulait donc le permis de construire et non seulement la participation illégale exigée à cette occasion. Ceci revenait à placer le constructeur dans une situation très inconfortable: il avait obtenu l'annulation de la participation financière mais ne disposait plus d'autorisation de construire. Il lui fallait donc recommencer toute la procédure. La loi du 18 juillet 1985 a remis en cause cette jurisprudence. Le nouvel article L 332-7 du Code de l'urbanisme dispose que «l'illégalité des prescriptions exigeant des taxes ou des contributions aux dépenses d'équipements publics est sans effet sur la légalité des autres dispositions de l'autorisation de construire». Désormais, le constructeur peut donc attaquer devant le juge la participation financière sans avoir à remettre en cause la totalité du permis de construire. Il peut donc réaliser sa construction indépendamment du recours.

La seconde sanction de l'illégalité des participations est encore plus forte. Il s'agit de l'action en répétition. Dans l'hypothèse où le constructeur n'a pas contesté dans les délais la décision administrative instituant la participation financière illégale, il peut après l'avoir payée, en demander le remboursement au juge dans un délai de cinq ans à compter du dernier versement (C. urbanisme, art. L 332-20). Surtout, cette action en répétition est ouverte aux acquéreurs successifs des constructions qui ont été illégalement taxées. Ainsi, dans l'hypothèse où une société de construction, pour ne pas ouvrir de conflits avec une commune dans laquelle elle veut réaliser d'autres opérations, ne met pas en œuvre les recours dont elle dispose, les acquéreurs des logements ou des locaux qu'elle a réalisés, peuvent, dans les cinq ans, demander le remboursement des participations illégales. Or, il est bien évident que ces acquéreurs, n'ont pas les mêmes craintes vis à vis des communes.

Mais, quelles sont donc les participations que peuvent exiger les collectivités publiques de manière légale?

## 2. Les participations spécifiques prévues par le Code de l'urbanisme

Celles-ci sont relativement nombreuses.

Compte tenu de leur caractère technique, ce rapport n'en fera qu'une énumération rapide. Il s'agit:

- de la participation pour raccordement à l'égout qui permet aux communes de récupérer une partie des dépenses occasionnées par la réalisation des réseaux d'assainissement;
- de la participation à la réalisation de parcs publics de stationnement. Celle-ci peut être exigée des constructeurs qui ne peuvent réaliser sur leurs terrains les places de stationnement pour les véhicules automobiles qu'exigent la plupart des règlements d'urbanisme. Ceux-ci peuvent alors obtenir le permis de construire sous réserve qu'ils versent aux communes une participation au financement de parkings publics, le montant maximal de cette participation étant fixé par arrêté ministériel;
- de la participation pour la réalisation d'équipements publics exceptionnels qui peut être exigée lorsque le projet de construction entraîne des dépenses d'une caractère anormal. L'un des cas les plus fréquents concerne la réalisation de centres commerciaux qui nécessitent des aménagements routiers exceptionnels pour permettre à la clientèle d'y accéder dans des conditions de sécurité;
- de la participation pour la réalisation d'équipements des services publics industriels et commerciaux. Cela concerne principalement le financement des réseaux de gaz, d'électricité, d'eau, de chauffage urbain;
- des cessions gratuites de terrains permettant l'élargissement des voiries ou la réalisation d'équipements publics nécessaires (par exemple, des transformateurs d'électricité).

On le constate, la liste des participations additionnelles est longue. En outre, il faut noter que l'interdiction d'exiger des constructeurs des participations additionnelles n'exclut pas que soient mis à sa charge les équipements propres au programme. L'article L 332-6 3.° du Code de l'urbanisme qualifie d'équipements propres les ouvrages qui constituent des équipements collectifs indispensables à la réalisation de l'opération mais qui ne sont pas pour autant des équipements collectifs. Il en est ainsi, notamment, dans le cadre des lotissements, des voiries internes, des espaces verts, aires de stationnement des véhicules, etc. Ceux-ci restent la propriété des constructeurs au même titre que les branchements particuliers aux réseaux d'eau, d'assainissement, etc. Le problème vient fréquemment de ce qu'il est difficile de fixer la limite de ces équipements propres lorsqu'ils sont susceptibles d'être utilisés par d'autres que les constructeurs.

Les participations financières additionnelles peuvent donc représenter une charge assez lourde pour les constructeurs. Leur portée est cependant limitée par le jeu du principe de proportionnalité qu'a posé le juge et repris le Code de l'urbanisme (C. urbanisme, art. L 332-6-1 2.°). Les collectivités publiques ne peuvent exiger des participations dont le coût serait excessif au regard du coût des équipements publics rendus nécessaires par la construction. Est ainsi illégale une taxe de raccordement à l'égout dont le montant équivaut au coût d'un collecteur d'eaux usées desservant l'ensemble des riverains d'une rue (CE 22 octobre 1980, SCI Centre commercial Avignon sud, Droit administratif 1980, n.° 379).

*

Le système français de financement de l'urbanisme a, actuellement, trouvé une sorte de point d'équilibre. Il a été moralisé et le contentieux des participations financières a aujourd'hui beaucoup moins d'ampleur qu'il y a une dizaine d'années.

Cela ne veut pas dire qu'il soit totalement stabilisé. Des voix se font entendre pour souligner que les limitations apportées au système des participations financières sont excessives et avantagent les constructeurs. Surtout, la complexité du système et le coût trop important de perception des taxes d'urbanisme est critiqué.

Ces inconvénients ne sont cependant pas tels qu'ils nécessitent une réforme immédiate. La meilleure preuve en est donnée par le fait que la loi solidarité et renouvellement urbain qui va être votée à la fin de l'année ne procède à aucune réforme fondamentale du système de financement de l'aménagement.

# LE SYSTÈME FINANCIER ET LE SYSTÈME FISCAL DE L'URBANISME EN ITALIE*

*Prof. Doutor Erminio Ferrari*
(Université de Pavie)

### SOMMAIRE

1. Equipements publics et plus-values privées; 2. Séparation entre système fiscal et système de l'urbanisme; 3. Droit de construire et contributions de construction; 4. Autres voies de compensation et péréquation.

L'urbanisation entraîne deux séries de problèmes financiers. D'un côté l'urbanisation a des coûts: pour rendre "constructible" un terrain il faut l'équiper avec voirie, eau, assainissement, gaz, électricité. De l'autre côté la réalisation de l'urbanisation entraîne une augmentation de la valeur des terrains urbanisés. Le point est – comme l'on sait – que la réalisation de l'urbanisation et l'utilisation de terrains urbanisés ne sont pas du ressort de la même personne, mais de deux personnes très différentes: la collectivité publique et le particulier propriétaire.

Pour maîtriser ce problème le droit italien n'a pas développé une solution claire. Il est vrai que le sujet, bien que vivement discuté dans les années 60 et 70, ne reçoit pas aujourd'hui beaucoup d'attention. En partie c'est la situation économique et sociale qui a changé: maintenant l'accent est plutôt mis sur la reconstruction des anciens quartiers et sur la restauration immobilière que sur la construction de nouveaux bâtiments. En partie, à travers une série de modifications et transformations de la législation originale, on a abouti à un équilibre entre coûts privés et coûts publics qui semble ne pas poser de gros problèmes. Dans le développement qui nous a porté à cette situation on peut observer deux éléments principaux.

---

\* Testo elabor do pel autor para o co óqui e re is o p lo mesmo para efeitos da ua u lic ção.

148        *O Sistema Financeiro e Fiscal do Urbanismo*

D'un côté la séparation entre le système fiscal et le système de l'urbanisme est devenue de plus en plus profonde. Naturellement il y a toujours des interventions et des mesures fiscales qui sont très importantes pour l'urbanisme, mais elles sont inspirées par (et sont orientées vers) des buts qui ne sont pas (seulement) des raisons et des objectifs d'urbanisme. De plus en plus les problèmes de l'urbanisme sont maîtrisés par des solutions d'urbanisme.

De l'autre côté on peut observer que le rôle de réaliser, aménager et gérer les équipements publics est de plus en plus confié aux particuliers, et, naturellement, surtout aux constructeurs, et que l'on cherche d'assurer leur financement en leur donnant des avantages. Le rôle du sujet public, de la collectivité locale ne s'efface pas, mais est concentré plus sur la régulation du processus d'urbanisation que sur son aménagement.

## 1. Equipements publics et plus-values privées

En effet à l'essor de la législation d'urbanisme italienne nous trouvons exactement l'orientation opposée.

Dans la loi d'aménagement du territoire (ou loi sur l'urbanisme) du 17 août 1942, n. 1150, qui est toujours en vigueur et qui est toujours la loi de base de l'urbanisme en Italie, promoteur et moteur de l'urbanisation était la commune. La commune avait et a toujours la tâche de préparer son "piano regolatore generale" (PRG) (ce qui correspond plus ou moins au plan d'occupation des sols français), qui doit être approuvé (hier par l'Etat) aujourd'hui par la région. Avec le PRG la commune doit établir l'utilisation de son territoire entier, statuant les réseaux pour les voies et les communications, la distinction de zones pour les différentes utilisations et, en particulier, pour les usages publics, et les servitudes correspondantes, etc. (art. 7).

De plus, après l'approbation du plan, la loi confiait et en effet toujours confie à la commune un rôle important dans la réalisation des prévisions du PRG. En effet on prévoyait que les communes "pour prédisposer la réalisation ordonnée du même plan ont la faculté d'exproprier les surfaces non construites dans les zones constructibles et celles qui ont une destination différente de celle qui est prévue par le plan" (art. 18, ). On peut facilement comprendre de cette disposition que, à ce temps-là, on envisagea un rôle très actif de la Commune, qu'elle devait remplir dans un délai relativement bref: l'expropriation perdait son efficacité si pendant dix ans la Commune n'arrêtait pas le plan particulier de la zone intéressée par la ou les expropriations (art. 18, 4). Ce rôle de la Commune correspondait à un fort engagement financier et en effet au PRG devait être annexé un "plan financier" (art. 30).

L'expérience a démontré que les com unes italiennes n'ont pas eu la force de faire face à ces tâches. Il s'agissait de faiblesses administratives, politiques et financières. Dans les années 50 et 60, seulement un petit nombre de communes avaient des employés et des fonctionnaires compétents et préparés pour établir des PRG. Aussi quand ces compétences étaient disponibles, il n'y avait pas toujours la volonté et la force politique pour imposer aux propriétaires et aux constructeurs les coûts de constructions bien organisées et fournies de services. Dans les années qui suivirent la Seconde Guerre mondiale l'exigence de promouvoir la reconstruction et le développement de l'économie et de la société entière était sans doute plus importante que la qualité des bâtiments et de l'habitat.

En outre, dans la plupart des cas les communes n'en avaient pas les moyens. Pour mieux dire: sur la papier, c'est-à-dire dans le système de la loi, les communes auraient pu recueillir de l'argent pour "urbaniser" les terrains, mais une fois de plus il n'était pas facile de trouver les compétences techniques et la force politique pour le faire. En effet, soit la loi sur les collectivités locales (art. 93, n. 4, r.d. 3 mars 1934 n. 383), soit la loi sur les finances locales (art. 10, n. 5, r.d. 14 septembre 1931 n. 1175) prévoyaient un "contributo di miglioria", ce qu'on peut traduire comme "contribution d'amélioration". Il y avait plusieurs types de "contributions d'amélioration": ici le plus intéressant est celui qu'on appela "contribution d'amélioration générique", parce que son introduction n'était pas liée à une oeuvre publique spécifique, mais la commune avait le pouvoir d'introduire (et le choix de ne pas le faire) la contribution pour atteindre "l'augmentation de valeur des terrains constructibles, qui dérive de l'expansion de l'habitat et de l'ensemble des travaux publics réalisés par la commune (art. 235 r.d. 1931 n. 1175).

Cette règle, qui dans les années suivant la Seconde Guerre mondiale était encore écrite dans les deux lois de la période fasciste que nous avons citées, est l'application d'un principe très ancien, qu'on peut trouver déjà dans la première loi de l'Italie unie sur l'expropriation pour utilité publique. Selon les art. 77-82 de la L. 25 juin 1865 n. 2359, sur l'expropriation pour cause d'utilité publique, qui est toujours en vigueur et qui trouve encore application quand il n'y a pas d'autres dispositions, si la réglementation d'un certain travail public ne dispose autrement, les propriétaires des tenants et aboutissants doivent payer une contribution correspondante à la moitié de la plus-value conséquente à l'exécution des travaux, en dix ans un dixième par an.

Donc l'exigence d'un équilibre entre travaux publics et leurs coûts d'un côté et propriété et plus-value privée de l'autre côté était bien connue dans la législation de l'Etat libéral du XVIII siècle. En effet cette exigence correspond à un principe plus profond, c'est-à-dire celui de l'égalité de citoyens face aux charges publiques.

La loi sur l'urbanisme ne changea rien à ces règles, mais les reprit et les confirma avec un développement: on prévoyait que "pour la formation des voies et des places prévues par le plan les propriétaires peuvent être obligés à céder les terrains voisins en déduction de la contribution d'amélioration" (art. 24) que ceux-ci auraient dû payer. Cette règle est intéressante parce qu'elle est le premier exemple d'une recherche d'équilibre entre exigences publiques et avantages privés par voie non monétaire, mais réelle. On verra plus avant que cette voie a eu un grand succès ces dernières années, mais on verra aussi une grande différence entre l'exemple "ancien" et les expériences récentes: là c'est la commune qui avait le pouvoir de contraindre le propriétaire à la cession; aujourd'hui ce sont plutôt les propriétaires qui, dans le cadre juridique très différent dont on parlera, sont intéressés à ce genre de cession.

Mais il faut retourner à la situation des années 50 et 60 pour expliquer pourquoi ce système, qui peut sembler très simple et claire sur le papier, n'a pas fonctionné et a été abandonné.

Bien que anciens et clairs, tant le principe que les règles pour sa réalisation que nous avons décrites n'ont jamais été faciles à appliquer par les communes: les difficultés administratives et politiques qui empêchaient le bon fonctionnement du système de l'urbanisme dans son complexe n'étaient pas plus légères pour le mécanisme des contributions d'amélioration. De ces difficultés dérive alors une série longue et compliquée d'interventions du législateur national jusqu'en 1970, et, à partir de ce moment, du législateur régional.

Par exemple, en 1964, le législateur (L. 29 septembre 1964 n. 847, art. 4) donne la liste des "oeuvres d'urbanisation", c'est-à-dire les équipements que les communes doivent réaliser afin qu'un terrain soit constructible et pour lesquels étaient prévus des financements spéciaux du côté de l'Etat: il s'agit des voies, des parkings, des drainages, du réseau hydrique et électrique, des espaces verts. Evidemment en ces temps-là toutes les communes et tous les plans ne prévoyaient pas ces équipements. En 19 1 cette liste est élargie (L. 22 octobre 1971 n. 865, art. 44).

## 2. Séparation entre système fiscal et système de l'urbanisme

Mais les interventions de ces années concernent aussi l'autre aspect de notre réflexion, l'aspect fiscal. Ici la raison des règles nouvelles qui sont arrêtées ne réside pas seulement dans la faiblesse de l'administration locale et la nécessité de lui faire face, mais c'est aussi une tentative de réaliser un système fiscal meilleur. Cette seconde raison est en réalité la plus importante: les exigences fiscales l'emportent sur les problèmes de l'urbanisme.

Ce développement est bien représenté par trois étapes qui correspondent aux trois lois les plus importantes dans ce domaine.

Avec la L. 5 mars 1963 n. 246 fut introduit l'impôt sur l'augmentation de valeur des terrains constructibles. On peut dire que ici il n'y avait pas une grosse différence par rapport aux contributions d'amélioration dont nous avons parlé: l'objet est le même et il s'agit toujours d'une taxe communale. Le point est que les incertitudes et les faiblesses de la vieille réglementation locale, nécessairement différente d'une commune à l'autre, cèdent la place à une réglementation nationale unique. Mais cette loi ne devait pas avoir longue vie.

En 1971 l'impôt sur l'augmentation de valeur des terrains constructibles fut supprimé (L. 6 octobre 1971 n. 825) et à sa place fut introduit l'impôt sur l'augmentation de valeur des immeubles (Imposta sull'incremento di valore degli immobili = INVIM: d.P.R. 26 ottobre 1972 n. 643). Il s'agit d'un impôt indirect lié à tous les transferts de propriété (vente, succession, donation, etc.) et relatif à la différence entre la valeur du bien au moment du dernier transfert et la valeur actuelle. L'introduction de cet impôt n'était qu'une partie d'un discours plus ample: avec la loi n. 825 du 1971 le législateur avait lancé la première grande réforme fiscale; impôt sur la valeur ajoutée et plusieurs autres impôts que nous avons aujourd'hui furent introduits à ce temps – là. Deux points sont importants à nos fins.

Dans les mêmes années en Italie furent créées les Régions (1970-71). Leur institution exigea un bouleversement profond du système de la fiscalité locale. L'idée de base était que les Régions auraient dû recevoir une partie des impôts locaux, c'est-à-dire communaux, existant jusqu'à ce moment-là, et une partie des impôts étatiques. Mais l'incertitude et la méfiance dans lesquelles commençait la vie des nouvelles institutions suggéra une autre solution: tous les impôts furent attribués à l'Etat, qui avait la tâche de les distribuer entre Régions et collectivités locales, dans l'attente d'une nouvelle réorganisation définitive de la matière. Cette attente a duré vingt ans. Pour ce qui nous intéresse ici, cela signifie que l'INVIM a été un impôt étatique: réglé, géré, perçu par l'Etat, qui en distribuait les revenus entre les communes.

De ce que nous avons dit, il est facile de comprendre un autre aspect: l'INVIM ne concerne pas seulement les augmentations de valeur dérivant de l'urbanisation, mais toutes augmentations de valeur. En particulier les années 70 et 80 en Italie ont été une période de grande inflation et on peut effectivement comprendre qu'on ait dit que l'INVIM a été une "taxe sur l'inflation". Mais aucune argumentation n'a pu convaincre la Cour constitutionnelle que la correspondante réglementation violait les principes de la Constitution italienne. Indépendamment de cette situation, avec l'introduction de l'INVIM et la suppression des contributions d'amélioration dans le système fiscal italien, s'est affirmé le principe de l'indifférence de la cause "d'urbanisme" – ainsi que de toutes autres causes – de la croissance des valeurs immobilières.

L'INVIM n'existe plus aujourd'hui, mieux: il existe seulement jusqu'en 2002 et seulement pour les augmentations de valeur réalisées jusqu'en 1992. En effet, en 1992 il fut substitué par l'impôt communal sur les immeubles (imposta comunale sugli immobili = ICI: d.lgs. 3 décembre 1992 n. 504). Une fois encore il s'agissait d'une réorganisation générale du système fiscal, une réorganisation visant à recréer les espaces d'autonomie fiscale locale que la réforme de 1971 avait supprimés. Il s'agit d'un impôt direct, réglé par la loi nationale et géré par les communes, qui établissent, entre les limites fixées par la loi, quel pourcentage du revenu cadastral le propriétaire d'un immeuble doit payer chaque année. De cette manière on a cherché de coordonner une uniformité nationale assurée par l'Etat qui définit les valeurs et les revenus cadastraux et l'autonomie locale des communes qui établissent le pourcentage de l'impôt. Mais il est clair que les problèmes et les exigences de l'urbanisme restent lointains. Il est possible que la commune les considère en prenant ses décisions sur les revenus de l'ICI, mais il n'y a aucun lien juridique entre question d'urbanisme et ICI.

## 3. **Droit de construire et contributions de construction**

L'indifférence des augmentations de valeur dérivant de l'urbanisation pour le système fiscal italien que nous avons vu se développer au fil des ces dernières trente années est aussi liée au fait que dans la même période le législateur italien a essayé de réaliser une législation sur la base de laquelle il ne devrait pas exister d'augmentation de valeur "d'urbanisme".

Il s'agit du problème du rapport et des essais de séparation entre droit de propriété et droit de construire, dont l'Association internationale de droit de l'urbanisme a discuté l'année dernière à Toulouse. Après un long débat politique et économique, en 1977 le législateur italien (L. 28 janvier 1977 n. 10) a essayé de réaliser cette séparation en prévoyant que "toute activité de construction" est soumise à une concession délivrée par la commune (art. 1). L'idée de base était que le droit de construire est octroyé par la collectivité locale qui en est le seul titulaire. Néanmoins cette idée a été refusée par la Cour constitutionnelle italienne: les liens entre droit de propriété et droit de construire ont semblé trop forts pour pouvoir les trancher seulement en prévoyant un certain type d'acte administratif: la concession à la place de la licence. Mais, indépendamment de cette question et des nominalismes qu'elle entraîne, le point est que la loi du 1977 ne changea que le nom de l'acte administratif en question, mais prévit aussi que toute activité de construction "prend part aux charges qui la concernent" (art. 1): pour la délivrance de la concession – ce qui est bien plus important à nos effets – fut introduite une contribution (art. 3), composée de deux parts: une correspondant aux "charges d'urbanisation" (art. 5), l'autre proportionnelle au coût de construction (art. 6). On peut aisément comprendre que l'idée de base était de soustraire au privé la plus-value foncière et de libérer la Commune de la charge des oeuvres et des infrastructures nécessaires à la vie "urbaine".

Il faut examiner plus en détails les deux éléments qui composent la contribution pour la concession.

Les charges d'urbanisation se réfèrent aux oeuvres d'urbanisation définies par le législateur national et régional et sont quantifiées par catégories de bâtiments avec une décision du Conseil de la commune sur la base de coordonnées paramétriques qui, à leur tour, sont arrêtées par la Région par rapport à la densité et au développement de la population, aux caractères géographiques des communes, aux genres de zone d'urbanisme où le bâtiment va être construit et à la quantité et qualité des équipements qui sont prévus pour les différentes zones. De cette manière on a voulu éviter soit une négociation au cas par cas des charges d'urbanisme, soit l'élimination complète d'un choix de la part de la commune: l'approbation des charges d'urbanisme est une décision politique du Conseil de la commune, qui peut ainsi décider plusieurs aspects de la politique d'urbanisme qu'elle veut conduire, mais c'est une décision encadrée par une série de coordonnées approuvées par la Région. Depuis la loi de finances de 1994 chaque commune doit revoir et mettre à jour ses décisions sur les charges d'urbanisation tous les cinq ans.

Cette partie de la contribution a clairement comme fonction de faire participer un bâtiment particulier – ou peut, être mieux son constructeur, aux coûts que la construction entraîne pour la collectivité.

Mais la plus-value d'un bâtiment n'est pas liée qu'aux infrastructures publiques dont il est fourni. Généralement un bâtiment de luxe a une valeur majeure qu'une construction modeste et le législateur a pensé devoir diversifier les contributions d'urbanisme de ce point de vue aussi. Dans ce but, on a introduit une part de contribution qui est paramétrée au coût de construction: pour la délivrance de la concession il faut payer entre 5 et 20 pour-cent d'un coût conventionnel fixé périodiquement par la Région sur la base du coût de construction des logements construits par les établissements publics pour les constructions populaires.

La première part de la contribution doit être payée au moment de la délivrance de la concession, la seconde peut être payée pendant la réalisation de la construction, mais pas plus de 60 jours après la fin des travaux (art. 11). Les revenus correspondants ont une affectation bien stricte: ils ne peuvent être utilisés que pour la réalisation des équipements d'urbanisation, pour l'expropriation de terrains destinés à ces équipements, pour le renouveau des immeubles dans le centre historique des villes, pour le développement du patrimoine public (art. 12)

Il est – peut être intéressant d'ajouter qu'en réalité toutes les constructions ne doivent pas payer cette contribution, mais, en principe, seulement les constructions nouvelles. La législation depuis 1977 a distingué toute une série de cas où la concession n'est pas nécessaire et les travaux sont permis sur la base non d'une concession mais d'une autorisation: par exemple pour les petites oeuvres. En plus il y a des cas où la concession est gratuite (art. 9): par exemple dans les zones agricoles, pour les restaurations, pour les interventions sur les immeubles d'intérêt artistique ou historique, etc.

Dans l'ensemble on peut bien comprendre que ce système fait obtenir aux communes de consistants revenus. Quand la loi fut arrêtée, quelqu'un avait prévu que ces coûts auraient été trop lourds pour l'industrie de la construction. Il faut dire que, au fil des ans, l'industrie a appris à survivre avec ces coûts.

## 4. Autres voies de compensation et péréquation

Mais encore: non seulement l'industrie de la construction a appris à travailler avec ces coûts, mais, précisément sur la base du cadre juridique issu de la loi n. 10 de 1977, on a eu des développements qui sont caractéristiques de l'urbanisme en Italie aujourd'hui. Encore une fois il s'agit d'un mélange de prévisions qui ne se sont pas réalisées et de solutions qui sont nées progressivement.

Comme en 1942 avec la loi d'urbanisme cadre, en 1977 aussi le législateur avait prévu pour la commune un rôle très actif: chaque commune devait prédisposer et approuver un plan pluriannuel de mise en oeuvre du plan régulateur (art. 13) pour des périodes entre trois et cinq ans, en prévoyant les équipements, les travaux publics, les logements publics qui devaient être réalisés pendant cette période et il était établi que les concessions pour les constructions privées ne pouvaient être délivrées que si elles étaient prévues par ce plan. L'idée était que la réalisation des constructions privées et l'activité publique d'aménagement du territoire, maintenant soutenue et favorisée par le revenu des contributions de construction, devaient procéder parallèlement en se complétant l'une l'autre. Encore une fois l'attribution à la commune d'un rôle actif a échoué: les plans pluriannuels ont été approuvés mais rarement réalisés, la défense de délivrer des concessions non prévues par le plan a été éludée par des plans qui étaient presque exclusivement des listes de concession.

A la place de la réalisation des équipements par la commune, leur réalisation par les constructeurs privés "en déduction de la contribution de construction" a eu un gros succès. On a déjà parlé de quelque chose de semblable pour l'ancienne contribution d'amélioration: en 1977 on a eu deux changements. D'un côté la loi a introduit la possibilité pour le particulier de demander lui-même "de s'obliger à réaliser directement les oeuvres d'urbanisation avec les modalités et les garanties établies par la commune" (art. 11); de l'autre côté il est facile de comprendre que cette possibilité devint de plus en plus intéressante pour le propriétaire et le constructeur à cause de l'augmentation des montants à payer. En outre cette solution est également intéressante pour la commune: le constructeur est mieux équipé et pourvu que la commune pour ce genre de travaux. On a ainsi lancé des expériences qui ont eu des développements très intéressants.

Une deuxième voie dans la recherche d'un équilibre entre plus-values privées et coûts publics dérive de la technique même de planification, c'est-à-dire des systèmes et des solutions sur la base desquelles sont rédigés les plans. L'existence de profondes différences de valeur entre les différents terrains se base sur le fait que le plan assigne la possibilité de construire à certains terrains et la nie à d'autres: les premiers acquièrent une très grande valeur, les autres perdent toute valeur. De plus en plus de communes essaient d'éradiquer ce problème en assignant une certaine constructibilité "diffuse" ou "moyenne" – selon les différentes formules –

à tous les terrains d'une certaine zone: il sera du ressort des différents propriétaires intéressés de négocier entre eux les possibilités de construire reconnues à leurs terrains pour les utiliser. Il s'agit du système de planification qu'on appelle "péréquation", parce qu'il se base ou, mieux, a pour but de réaliser un certain équilibre entre tous les terrains.

D'un point de vue technique il existe différentes propositions pour organiser ce système. D'un point de vue juridique on est en train de discuter si ce système est ou non admis par la législation existante qui parle toujours, aujourd'hui comme en 1942, de la prévision par le plan régulateur de zones constructibles et de terrains destinés aux équipements publics (art. 7 de la l. 1942 n. 1150), mais il faut dire que la jurisprudence est de plus en plus orientée à admettre la légitimité de ces nouvelles solutions.

Il y a un élément commun à l'une et à l'autre voie de faire face aux problèmes des plus-values foncières: dans les deux cas la commune est de moins en moins un sujet qui intervient activement sur le marché foncier, c'est-à-dire un sujet qui achète, taxe, exproprie, construit. La commune quitte ces rôles, dans lesquels en Italie elle n'a jamais été très forte, en faveur d'un rôle de régulation. Sur la base des lois nationales et régionales, elle établit les conditions des activités de construction avec la localisation et l'attribution des possibilités de construire à travers le plan, avec le contrôle sur les projets de construction à travers la délivrance des concessions, avec le soin des intérêts publics à travers la détermination des types d'équipements et de leurs coûts. En d'autres termes elle établit le cadre du marché de la construction.

# PARA UMA REFORMA DO SISTEMA FINANCEIRO E FISCAL DO URBANISMO EM PORTUGAL*

*Prof. Doutor Manuel Porto*
(Faculdade de Dirieto da Universidade de Coimbra)

1. Havendo duas comunicações, uma anterior e a que se seguirá, sobre figuras mais directamente ligadas ao urbanismo, vou fazer uma abordagem mais alargada, considerando o financiamento municipal em geral. Trata-se de problema com grande actualidade, havendo sugestões repetidas no sentido de serem afastadas as principais receitas fiscais actuais, pelo menos como receitas próprias dos municípios.

2. A situação portuguesa, numa linha que vem de trás, é caracterizada por um lado por ser muito pequeno o relevo da participação autárquica nas despesas públicas totais e por outro por ser muito pequeno o relevo de receitas tributárias próprias no conjunto das suas receitas.

Olhando para as estatísticas, constata-se que, excluindo-se a segurança social, as despesas locais representavam em 1996 13,18% das despesas públicas, percentagem que de qualquer modo tem vindo a subir nos últimos anos (ver o quadro e figuras I)[1]. Na cobertura destas despesas, por seu turno, os impostos próprios representavam 23,38% em 1997, mais do que em 1986 (14,38%), mas tendo havido uma descida de relevo em relação ao final da década de oitenta (era de 27,7% em 1990). Têm também relevo assinalável "outras receitas próprias", com 20,1% em 1997, mas é muito

---

\* Testo elaborado pelo autor para o colóquio e revisto pelo mesmo para efeitos da sua publicação.

[1] Sendo sintomaticamente muito expressivo o relevo das despesas locais no investimento público total, com 38,21%, o que evidencia que há da sua parte uma muito maior propensão ou capacidade para "fazer obra" (ver Manuel Porto, *A Reforma Fiscal Portuguesa e a Tributação Local*, separata do número especial Boletim da Faculdade de Direito da Universidade de Coimbra *Estudos em Homenagem aò Prof. Doutor Eduardo Correia*, Coimbra, 1988, pp. 8-9). Mas trata-se de percentagem que tem vindo infelizmente a diminuir, tendo sido por exemplo de 45,45% em 1986 e de 57,04% em 1989.

158    *O Sistema Financeiro e Fiscal do Urbanismo*

claro o relevo sempre predominante das transferências, 48,27% no mesmo ano (tendo representando mais na década anterior, 56,26% em 1987: ver o quadro e a figura II).

3. Trata-se de situação sem paralelo nos demais países da União Europeia e da OCDE, com inconvenientes que valerá a pena referir. A descentralização é um factor de maior desenvolvimento, havendo uma correlação clara entre estas duas circunstâncias (o único indicador fiável do grau de descentralização são as despesas feitac a nível local, não as atribuições referidas na lei); e a existência de receitas fiscais próprias constitui factor de responsabilização e estímulo, com os cidadãos a sentirem-se mais empenhados nas realizações que lhes estão mais próximas, v.g. com uma desejável exigência aos responsáveis autárquicos (*accountability*), na linha para que aponta o n. 2 do art. 254.° da Constituição da República Portuguesa.

4. É nesta linha de preocupação que se justificam em grande medida as actuais receitas municipais, com ligação às áreas municipais e com uma apreciável contrapartida, na linha do princípio do benefício (no caso da derrama, tratar-se-á de uma compensação pelos encargos e pela poluição causados).

Assim acontece com a contribuição autárquica, proporcionando 34,5% das receitas fiscais em 1997, com as derramas, proporcionando 18,90%, ou ainda com o imposto de circulação automóvel, proporcionando 6,18% (é diferente o juízo a fazer acerca da sisa, que constitui o imposto mais reditício, com 37,14% do total) (quadro e figuras III).

Não se trata obviamente de impostos suficientes[2], tendo além disso a contribuição autárquica o inconveniente de ter uma baixa elasticidade--rendimento: não podendo dispensar-se a participação nos impostos estaduais, designadamente nos impostos directos, nos termos do n.° 1 art. 254.° da  onstituição.

Mas constituem de um modo geral receitas adequadas, na linha do que acontece aliás nos demais países, e não é fácil ou possível encontrar alternativas mais favoráveis[3].

---

[2] Nunca poderão sê-lo para autarquias mais pobres, sem actividade produtiva e outras bases tributáveis capazes de proporcionar as receitas necessárias; não podendo pois deixar de haver uma perequação dos fundos nacionais.

[3] Ver designadamente o relatório feito para o nosso país por peritos do FMI e da OCDE quando da última reforma fiscal (M. Casanegra de Jantscher, Mário Teijeiro e Alfred Dalton, *Reform of Income Taxation in Portugal*, Fiscal Affairs Department, FMI, Washington, 1985 e David King, *Tax Reform and Local Government Finance in Portugal*, Stirling, para a OCDE, 1986).

Para uma reforma do sistema financeiro e fiscal...     159

5. O que não pode admitir-se em caso algum é que a tributação, estadual ou autárquica, deixe de ser de acordo com categorias económicas. Assim tem de acontecer tratando-se de uma tributação de acordo com a capacidade de pagar, mas não pode deixar de acontecer igualmente tratando-se de uma tributação na lógica do benefício. Este é determinado pela utilidade das coisas, v.g. pela utilidade de um prédio, de modo algum por um critério de base territorial, que pode não ter nada ou ter pouco a ver com o valor do benefício proporcionado.

Acresce que a necessidade de se saber o valor *económico* dos prédios não se circunscreve à actual contribuição autárquica, será indispensável no caso de haver um imposto sobre o património, tal como continua a ser anunciado. Trata-se de imposto que – com especial acuidade – só pode ter sentido na lógica do princípio da capacidade de pagar, sendo além disso inadmissível que parte do património fosse tido em conta pelo seu valor económico e a outra por um índice "de base territorial". Ou então, na mesma linha, que títulos, jóias ou quadros fossem considerados, não de acordo com o seu valor, mas sim consoante o seu peso ou o seu tamanho...

Aliás, mesmo agora as avaliações prediais são necessárias também para outros propósitos, fiscais e não fiscais. Assim acontece com a aplicação do imposto sobre sucessões e doações, da sisa (eventualmente do IVA, quando acabar a sisa) e do IRS e do IRC, no apuramento das mais-valias; bem como para propósitos não fiscais, desde a intervenção urbanística à concessão de garantias bancárias. E em todos estes casos não tem sentido um critério "objectivo" de "base territorial": pela natureza das coisas não pode deixar de ser considerado o valor económico (de mercado) dos prédios visados.

Relevando pois o conhecimento dos valores dos prédios também para outros efeitos, tudo tem de ser feito para que rapidamente sejam actualizados sendo de sugerir ainda uma actualização automática, de imediato, como a que foi feita pela Lei do Orçamento n. 39/B-94, para as colectas de 1995[4].

6. Para além das cautelas e das medidas a tomar a este propósito tem de ser ponderada a circunstância, referida há pouco, de deixar de haver um imposto específico sobre os prédios, integrando-se esta tributação numa tributação geral do património.

---

[4] Tendo os prédios com valores de matriz anteriores a 1988 tido um factor de actualização de 1,3, os de 1989 e 1990 de 1,2, os de 1991 de 1,15, os de 1992 de 1,10 e os d 1993 de 1,05; e tendo as taxas da contribuição urbana baixado de 1,1 para 0,8 a 1%.

160     *O Sistema Financeiro e Fiscal do Urbanismo*

Poderá perder-se assim um imposto particularmente adequado como imposto local, tal como se reconhece na generalidade dos países da OCDE. Com especiais implicações no plano urbanístico, sendo as propriedades bens escassos e com uma função social e económica a desempenhar, a sua tributação deve constituir uma motivação, por pequena que seja, no sentido da sua utilização (pelos próprios proprietários ou cedendo-as a outrem); deixando de ser indiferente manter por exemplo um prédio desabitado ou um terreno por utilizar (ainda que, tendo de ter-se em conta outros interesses a atender, a tributação deva representar um encargo relativamente leve)[5].

Com um relevo reditício muito grande, mesmo maior, como vimos há pouco, temos a sisa, cuja extinção está todavia sempre anunciada. Trata-se neste caso de facto de um mau imposto, limitando a actividade negocial, ou levando à não legalização de transacções, com prejuízos para a segurança jurídica dos cidadãos.

Vindo todavia a ser substituída pelo IVA, além da desigualdade que poderá criar-se entre as vendas de prédios antigos e novos, sendo tributadas apenas estas (com consequências muito negativas para a indústria da construção), deixará de se tratar de uma receita autárquica. Sendo a sisa substituída por um direito de registo ou sobre os actos notariais de transmissão, tal como acontece em vários países, estamos apenas face a uma operação de 'cosmética', devendo esperar-se de qualquer forma que tal direito constitua receita dos municípios.

Numa última nota será de dizer ainda que a sisa ou uma figura equiparada é um imposto muito desequilibrado espacialmente, favorecendo os municípios já mais ricos, com uma dinâmica maior de construção e venda de imóveis.

Por fim, será de referir que o imposto sobre os veículos tem uma lógica limitada de benefício, podendo a residência do proprietário de um veículo não ser no município onde ele é usado em maior medida, ou seja, onde é feita uma utilização maior das infraestruturas (ou ainda onde em maior medida são provocados o congestionamento e a poluição).

Esta utilização e estes danos estão já ligados ao gasto de carburantes, tendo por isso uma relação mais estreita com a tributação que recai sobre eles. Não poderá todavia sugerir-se que sejam apenas receita autárquica, dado o seu montante; acrescendo que também o abastecimento de com-

---

[5] Sobre as razões históricas e actuais desta solução ver Manuel Porto, *A Tributação Predial: Experiências e Perspectivas*, em *Ciência e Técnica Fiscal*, n.º 393, Janeiro-Março, Lisboa, 1999, pp. 7-39.

*Para uma reforma do sistema financeiro e fiscal...*

bustíveis pode não estar rigorosamente ligado ao espaço onde são utilizadas as infraestruturas, congestionado o tráfego ou poluído o ar.

7. Tendo as figuras tributárias ligadas ao urbanismo em grande medida finalidades extra-fiscais, não será sua função pelo menos principal proporcionarem um grande volume de receitas. Está por isso em aberto um desafio difícil, numa área de grande importância para o fortalecimento do poder local em Portugal.

ANEXOS

# QUADRO I

**DESPESAS LOCAIS - Un.: milhões de contos**

| | Despesa local | Despesa pública total | Investimento local | Investimento público total | Despesa corrente local | Total da despesa pública corrente |
|---|---|---|---|---|---|---|
| **1986** | 131,1 | 1.529,9 | 49,6 | 109,2 | 74,5 | 1.350,0 |
| **1987** | 168,1 | 1.673,2 | 64,7 | 132,5 | 92,0 | 1.452,0 |
| **1988** | 215,7 | 1.942,8 | 88,3 | 170,7 | 112,3 | 1.650,0 |
| **1989** | 298,7 | 2.363,5 | 122,1 | 214,1 | 156,5 | 2.022,0 |
| **1990** | 349,2 | 2.913,9 | 131,8 | 327,1 | 192,8 | 2.452,0 |
| **1991** | 445,5 | 3.635,5 | 174,4 | 382,7 | 237,1 | 3.037,0 |
| **1992** | 533,1 | 4.423,4 | 206,1 | 513,5 | 276,4 | 3.680,0 |
| **1993** | 583,4 | 4.710,1 | 236,7 | 554,2 | 303,2 | 3.861,0 |
| **1994** | 570,7 | 4.656,5 | 199,3 | 544,4 | 321,2 | 3.953,0 |
| **1995** | 609,3 | 5.082,1 | 203,4 | 640,2 | 349,0 | 4.232,0 |
| **1996** | 702,9 | 5.332,4 | 254,5 | 666,0 | 380,0 | 4.424,0 |

**PERCENTAGEM DAS DESPESAS LOCAIS**

| | Despesa local / Despesa pública total | Investimento local / Investimento público total | Despesa corrente local / Total da despesa pública corrente |
|---|---|---|---|
| **1986** | 8,57% | 45,42% | 5,52% |
| **1987** | 10,05% | 48,83% | 6,34% |
| **1988** | 11,10% | 51,73% | 6,81% |
| **1989** | 12,64% | 57,03% | 7,74% |
| **1990** | 11,98% | 40,29% | 7,86% |
| **1991** | 12,25% | 45,57% | 7,81% |
| **1992** | 12,05% | 40,14% | 7,51% |
| **1993** | 12,39% | 42,71% | 7,85% |
| **1994** | 12,26% | 36,61% | 8,13% |
| **1995** | 11,99% | 31,77% | 8,25% |
| **1996** | 13,18% | 38,21% | 8,59% |

166  *O Sistema Financeiro e Fiscal do Urbanismo*

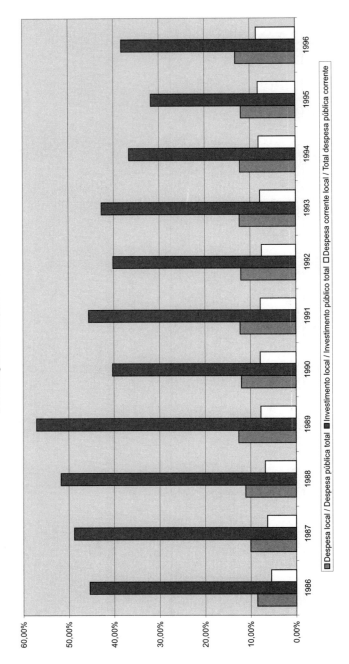

FIGURA I.A

Percentagem das despesas locais *

# Figura I.B

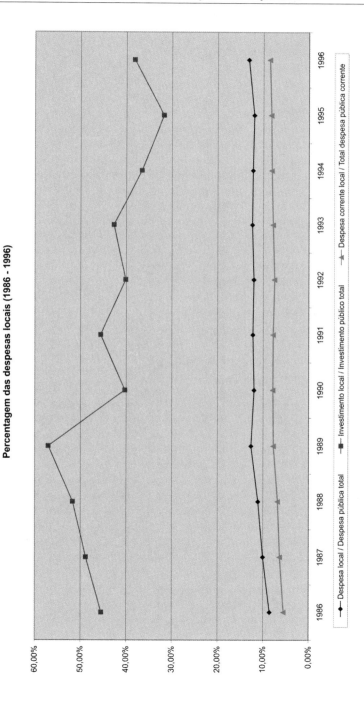

# QUADRA II

**DIFERENTES FONTES DE FINANCIAMENTO LOCAL - UN.: 10³escudos**

| | 1986 | 1987 | 1988 | 1989 | 1990 | 1991 | 1992 | 1993 | 1994 | 1995 | 1996 | 1997 |
|---|---|---|---|---|---|---|---|---|---|---|---|---|
| Impostos | 19.290.220 | 41.865.521 | 61.017.108 | 74.314.319 | 94.270.879 | 105.719.485 | 125.236.679 | 132.854.948 | 139.844.027 | 162.780.714 | 177.421.147 | 195.149.348 |
| Tranferências | 84.440.360 | 101.038.948 | 108.480.749 | 142.177.712 | 170.958.853 | 234.354.301 | 270.226.023 | 288.750.263 | 278.671.902 | 296.752.483 | 351.133.543 | 402.817.911 |
| Empréstimos | 4.833.064 | 5.199.596 | 9.190.061 | 16.015.767 | 18.563.450 | 23.700.245 | 30.336.623 | 38.771.547 | 43.261.677 | 29.367.903 | 35.723.848 | 68.740.945 |
| Outras receitas próprias | 25.595.045 | 31.490.915 | 41.663.417 | 54.947.215 | 64.515.109 | 84.568.361 | 110.377.613 | 110.311.220 | 115.102.171 | 133.228.065 | 141.316.557 | 167.875.924 |
| TOTAL | 134.158.689 | 179.594.980 | 220.351.335 | 287.455.013 | 348.308.291 | 448.342.392 | 536.176.938 | 570.687.978 | 576.879.777 | 622.129.165 | 705.595.095 | 834.584.128 |

**PERCENTAGEM DAS DIFERENTES FONTES DE FINANCIAMENTO LOCAL**

| | 1986 | 1987 | 1988 | 1989 | 1990 | 1991 | 1992 | 1993 | 1994 | 1995 | 1996 | 1997 |
|---|---|---|---|---|---|---|---|---|---|---|---|---|
| Impostos | 14,38% | 23,31% | 27,69% | 25,85% | 27,07% | 23,58% | 23,36% | 23,28% | 24,24% | 26,17% | 25,14% | 23,38% |
| Tranferências | 62,94% | 56,26% | 49,23% | 49,46% | 49,08% | 52,27% | 50,40% | 50,60% | 48,31% | 47,70% | 49,76% | 48,27% |
| Empréstimos | 3,60% | 2,90% | 4,17% | 5,57% | 5,33% | 5,29% | 5,66% | 6,79% | 7,50% | 4,72% | 5,06% | 8,24% |
| Outras receitas próprias | 19,08% | 17,53% | 18,91% | 19,12% | 18,52% | 18,86% | 20,59% | 19,33% | 19,95% | 21,41% | 20,03% | 20,11% |
| TOTAL | 100,00% | 100,00% | 100,00% | 100,00% | 100,00% | 100,00% | 100,00% | 100,00% | 100,00% | 100,00% | 100,00% | 100,00% |

*Para uma reforma do sistema financeiro e fiscal...* 169

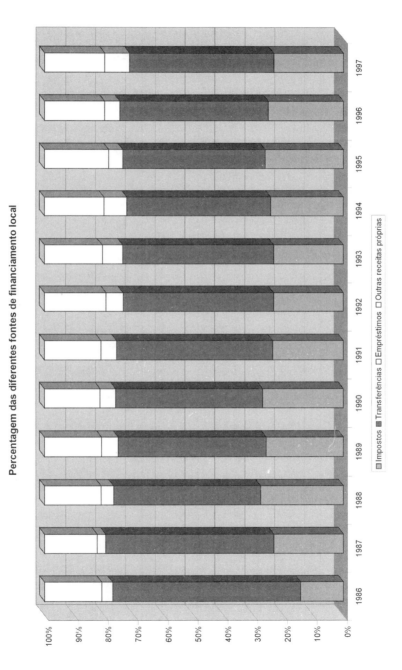

FIGURA II

Percentagem das diferentes fontes de financiamento local

# QUADRA III

## RECEITAS FISCAIS LOCAIS - Un.: 10³ escudos

| | 1989 | 1990 | 1991 | 1992 | 1993 | 1994 | 1995 | 1996 | 1997 |
|---|---|---|---|---|---|---|---|---|---|
| Contribuição autárquica | 22.415.698 | 26.699.649 | 33.703.974 | 38.796.339 | 44.329.122 | 49.515.879 | 62.156.948 | 63.462.591 | 67.410.264 |
| Imp. s/ veículos | 3.560.086 | 4.406.132 | 4.718.097 | 7.499.156 | 8.992.764 | 8.188.939 | 10.805.861 | 11.304.094 | 12.069.454 |
| Imp. de turismo / IVA turismo | 2.885.156 | 5.403.093 | 4.867.164 | 5.273.906 | 5.437.475 | 5.817.927 | 6.041.784 | 6.217.097 | 6.173.858 |
| Imp. mais-valias | 3.511.421 | 2.053.372 | 1.342.054 | 909.973 | 616.802 | 225.133 | 191.607 | 123.552 | 99.589 |
| Sisa | 30.735.869 | 38.858.622 | 41.275.841 | 49.507.836 | 49.918.705 | 54.554.765 | 58.396.846 | 62.459.098 | 72.481.406 |
| Derrama | 11.043.172 | 16.775.998 | 19.787.830 | 23.207.106 | 23.514.516 | 21.535.649 | 25.144.450 | 33.803.049 | 36.877.529 |
| Outros impostos directos | 162.917 | 74.013 | 24.525 | 42.363 | 45.564 | 5.735 | 43.218 | 51.666 | 37.248 |
| TOTAL | 74.314.319 | 94.270.879 | 105.719.485 | 125.236.679 | 132.854.948 | 139.844.027 | 162.780.714 | 177.421.147 | 195.149.348 |

## PERCENTAGEM DAS RECEITAS FISCAIS LOCAIS

| | 1989 | 1990 | 1991 | 1992 | 1993 | 1994 | 1995 | 1996 | 1997 |
|---|---|---|---|---|---|---|---|---|---|
| Contribuição autárquica | 30,16% | 28,32% | 31,88% | 30,98% | 33,37% | 35,41% | 38,18% | 35,77% | 34,54% |
| Imp. s/ veículos | 4,79% | 4,67% | 4,46% | 5,99% | 6,77% | 5,86% | 6,64% | 6,37% | 6,18% |
| Imp. de turismo / IVA turismo | 3,88% | 5,73% | 4,60% | 4,21% | 4,09% | 4,16% | 3,71% | 3,50% | 3,16% |
| Imp. mais-valias | 4,73% | 2,18% | 1,27% | 0,73% | 0,46% | 0,16% | 0,12% | 0,07% | 0,05% |
| Sisa | 41,36% | 41,22% | 39,04% | 39,53% | 37,57% | 39,01% | 35,87% | 35,20% | 37,14% |
| Derrama | 14,86% | 17,80% | 18,72% | 18,53% | 17,70% | 15,40% | 15,45% | 19,05% | 18,90% |
| Outros impostos directos | 0,22% | 0,08% | 0,02% | 0,03% | 0,03% | 0,00% | 0,03% | 0,03% | 0,02% |
| TOTAL | 100,00% | 100,00% | 100,00% | 100,00% | 100,00% | 100,00% | 100,00% | 100,00% | 100,00% |

## Figura III.A

**Receitas fiscais locais: 1997 (%)**

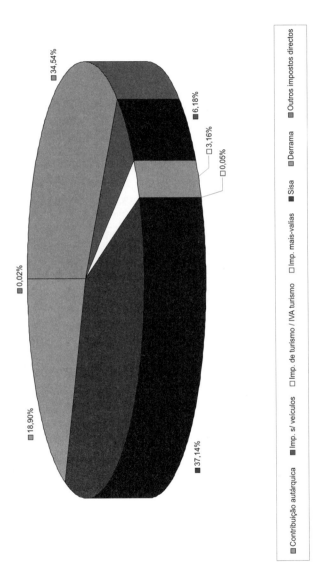

# Figura III.B

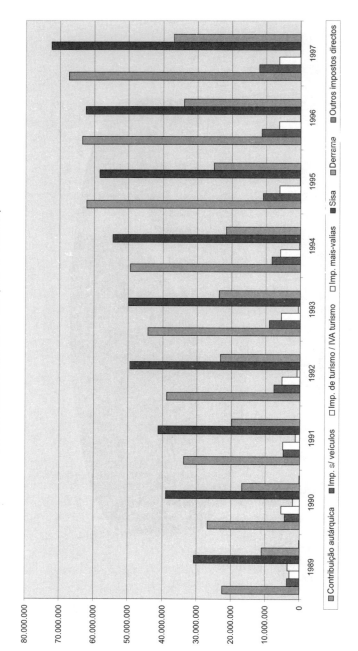

*Para uma reforma do sistema financeiro e fiscal...* 173

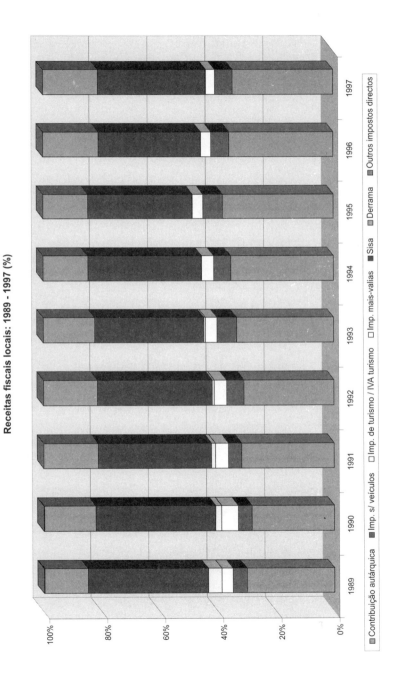

FIGURA III.C

# PARA UMA REFORMA DO SISTEMA FINANCEIRO E FISCAL DO URBANISMO EM PORTUGAL*

*Cons. Benjamim Silva Rodrigues*
(Juiz Conselheiro da Secção de Contencioso
Tributário do Supremo Tribunal Administrativo
e Vice-Presidente do mesmo Tribunal)

## 1. O estado da questão

Em Portugal não é possível falar propriamente da existência de um sistema fiscal e financeiro do urbanismo na acepção de um sistema harmónico de tributos – impostos, contribuições especiais e taxas – que tratem de forma integrada as diversificadas erupções económicas em que aquele fenónemo económico-social se exterioriza[1].

O que existe é um conjunto policromático ou substancialmente atípico e desconexo de vários tributos que atingem as mais multiformes utilidades ou bens económicos em que assenta e desenvolve a vida da *civitas*, uns de expressão nacional (contribuição autárquica), e outros – a sua maior e mais significativa parte – de âmbito simplesmente local (uma multiplicidade de taxas).

Infelizmente a nossa doutrina, a nosso ver, não tem dispensado à temática o tratamento que a defesa da *salus publica suprema lex* reclamaria, até porque existe hoje o sentimento comum, que não deixa de ser um barómetro do estado de saúde do Estado de Direito, de que esse domínio anda um pouco afastado da ética de responsabilidade e da justiça que são valores fundamentais do ideário jurídico-político do nosso Estado (arts. 1.° e 2.° da CRP).

---

\* Texto elaborado pelo autor para o colóquio e revisto pelo mesmo para efeitos da sua publicação.

[1] O contrário se passa em França, como nos dá conta F. Boysson, *La Fiscalité de l'urbanisme en droit français*, Paris, P.V.F.L.S.D.Y., 1972, págs. 415 e o próprio Conseil des Impots Français, no seu relatório de 1992, sob o tema «A fiscalité imobiliaire urbaine 1992/93 – Taxes d'urbanisme.

176     *O Sistema Financeiro e Fiscal do Urbanismo*

Por imprescindível economia do tempo que nos foi dispensado, quedar-nos-emos, hoje, apenas pela análise dos tributos que contendem com o fazer, refazer, ordenar e viver a cidade dentro do figurino legal adoptado para a ocupação e gestão do território, esquecendo aquelas imposições tributárias que têm uma função essencialmente financeira de arrecadação de receitas para acudir aos gastos gerais do Estado – os ditos impostos clássicos (cingindo-nos ao nosso país, como, a cont. industrial, imposto complementar, imposto profissional, contribuição predial, sisa e imposto sucessório e, mais recentemente, o IRS e o IRC).

## 2. As dinâmicas administrativa e tributária do processo do urbanismo e do seu objecto

A criação e desenvolvimento da cidade não é hoje um fenómeno social desordenado.

Embora sendo um fenómeno físico-social que é marcado essencialmente pelo cunho dos específicos interesses locais, mormente através do seu típico elemento humano, e, em Portugal, a tarefa do desenvolvimento do processo urbanístico caber essencialmente às autarquias locais, de acordo, aliás, com o princípio da autonomia das autarquias locais e da descentralização administrativa, que se encontram consagrados nos arts. 6.º n.º 1, 235.º e 237.º da Constituição da República Portuguesa, não deixa essa manifestação, como vem sendo sucessivamente sublinhado, de estar também sujeita à actuação concorrente dos órgãos de Governo do Estado, seja esta traduzida essencialmente na criação dos instrumentos jurídicos de gestão territorial ( a tarefa de conformação normativa[2]), seja sob a forma do controlo de legalidade sobre a actividade na matéria das autarquias, seja, finalmente e também, através de uma actividade directa de imediata pacificação administrativa das necessidades gerais, estaduais ou nacionais.

Trata-se de uma tarefa que, de resto, lhe está também constitucionalmente cometida nas alíneas *d*) e *e*) do art. 9.º, 65.º n.º 2 al. *a*) e n.º 4 e 66.º n.º 2 als. *b*) e *c*) da CRP.

Sintetizando e para abreviar, dentro da economia do tema, basta-nos lembrar aqui as palavras de Fernando Alves Correia de que este domínio da promoção habitacional, urbanismo e gestão do ambiente é um campo aberto á intervenção concorrente das autarquias e do Estado no qual existe um «condomínio de atribuições».

---

[2] Fernando Alves Correia, *O Plano Urbanístico e o Princípio da Igualdade, 1989, págs. 165.*

A criação da cidade é hoje uma resultante normativa da conjugação e da compatibilização de diferentes e diversificadas necessidades de planeamento, umas de âmbito territorial simplesmente local, outras de extensão regional e outras ainda de expressão nacional, centradas umas mais no interesse da edificação e exigências conexas, como as comunicações, os transportes, a educação, a saúde, a cultura, o turismo, etc., outras preocupadas mais com a defesa do equilíbrio ambiental.

São essas necessidades que justificam a elaboração dos diferentes planos de ordenamento do território, previstos na lei, articulando-se entre si segundo a regra da compatibilidade [3].

---

[3] O processo urbanístico está estruturado, actualmente, entre nós, em torno da Lei n.º 48/98, de 11 de Agosto, a qual enuncia «os grandes princípios ou as linhas de força estruturais da regulamentação jurídica do ordenamento do território e do urbanismo e contém o quadro orientador de um conjunto de legislação complementar».

Entre esta sobressai, agora, o DL n.º 380/99, de 22/9, o qual veio redefinir o regime jurídico dos diversos instrumentos de gestão territorial, tendo em conta a coordenação entre todos os níveis de gestão territorial.

Por outro lado procedeu à definição do regime geral de uso do solo e da elaboração, aprovação, execução e avaliação dos instrumentos de gestão territorial e, finalmente, estabeleceu os instrumentos operacionais necessários à programação da execução dos planos e mecanismos de compensação dos benefícios e encargos entre os proprietários afectados (Cf. Manuel Costa Lobo, *A Renovação da Gestão Urbanística*, Revista da Arquitectura e Vida, Setembro 2000, págs. 38 e segs).

Olhando da base para a cúpula dos instrumentos de planeamento territorial, e seguindo até a sua maior eficácia territorial, temos, ao nível local, os planos directores municipais, os planos de urbanização e os planos de pormenor (Os primeiros estabelecem, com base na estratégia de desenvolvimento local, a «estrutura espacial, a classificação básica do solo (entre solo rural e solo urbano), bem como os parâmetros de ocupação, considerando a implementação dos equipamentos sociais...»; os segundos desenvolvem em especial a qualificação do solo urbano e os últimos definem com detalhe o uso de qualquer área delimitada do território municipal (art. 9.º da referida Lei n.º 48/98).

Mas estes planos municipais do ordenamento do território, que consubstanciam as opções urbanísticas específicas que a Constituição reconhece às Autarquias locais dentro do princípio da autonomia na sua vertente de liberdade de autonormação política em matéria de urbanismo, não podem deixar de se compatibilizar, por mor do princípio da conformidade, com os planos regionais de ordenamento de território (regulados no DL n. 176-A788, de 18 de Maio, sucessivamente alterado pelos DLs. n.ºs 367/90, de 26/11, 29/94, de 12/10 e 309/95, de 20/11), com os planos intermunicipais que os municípios entendam facultativamente estabelecer em vista de uma articulação estratégica demandada pela interdependência de soluções urbanísticas, ou dito de outro modo, pela exigência de satisfação de certas necessidades conjuntamente sentidas ou interdependentes.

Como não podem deixar de atender, seguindo a regra da conformidade, ao disposto nos planos especiais de ordenamento do território (disciplinados pelo DL n.º 151/95, de 24/7,

178     *O Sistema Financeiro e Fiscal do Urbanismo*

Pois bem, a pacificação dessas diversificadas necessidades que os diferentes planos de ordenamento do território identificam compete, de acordo com as atribuições legalmente definidas, a diferentes pessoas colectivas, essencialmente de base territorial – o Estado, as Regiões Autónomas, as autarquias locais e, eventualmente, outras pessoas autónomas de base não territorial. Essa pacificação só poderá ser feita mediante a utilização de bens. Só que estes não estão na livre disposição das pessoas e a sua aquisição obriga à utilização de meios financeiros que, por seu lado, também têm de ser conseguidos de acordo com o previsto na lei.

Ora, estes meios de financiamento são, em regra, os impostos (incluindo os designados por contribuições ou impostos especiais, *maxime*, as contribuições por maiores despesas e as contribuições de melhoria), taxas e as receitas patrimoniais.

Ora, o que acontece, no panorama actual, é que não existe qualquer sistema fiscal e financeiro que esteja funcionalizado, especialmente, para a elaboração e realização concreta dos diversos planos cuja elaboração é possível à face da lei.

---

alterado pela Lei n.º 5/96, de 29/2), que são «os planos de áreas protegidas (disciplinados pelo DL n.º 19/93, alterado pelo Dl n.º 217/97, de 16/8, parcialmente revogado pelo DL n.º 151/95, de 24/6), os planos de ordenamento de albufeiras de águas públicas (regulados pelo DL 45/94, de 22/2) e os planos de ordenamento da orla costeira (regulados pelo DL n.º 309/93, de 2/9, alterado pelo DL n.º 218/94, de 20/8 e parcialmente revogado pelo DL n.º 151/95, de 24/6)», planos estes que traduzem um compromisso recíproco de compatibilização com o programa nacional da política de ordenamento do território e os planos regionais de ordenamento do território».

E, como também não pode deixar de ser, ainda por força do falado princípio da compatibilidade, todos os referidos planos não podem deixar de atender à disciplina jurídica especificamente consignada para certos tipos de solos.

Referimo-nos agora às normas que regulam a *Reserva Agrícola Nacional* (RAN) constantes do DL n.º 196/89, de 14/6, alterado pelos DLs. n.º 274/92, de 12/12 e 278/95, de 25/10; a *Reserva Ecológica Nacional*(REN) disciplinada no DL n.º 93/90, de 13/10, alterado sucessivamente pelos DLs. n.ºs 316/90, de 13/10, 213/92, de 12/10 e 79/95, de 20/4; a *Rede Nacional de Áreas Protegidas* constante do DL n.º 19/93, de 23/1, alterado pelo DL n.º 213/97, de 16/8 e revogado em parte pelo DL n.º 151/95, de 24/6; às disposições legais que regulam a ocupação, uso e transformação do solo na faixa costeira (DL n.º 302/90, de 26/9, dando execução, aliás, à Carta Europeia do Litoral); ao regime jurídico das áreas florestais (com relevo para o disposto na Lei n.º 33/96, de 17/8 – Lei de Bases da Política Florestal – o DL n.º 139/88, de 22/4, 327/90, de 22710, 54/91, de 8/8 e 34/99, de 5/2 (ordenamento de áreas queimadas ou ardidas), o DL n.º 139/89, de 28/4 (protecção do relevo natural) e o regime jurídico das servidões administrativas e outras restrições de utilidade pública constante da mais diversa legislação.

*Para uma Reforma do Sist. Financ. e Fiscal do Urbanismo em Portugal*   179

Mas deixando de parte a questão do financiamento das despesas induzidas pela elaboração dos planos de âmbito nacional ou até pelos planos regionais, por ser evidente que, dada a natureza e âmbito territorial dos seus projectos, essas despesas tenderão essencialmente a ser suportadas por impostos – o que não quer dizer que em alguns casos isso possa ser levado a cabo com o lançamento de taxas (veja-se o caso mais recente da Ponte Vasco da Gama), centremo-nos no âmbito dos planos locais, dado estes serem os instrumentos privilegiados da execução do projecto urbano.

E nestes há, desde logo, que notar que o lançamento de grandes obras intermunicipais, como o abastecimento de água, o tratamento de esgotos, as comunicações viárias, ainda que feitas sob a forma empresarial[4], são susceptíveis de levantar questões específicas no tocante à utilização de algumas receitas tributárias, como são as taxas, por a grande e maciça generalização dos bens afrouxar ou até abolir a relação concreta do preciso utilizador com os serviços que é própria deste tipo tributário e, por outro lado, por esses serviços serem também prestados, muitas vezes, em proporções diferentes, não só por diversas entidades públicas, como inclusive por sociedades por elas constituídas.

A nosso ver, não é razoável, face às correctas técnicas de gestão pública, que os planos directores municipais e os planos intermunicipais, na medida em que sejam financiados com taxas a cobrar dos contribuintes, não contenham a demonstração financeira dos custos das infra-estruturas urbanísticas cuja execução e conservação contemplam como sendo da responsabilidade dos munícipes ou cuja maior fatia lhes caiba e quais os previsíveis meios de investimento da parte restante.

Além do mais, tais instrumentos dariam aos munícipes a informação necessária para poderem ajuizar da consistência financeira do investimento e propiciar-lhes-iam a oportunidade para poderem fazer, no momento próprio, um correcto julgamento da actividade administrativa, no caso desta se fundar numa base electiva.

### 3. O obecto do sistema fiscal e financeiro do urbanismo

Ao falar-se actualmente do sistema fiscal e financeiro do urbanismo tem-se em vista principalmente toda aquela espécie de tributos que são cobrados pelas autarquias, *maxime* pelos municípios que são das pessoas colec-

---

[4] A constituição de empresas públicas para prestarem esses serviços esbate, devido à sua pessoalização, as questões aqui apenas equacionadas.

180      *O Sistema Financeiro e Fiscal do Urbanismo*

tivas territoriais o seu rosto mais aparente, para satisfazer as mais diversas necessidades públicas pelo fazer (refazer), conservar e viver a cidade, em função, *maxime*, dos objectivos definidos no plano director municipal.

A autonomia conferida pela Constituição às autarquias locais com vista à auto-regulação dos interesses próprios das populações locais e endogenamente conexionados com a sua área territorial, através dos seus órgãos representativos eleitos, postula logicamente que esses entes territoriais gozem também de autonomia financeira, ou seja, que possam dispor e predestinar, com alguma margem de liberdade, de meios de financiamento legalmente obtidos pelo modo que melhor entendam satisfazer as necessidades públicas cujo apaziguamento cabe nas suas atribuições[5-6].

Por isso a Constituição lhes reconhece o direito fundamental a um património e finanças próprias (art. 238.° n.° 1 da CRP).

Mas a frugalidade conformativo-constitucional não foi tão longe como o reconhecimento da autonomia consubstanciada na atribuição do direito a património e finanças próprias poderiam sugerir, tendo-lhes negado a atribuição de um poder tributário próprio originário ou de livre perspectivação dos seus meios financeiros para fazerem face às despesas tidas por necessárias á realização cabal das duas atribuições[7].

O poder tributário local há-se derivar sempre de uma lei infra-constitucional pré-existente que lhe definirá os seus limites (art. 238.° n.° 4 da CRP).

Sob este aspecto, o que a Lei Fundamental se limita a afirmar é que «as receitas próprias das autarquias incluem obrigatoriamente as provenientes da gestão do seu património e as cobradas pela utilização dos seus serviços».

E o art. 16.° da Lei n.° 42/98, de 6/8 identifica quais são as receitas que os municípios podem perceber para além das transferências financeiras que são reguladas nos arts. 10.° e segs., sendo de notar, todavia, que não lhes tenha fixado prévios limites quanto à margem de liberdade normativo--constitutiva no que concerne à definição da sua expressão quantitativa.

Se bem examinarmos este preceito, mas principalmente o art. 19.°, constatamos que a maior parte das receitas próprias dos municípios advêm de factos conexionados com o fenómeno do fazer, refazer e viver a cidade.

---

[5] De fora ficarão os encargos cuja satisfação a lei entenda que devem ser prévia e sempre assegurados, sob pena de poder distorcer a igualdade entre elas quanto a tais matérias.

[6] Cf. José Casalta Nabais, *A Autonomia Local*, in *Estudos em Homenagem do Professor Doutor Afonso Rodrigues Queiró*, II, *Boletim da Faculdade de Direito, Coimbra, 1993, págs., 170 e segs.*

[7] Uma tal posição parece assentar em velhos receios e tabus de um mau uso de um poder tão opressivo dos cidadãos...

Para uma Reforma do Sist. Financ. e Fiscal do Urbanismo em Portugal 181

É o que se passa, prevalentemente, com a contribuição autárquica [al. *a*)], o produto de taxas por licenças concedidas pelo município [al.*c*)], o produto da cobrança de taxas, tarifas e preços pela prestação de serviços pelo município [al. *d*)] e o produto da cobrança de encargos de mais valias destinados por lei ao município.

Por seu lado, constatamos que entre as 16 diferentes alíneas que o art. 19.° inclui como abrangendo situações em que os municípios podem cobrar taxas, apenas 7 não contendem directamente com factos tributários que são induzidos por aquela causa económica.

Aliás, é ponto abertamente confessado pelo legislador do DL n.° 98/84 que as taxas devem assumir-se como o modo de se conseguir o máximo de receitas próprias das autarquias e que as tarifas pela prestação dos diversos serviços na área da saúde e da higiene «não devem ser inferiores aos custos com os serviços, nestes se englobando, necessariamente, os montantes para reequipamento e reenvestimento do serviço municipal prestador da actividade» (palavras do proémio do diploma).

No momento actual, tem-se por incontestável que as autarquias vão buscar a maior parte dos meios de financiamento dos seus gastos gerais, excluída a recebida do OGE a título da participação nos impostos arrecadados pelo Estado, às taxas que cobram.

## 4. As implicações jurídicas do recurso à taxa como receita pública

Mas a utilização das taxas levanta sérias questões, tendo os tribunais fiscais sido chamados frequentemente a dirimi-las, dizendo estas respeito, essencialmente, em saber se, escondida por detrás do *nomen* da taxa não está um imposto pela falta de qualquer dos seus elementos essenciais, *principaliter*, a inexistência de um direito a uma fruição individualizada de um bem semi-público que seja facultado pela autoridade pública.

Quer na doutrina quer na jurisprudência nacionais não deixa de existir uma grande unanimidade em torno dos elementos essenciais das taxas, podendo considerar-se que todos aceitam que estas se traduzem numa prestação pecuniária, de carácter não sancionatório, unilateralmente definida pelo titular do poder tributário, que são devidas pela utilização individualizada ou por um serviço público prestado no âmbito de uma actividade pública, ou pelo uso de bens públicos ou, finalmente, pela remoção de um obstáculo jurídico à utilização de um serviço ou bem públicos.

Apenas o nosso saudoso Mestre, Professor Teixeira Ribeiro, deu de taxa uma noção na qual se deixam entrever algumas sensibilidades alta-

182       *O Sistema Financeiro e Fiscal do Urbanismo*

mente significativas no que contende aos seus fundamentos e limites, pese embora, o mesmo Autor admitisse que o valor das taxas pudesse exceder o do seu custo[8].

Ensinava ele que «a taxa pode ser alternativamente definida ou como quantia coactivamente paga pela utilização individualizada de bens semi-públicos ou como o preço autoritariamente fixado por tal utilização», esclarecendo logo de seguida que «os bens semi-públicos são bens públicos que satisfazem além de necessidades colectivas, necessidades indivi_ duais, isto é, necessidades de satisfação activa, necessidades cuja satisfação exige a procura das coisas pelo consumidor. Precisamente porque os bens semi-públicos satisfazem necessidades individuais, o Estado já pode conhecer quem é que particularmente pretenda utilizá-los ou os utiliza e pode por conseguinte tornar essa utilização dependente de, ou relacioná-la com o pagamento de certa quantia. Se o fizer, tal quantia ou é paga voluntariamente e temos uma receita patrimonial, ou é paga coactivamente e temos uma taxa»[9-10].

A diferença essencial entre a taxa e a figura financeira que lhe está próxima – o imposto –, mas poderemos ainda aí incluir as contribuições especiais que mais não são do que impostos com uma causa *específica* – tem sido centrada na existência, na primeiro tipo tributário, de um nexo de sinalagmaticidade que inexiste completamente no segundo, entre a prestação do obrigado tributário e a contraprestação da autoridade pública, contraprestação esta consubstanciada na prestação de um serviço público ou no uso de bens públicos ou, finalmente, na remoção de um obstáculo jurídico à possibilidade de efectiva utilização de uns e outros.

Outros preferem antes falar na existência de uma relação de bilateralidade entre a prestação do obrigado tributário e a contraprestação da

---

[8] Teixeira Ribeiro, *Noção Jurídica de Taxa*, Rev. Leg. Jur., ano 117, págs. 289 e segs: «... *E mais: normalmente sucede às taxas serem inferiores, como as propinas, ao custo dos bens. Só normalmente há taxas iguais ao custo e, até, superiores, mas que nem por isso se transmudam em receitas patrimoniais, visto continuarem coactivas, nem constituem impostos na parte excedente ao custo visto manterem o caracter bilateral».*

[9] *Revista de Legislação e Jurisprudência n.° 3727, págs. 289.*

[10] Sousa Franco, na sua noção de taxa («prestação pecuniária que pressupõe, ou dá origem, a uma contraprestação específica, constituída por uma relação concreta (que pode ser ou não de benefício)entre o contribuinte e um bem ou serviço público)» afasta o apelo ao conceito de preço autoritário por só ter sentido falar de preços quando estas contraprestações sejam erupções do funcionamento de um mercado legalmente admissível para os tipos de bens a que respeita a taxa, o que não acontecerá neste caso em virtude do estarem dele excluídos.

*Para uma Reforma do Sist. Financ. e Fiscal do Urbanismo em Portugal* 183

autoridade pública: o que, a nosso ver, não pode deixar de existir é um nexo directo de correspectividade material entre a prestação do contribuinte e o bem público prestado pela autoridade pública como aptente, objectiva e subjectivamente (à luz do contribuinte médio) para satisfazer individualizadamente a necessidade do obrigado tributário – correspectividade essa despoletada por uma mesma causa económico-jurídica consubstanciada no facto tributário tipificado na lei [11].

Não é demais repetir que se trata de uma bilateralidade de prestações (prestação pecuniária do contribuinte *versus* prestação do serviço semi-público, uso do bem público) em que a realizada pela administração pública não pode deixar de ser tida como satisfazente (propiciante da fruição) de uma necessidade humana individualizada num concreto sujeito sob a perspectiva do homem médio e que só nesta medida é que pode ser vista como respeitante a uma necessidade objectiva.

Onde não se possa falar de uma fruição individualizada de bens públicos *sentível* ou susceptível de ser sentida também individualizadamente pelo contribuinte médio, enquanto pacificando uma sua necessidade, não é possível ver em tal prestação pública a contraprestação correspectiva de uma taxa.

No imposto não é possível descortinar, pese embora essa justificação ainda tenha sido abordada por alguns financistas, a existência de qualquer relação individualizada de benefício entre o pagamento do imposto e a utilização em concreto dos bens públicos [12].

Esta concepção das taxas encontra-se hoje, de resto, plasmada, enquanto pensamento tido já por estratificado na comunidade jurídico-fiscal no n.º 2 do art. 4.º da Lei Geral Tributária, dispondo-se aí que «as taxas assentam na prestação concreta de um serviço público, na utilização de um bem público ou na remoção de um obstáculo jurídico ao comportamento dos particulares».

---

[11] É por isso que aceitamos a tese do T. Constitucional, expendida no seu acórdão n.º 1 108/96, de 30/10, publicado no D.R. II Série, de 20/12/96, em atribuir ao adicional previsto no n.º 8 da Portaria n.º 6-A/92, de 8/1, pago pelos consumidores da EPAL, a natureza de taxa: sendo apenas caso de substituição da entidade prestadora da utilidade pública, o adicional, cuja designação se deve apenas ao seu tratamento e consignação financeiras, acaba por ter dizer respeito à mesma utilidade material satisfazente das necessidades individuais de que é portadora a prestação do serviço por cuja fruição é paga.

De notar que se deve entender que os factos tributários susceptíveis de gerarem a obrigação de pagamento da taxa estão também sujeitos ao princípio da tipicidade, enquanto mais não seja por ser um efeito de uma obrigação *ex lege*.

[12] Cf. R. P. Musgrave, *Public Finance in theory and pratice*, 5ª edição, págs. 220.

## 5. A especificidade dos fundamentos grantísticos da taxa

É sabido que enquanto os impostos estão sujeitos à velha máxima inglesa do *no taxation whitout representation*, o mesmo já não acontecia, no nosso sistema constitucional de 76 e até à revisão de 1997, com as taxas.

Ora uma tal diferença não poderia deixar de projectar os seus reflexos no rigor jurídico com que tais tributos deveriam ser qualificados.

Correspondendo os impostos a exacções patrimoniais destinadas por modo geralmente indiferenciado (ou seja, em regra sem subordinação a qualquer consignação) ao financiamento com os gastos públicos para a satisfação passiva das necessidades públicas, a sua criação e imposição desde cedo esteve na disposição dos representantes do Povo (princípio da auto-tributação representativa ou da tributação consentida).

Os Parlamentos nacionais são assim os guardiões do templo tributário, estando sujeitos à censura do povo (em eleições) na forma como entendiam e cumpriam o seu dever político do controlo do sistema fiscal e financeiro do Estado.

Tal não acontecia, porém, com a imposição de taxas, muito embora a sua criação pudesse também de algum modo ser censurada posteriormente ao poder administrativo quando a sua legitimidade assentasse também no voto dos administrados do respectivo círculo territorial.

Só que nem o sistema político está motivado para uma censura deste tipo, nem a estabilidade das finanças das pessoas colectivas de base menor territorial e de outras administrações autónomas a poderia permitir sem grave quebra do funcionamento dos serviços públicos que prestam.

Deste modo, a garantia do contribuinte de não ser apoquentado com a exacção de taxas ilegais acaba por ser simplesmente jurídica, só podendo assentar na própria natureza do tributo e numa dupla dimensão da mesma: a primeira é a de que à quantia exigida tem de corresponder sempre um benefício económico, traduzido na efectiva possibilidade de fruição de certos bens aptos a satisfazerem necessidades humanas – a prestação de uma actividade pública realizada através de uma prestação de serviços, o uso dos bens públicos ou a remoção dos obstáculos jurídicos existentes para o uso de uns ou outros, embora nem sempre esse benefício aproveite a quem deu lhe deu a causa económica (o caso da taxa de justiça que é paga pelo condenado ou pelo vencido enquanto causante do funcionamento do serviço da justiça).

É claro que nada obriga à existência de uma relação de imediação temporal entre a contraprestação consubstanciante do bem satisfazente da necessidade do contribuinte e o pagamento da taxa.

Ponto indispensável é, porém, que o contribuinte goze da possibilidade efectiva de aceder ao consumo do bem consubstanciado na contraprestação da autoridade pública dentro daquele espaço temporal em que seja razoável, sob o ponto de vista da normal expectativa humana, prever que ainda exista a necessidade carenciada de ser satisfeita pela causa da taxa – espaço esse que não deixa de estar presente na lei de conformação do facto tributário.

A possibilidade de utilização há-de configurar-se, pois, como uma real possibilidade de tal acontecer, qualquer que seja o seu tipo: voluntária, obrigatória, dependente de pedido ou independente dele [13].

A ser de outro modo, se o distanciamento no tempo e no espaço aparece conformado como um evento longínquo, mais virtual que susceptível de ser real, tudo acaba por se reconduzir a uma pura construção formal e conceitual, própria apenas de uma jurisprudência de conceitos.

É nesta acepção – e só nesta é que tem sentido – falar da admissibilidade da contraprestação da autoridade pública se poder consubstanciar na prestação de bens futuros.

Se entre a utilidade individualizada a que tende a prestação dos bens públicos e o pagamento da taxa deixar de existir, segundo o figurino do facto tributário, essa *relação de intensidade* quanto à possibilidade de fruição desses bens em termos dos mesmos poderem dar satisfação às necessidades individuais que então se prefiguraram por antecipação, não será legítimo falar na figura da taxa [14].

Num tal caso o pagamento da taxa não passará de uma promessa quanto à possibilidade, porventura aleatória, de aceder à fruição dos bens públicos... caso venham a ser criados.

---

[13] O T. C., no seu acórdão n.° 354/98, de 12/5/98, publicado no D. R. II Série, de 15/7/96 chega a admitir que «as taxas são devidas pela simples possibilidade da sua utilização». Parece-nos uma formulação demasiado vaga na medida em que parece fazer esquecer que a possibilidade de utilização tem de aparecer para o obrigado como uma possibilidade concretizável em certo tempo e espaço histórico e não simplesmente como um evento que possa acontecer aleatóriamente.

[14] Não poderá deixar de exigir-se também a existência dessa relação directa de intensidade quanto à efectiva possibilidade de fruição individualizada dos bens semipúblicos, mesmo em relação aos bens já existentes, como conatural do tipo da taxa: de contrário, poder-se-ia admitir, por exemplo, a possibilidade de lançamento de uma taxa sobre todos os proprietários dos veículos automóveis como contrapartida pelo uso de todas as estradas por onde circulam, em simultâneo ou em alternativa com o imposto municipal sobre veículos.

## 186 O Sistema Financeiro e Fiscal do Urbanismo

Antecipando a título de exemplo carismático: a menos que se exija uma demonstração razoável, nomeadamente por recurso aos seus planos de investimento ou às inscrições dos seus orçamentos, por parte das autarquias dos quais constem os serviços e bens públicos futuros que estas se propõem criar, reforçar, melhorar e manter, o pagamento da taxa pela realização, manutenção e reforço de infra-estruturas urbanísticas, a que aludem a al. *a*) do art. 19.º da Lei n.º 42/98, de 6/8 e 32.º do DL n.º 334/95, de 28/12 (mantido em vigor mediante a suspensão pela Lei n.º 13/2000, de 20/7 do diploma que o havia substituído – O DL n.º 555/99, de 16/12), pode não passar de uma simples promessa e como tal inexistir a falada contraprestação de bens públicos e a taxa ser um simples imposto destinado a financiar os gastos gerais dos municípios.

De qualquer forma, é de acentuar que não serão toleráveis alargamentos do conceito da taxa á custa do afrouxamento dos seus elementos constitutivos, já que é nestes que reside o seu único fundamento garantístico.

Merecedora da mesma crítica é também a posição que se tem visto sustentar de se poder admitir a definição do obrigado da taxa como podendo ser feita mediante a utilização de um critério de presunção da sua existência, conquanto se o tempere com as exigências da razoabilidade[15].

A nosso ver, uma atitude destas apenas se explica por empatia com o que se passa com a possibilidade da fruição ou da não fruição dos bens públicos que constituem o objecto da contraprestação da autoridade – situação esta que é seguro nada afrontar o fundamento jurídico do tributo.

Desde que a possibilidade da fruição dos bens públicos se possa converter numa possibilidade efectiva, à face da lei conformadora do facto tributário-causa, não se poderá deixar de dizer que o contribuinte deixa de alcançar a utilidade potenciada pelos bens semi-públicos e que não sente a satisfação da necessidade a cuja pacificação o bem público tende, com o que não deixa de existir aqui uma utilidade social objectiva, embora ela nem sempre lhe dê prazer ou alegria (pense-se no caso de uma fiscalização)[16].

Ora, no que diz respeito à incidência subjectiva, é próprio da natureza da taxa que a fruição dos bens públicos passível de satisfazer necessidades activas que a fundamenta se tenha de consubstanciar numa prestação/ /fruição individualizada ou seja que contenda com um sujeito determinado em concreto. Quer isto dizer que esse sujeito tem de ser absolutamente identificável segundo o critério legal e diferençável de todos os outros sujeitos

---

[15] Cf. Ac. TC. n.º 22/2000, de 12/1/99, publicado no D. R. II Série, de 24/3/2000.

[16] Cf. Sousa Franco, *Manual de Finanças Públicas e Direito Financeiro*, Coimbra, 1986, págs.497.

que são apenas «consumidores» de necessidades passivas próprias dos interesses públicos a cuja pacificação tende *ex natura* o imposto.

O apelo a critérios de razoabilidade para se identificar o sujeito passivo da taxa esquece que tem de haver forçosamente uma relação concreta de certo e determinado sujeito com o serviço público na sua dimensão de prestador de utilidades [17], ou dito por outro modo, que é preciso que certo e determinado sujeito entre em relação com um serviço público em termos de fruir individualizadamente das utilidades que o mesmo pode satisfazer ou propiciar.

Deste modo, em tal caso não é possível sustentar a existência de uma qualquer relação de benefício com o serviço.

A impossibilidade da determinação dos utentes dos serviços apenas poderá ser suprida pelo recurso á figura do imposto, embora aqui ainda e sempre com a ressalva da admissibilidade da prova da inexistência do facto presumido, por imposição da salvaguarda do princípio da capacidade contributiva.

## 6. Uma questão nuclear da natureza da taxa

Uma das mais candentes questões que a teoria das taxas tem colocado à discussão jurídica é a de saber se, aparecendo a utilização dos bens semi-públicos como uma contrapartida da taxa, não será de exigir entre elas uma equivalência de prestações.

É claro que, sob o ponto de vista da valoração jurídica, nunca poderá negar-se o princípio da equivalência (*Aequivalenzprinzip*): a posição oposta implicaria que o valor da diferença só pudesse justificar-se a título de imposto.

No mínimo, ao conformar a taxa o legislador tributário não pode deixar de se orientar por um pré-juízo abstractamente elaborado sobre a existência dessa equivalência de valoração jurídica entre ambas as prestações e fixar a taxa apenas no ponto em que prefigure existir essa paridade valorativa.

Enquanto paridade de valoração enformada pelas mais diversas condicionantes, desde as éticas, morais, económicas, contenção ou impulso no acesso ao tipo de bens em causa, essa equivalência terá forçosamente parâmetros muito elásticos, os quais tornarão quase impossível surpreender um caso da sua violação.

---

[17] Sousa Franco, *ibidem*, págs. 491.

188     *O Sistema Financeiro e Fiscal do Urbanismo*

Mas a questão crucial é, porém, a de saber se não será de ir mais além, até por obediência às garantias dos particulares co-naturais à natureza do tributo cujo funcionamento interage na conformação normativa da taxa.

Antes da revisão Constitucional de 1997 a doutrina mais significativa e a jurisprudência, mormente, do nosso Tribunal Constitucional contentavam-se com a existência de «um mínimo de proporção ou de equilíbrio entre a quantia exigida e a actividade do ente público»[18], até por imposição do princípio do benefício cuja normatividade perpassa estruturalmente o tipo tributário das taxas.

No que diz respeito ao nosso mais Alto Tribunal de sindicância da constitucionalidade, não obstante reconhecer que esse âmbito material cabia na discricionariedade normativo-constitutiva do legislador ou do administrador, nem por isso deixou de admitir a sua censura quando «ultrapassam certos princípios constitucionais de incidência genérica, como os da igualdade ou da proibição do excesso»[19].

Mas a aplicação do princípio da proporcionalidade num domínio onde o substrato das prestações privada e pública têm um cariz económico não pode aferir-se sem tomar por base um referente da mesma natureza e esse só poderia ser o conhecimento pelo menos aproximado dos custos dos bens semi-públicos por que se satisfazem as necessidades particulares.

Sem o prévio conhecimento dessa medida de avaliação económica, todo o raciocínio sobre a proporcionalidade acaba por ser reconduzido a um plano estritamente jurídico de simples justiça material, puramente hipotizado ou abstracto, sendo incomensuravelmente elástico. Só em casos absolutamente escandalosos seria possível a afirmar a violação do princípio da proporcionalidade.

Ora, parece-nos que a doutrina e a jurisprudência não teriam andado mal se tivessem ido mais além na exigência de uma prévia definição do

---

[18] Paulo Pitta e Cunha, José Xavier de Basto e António Lobo Xavier, *Os CONCEITOS DE TAXA E IMPOSTO A PROPÓSITO DE LICENÇAS MUNICIPAIS*, Revista Fisco n.ºs 51/52, Fev./Mar. 1993, págs.8.

Xavier de Basto e Lobo Xavier, em *AINDA A DISTINÇÃO ENTRE TAXA E IMPOSTO: a inconstitucionalidade dos emolumentos notariais e registrais pela constituição das sociedades e pelas modificações dos respectivos contratos*, in Rev. Dir. Est. Sociais, ano 36, 1994, defendem que a taxa degenera em imposto quando deixa de existir esse mínimo de proporção ou é estabelecida por referência a elementos que nada têm a ver com a natureza da prestação pública.

[19] Acórdão n.º 640/95, de 15/11, publicado no DR. II Série, de 20/1/1996 (caso das portagens da ponte 25 de Abri).

referente económico-jurídico do montante das taxas, mais não fosse através do apelo ao dever de fundamentação administrativo.

É certo que, tratando-se, na sua quase maioria, de bens semi-públicos que estão fora do comércio jurídico privado não poderia colher-se no funcionamento de tal mercado a indicação do seu preço [20].

Mas isso não quer dizer que não fosse possível ver já no sistema jurídico alguns fortes indicadores do referente a ser tomado em conta na definição do montante das taxas, tal como, aliás, defendeu a doutrina alemã num quadro jurídico-constitucional semelhante ao nosso em que também só os impostos estão sujeitos ao princípio da legalidade de reserva de lei formal.

De acordo com esta doutrina o princípio que deve presidir à fixação das taxas é o princípio da cobertura dos custos – o *Kostendeckungsprinzip*.

Pois bem, sendo o poder tributário da administração autárquica normalmente exercido através de actos regulamentares sempre seria de lhe exigir a fundamentação do critério de fixação do montante da taxa e por ela avaliar se a mesma teria respeitado os princípios da igualdade, da proporcionalidade ou da não proibição do excesso, da justiça, mesmo do sistema, e da imparcialidade (art. 266.º n.º 2 da CRP).

Esta fundamentação do equilíbrio existente entre as diversas prestações – a taxa e a contrapartida pública – seria, no domínio do poder autárquico, reclamada ainda por uma outra consideração: é que, não dispondo as autarquias, a nosso ver, de um poder tributário originário e próprio também não disporiam, *ex natura*, de qualquer margem de discricionariedade normativo-constitutiva própria dessa espécie de poder, na livre conformação do montante da taxa.

Assim sendo, toda a liberdade constitutiva na matéria de definição do critério da taxa só poderia, em última *ratio*, colher-se na lei delegante do poder tributário.

Tal entendimento tem hoje especiais apoios na regra da sujeição do regime geral das taxas ao princípio de reserva absoluta de lei formal constante do art. 165.º n.º 1 al. *i*) da Constituição, introduzida na revisão de 1997 [21].

---

[20] Essa é a razão principal que divide Teixeira Ribeiro e Sousa Franco: é que o Mestre de Coimbra constrói a sua teoria de taxa como preço autoritariamente fixado, olhando apenas para a noção económica de preço e para o funcionamento financeiro das utilidades propiciadas pelos bens públicos susceptíveis se serem trocadas; ao invés Sousa Franco lida com o conceito de preço enquanto dado susceptível de emergir do funcionamento das regras do mercado privado.

[21] Já a Constituição de 1933, após a sua revisão de 1971, estabelecia uma reserva de lei (da Assembleia Nacional ou de decreto-lei do Governo) para a fixação dos princípios gerais das taxas a cobrar pelos diversos serviços.

190        *O Sistema Financeiro e Fiscal do Urbanismo*

Por outro lado, é de notar que, já desde a Lei das Finanças Locais de 1984 (DL n.º 98/84), se poderia sustentar a obrigatoriedade da adopção desse critério de equivalência por parte dos municípios, pelo menos como ponto limite de fixação dos seus montantes, no que diz respeito às taxas designadas por tarifas pelas actividades de abastecimento de água, recolha, depósito e tratamento de lixos, bem como pela ligação, conservação e tratamento de esgotos, transportes colectivos de pessoas e mercadorias e finalmente pelos serviços pertencentes aos municípios e por eles administrados ou dados de concessão.

Em todos esses casos, sendo de realçar que muitos deles dizem respeito à actividade de manter a cidade, os montantes das tarifas não poderiam ser inferiores «aos encargos previsionais de exploração de administração, acrescidos do montante necessário á reintegração do equipamento (art. 9.º n.º 2 – disposição que se manteve nas edições posteriores da lei).

## 7. Os novos tempos do princípio da equivalência

Mas se esta solução era anteriormente francamente discutível, o certo é que hoje após a revisão constitucional de 1997 e da publicação do Plano Oficial de Contabilidade das Autarquias Locais (aprovado pelo DL n.º 54--A/99, de 22 de Fevereiro, essa dúvida deve começar a ter-se por desfeita.

De acordo com a al. *i*) do art. 165.º da CRP passou a ser da competência exclusiva da Assembleia da República, salvo autorização ao Governo, legislar sobre o regime geral das taxas[22].

Ora, sendo a definição do montante das taxas uma questão de especial relevo, do ponto de vista da justiça material, dentro da regulação do regime geral das taxas, mesmo desligada da teoria do equilíbrio das prestações que informa as relações de direito privado, não pode a lei da AR deixar de enunciar qual o critério ou critério relevantes para o efeito.

É certo que ainda não existe esse diploma e que estamos actualmente perante uma inconstitucionalidade por omissão.

Mas nem por isso se pode afirmar desconhecer-se totalmente qual é o critério juridicamente válido.

---

[22] Já na segunda revisão constitucional o Partido Comunista Português havia apresentado uma proposta, que não foi então aceite, no sentido de permitir ao Parlamento «o enquadramento da fixação das taxas pelas entidades públicas, ordenando e harmonizando o caótico panorama actual»; cf. José Magalhães, *Dicionário da Revisão Constitucional*, Lisboa, 1989, págs. 81.

Em primeiro lugar, porque podem chamar-se à colação os argumentos acima expostos retirados da Lei das Finanças Locais.

Depois, porque o POCAL obriga a uma contabilidade de custos por funções como instrumento de gestão financeira a ter em conta para a «determinação dos custos subjacentes à fixação das tarifas e dos preços» (ponto 1.5).

E o ponto 2.8.3 regula os termos em que esses custos devem ser contabilizados, estatuindo-se aí, entre o mais que «a contabilidade de custos é obrigatória no apuramento dos custos das funções e dos custos subjacentes á fixação das tarifas e preços de bens e serviços» (ponto 2.8.3.1), devendo esses custos «ser apurados em função dos custos directos e indirectos relacionados com a produção, distribuição, administração geral e financeiros» (ponto 2.8.3.2) e sendo «a imputação dos custos indirectos efectuado após o apuramento dos custos directos por funções através de coeficientes» (ponto 2.8.3.3).

Tendo a informação contabilística por função legal servir de instrumento à gestão financeira da autarquia não poderá ela, como é evidente, deixar de adoptar comportamentos que vão contra os dados económicos por aquela revelados, até porque eles obedecem a um todo de princípios orçamentais, contabilísticos e previsionais que lhes garantem a fidedignidade dos seus dados (pontos 3.1; 3.2 e 3.3).

Depois, ainda, porque o legislador ordinário já assim entendeu o comando constitucional ao editar o n.° 5 do art. 116.° do DL n.° 555/99 – diploma que veio estabelecer, conquanto por pouco tempo de vigência, o novo regime jurídico da urbanização e da construção – quando ai dispôs pelo seguinte modo:

*Os projectos de regulamento municipal* (cuja submissão à apreciação pública o art. 3.° do diploma tornava obrigatória dentro do prazo aí fixado) *da taxa pela realização, manutenção e reforço das infra-estruturas urbanísticas devem ser acompanhados da fundamentação do cálculo das taxas previstas, tendo em conta, designadamente, os seguintes elementos:*

*a) Programa plurianual de investimentos municipais na execução, manutenção e reforço das infra-estruturas gerais, que pode ser definido por áreas geográficas diferenciadas;*

*b) Diferenciação das taxas aplicáveis em função dos usos e tipologias das edificações e, eventualmente, da respectiva localização e correspondentes infra-estruturas locais.*

Assim sendo, tem hoje todo o sentido o controlo do montante das taxas e tarifas que venham actualmente a ser lançadas pelas autarquias, ainda que no uso das leis habilitantes anteriores constantes da Lei das Finanças Locais e outros instrumentos avulsos.

## 8. Os objectivos essenciais de uma nova fiscalidade do urbanismo

A tributação do urbanismo deverá prosseguir essencialmente dois objectivos: o primeiro será o de garantir os meios de financiamento das necessidades públicas induzidas pelo próprio processo do urbanismo (criação e manutenção da cidade por via da diferente ocupação e gestão do solo), levando em conta que muitas destas são de satisfação passiva e outras de satisfação activa.

Ora, só em relação às necessidades de satisfação activa que possam ser satisfeitas com bens públicos tecnicamente divisíveis do lado do consumidor (bens semi-públicos) é configurável que o seu financiamento seja feito com recurso à figura das taxas.

As necessidades de satisfação passiva, satisfeitas com bens públicos de utilidade tecnicamente indivisível ou como tal considerados (à luz do estádio de desenvolvimento da sociedade política), só podem ser satisfeitas por impostos, dada a ausência do indicador técnico de quem é que e em que medida é que beneficia com elas.

O segundo objectivo que uma fiscalidade do urbanismo não deve esquecer é o da «repartição justa dos rendimentos e da riqueza» (art. 103.º n.º 1 da CRP) que o seu processo potencia.

Aliás, há que acentuar que um tal objectivo constitucional apenas está cometido para o sistema fiscal ou seja para o sistema dos impostos já que apenas estes, como se bem interpretou no art. 4.º n.º 1 da Lei Geral Tributária, «assentam essencialmente na capacidade contributiva, revelada, nos termos da lei, através do rendimento ou da sua utilização e do património».

Desta sorte deve negar-se a possibilidade das taxas poderem servir quaisquer objectivos de redistribuição da riqueza.

Por outro lado, e por dissemelhança com o que está também constitucionalmente consagrado para os impostos, apenas numa pequena parte, as taxas deverão/poderão contribuir para adaptar a estrutura do consumo à evolução das necessidades do desenvolvimento económico e da justiça social.

Nesta acepção, e salvo especial autorização do legislador parlamentar – que nessa sua actuação acabaria por transmutar para aqui também o princípio garantístico da auto-tributação válido para os impostos – apenas se afigura haver aqui lugar, dentre as diversas classificações aventadas[23], para as taxas compensatórias, as taxas estimulantes e as taxas estatísticas, mas em todo o caso sempre próximas ou inferiores aos valores dos custos.

---

[23] Cf. Sousa Franco, *op. cit.*, II Vol., págs. 70.

E – acentue-se – a ressalva feita deve-se não só á circunstância de se reconhecer que a opção de lançar ou não a cobrança de taxas sobre uma série de bens públicos tecnicamente divisíveis pode ter só por si alguma influência na contenção dos consumos, como a fixação da taxa, não poderá fugir às regras prudenciais da economia e, finalmente, que deve, por outro lado, permitir ainda a realização de alguma justiça social através do expediente da concessão de isenções.

Por tudo isto, o que tem verdadeiro sentido como critério de quantificação das taxas é o falado princípio dos custos, embora possa/deva ser temperado com alguma margem de variação, aliás própria de qualquer processo económico, mais não seja para atender a eventuais fenómenos conjunturais e de prudência no aumento dos custos ou para potenciar ou retardar desejados consumos de certos bens.

A menos que se verifique uma marcada materialização ou substanciação do bem semi-público e a sua utilização se possa traduzir numa fruição susceptível de ser sentida de forma individualizada pelo obrigado da taxa, o caminho mais correcto do ponto de vista político-social para financiar as despesas públicas do processo urbanístico não é o de lançar mão da cobrança de taxas, embora aparentemente coexista um certo efeito de anestesia ou amortecimento fiscal, mas o de instituir contribuições especiais por maiores despesas.

A principal necessidade pública que é induzida pelo fenómeno do urbanismo é, reconhecidamente, a da existência de bolsas de terrenos para a construção dos equipamentos sociais, como as infra-estruturas viárias de acesso, de abastecimento de água, de gás, de telefone, de saneamento básico (recolha das águas naturais, dos efluentes líquidos e resíduos sólidos), as infra-estruturas fundamentais de matriz social, como a construção de escolas, hospitais, centros de saúde, centros de terceira idade, infantários e creches, centros de laser, zonas verdes e muitas outras que a evolução económica e social é capaz de ir criando e, depois, evidentemente, a construção dessas obras de urbanização.

O terreno começa por ser em todos os casos o suporte físico absolutamente indispensável á construção de todos os demais equipamentos, sem embargo da construção destes poder envolver grandes encargos financeiros.

Ora, não sendo a gestão do espaço físico um actividade que hoje se faça sem obediência a planos de gestão territorial antecipadamente elaborados, pelo menos nas suas linhas fundamentais, como acima já se acentuou, há que adoptar regras claras que possibilitem o tratamento igualitário

194 *O Sistema Financeiro e Fiscal do Urbanismo*

dos proprietários cujos terrenos têm a mesma utilização territorial, fundadas nos índices de utilização desse território, fazendo-os comungar, equitativamente, quer nas áreas de cedência necessárias relativas às diversas unidades planificadoras dele constantes [24], quer na repartição dos custos de urbanização que abranjam essas unidades, aplicando-se aqui o princípio da perequação.

Nesta medida o DL n.° 380/99, de 22 de Setembro que possibilita já o uso de tais instrumentos de gestão territorial contém, a nosso ver, uma boa solução a desenvolver.

Em último caso, a via da expropriação dos terrenos necessários à implementação coordenada das infra-estruturas urbanísticas imprescindíveis ao correcto desenvolvimento do processo urbanístico vertido nos planos, será, segundo cremos, o modo de resolver essa eventual obstrução, pagando-se a indemnização por simples compensação feita em espécie sobre parte das parcelas resultantes da urbanização.

Temos para nós que uma tal solução terá, a nosso ver, a virtualidade de fazer amortecer a tensão especulativa nos preços dos terrenos, que é em grande parte devida à repercussão dos preços exorbitantes por que são vendidos os terrenos urbanizáveis mas ainda não urbanizados, e cujos custos de urbanização são em grande parte desprezados na fase de formação do preço, vindo a ser depois repercutidos na contabilidade das empresas e nos custos do produto final.

Como é evidente, não pode deixar de competir aos proprietários dos terrenos a responsabilidade pelas suas obras de urbanização: tais despesas mais não são do que os custos económicos da produção de um bem sujeito a certas características para que possa ser usado, no mercado económico, para o fim consignado no plano de urbanização, do terreno rústico em urbano ou de urbano mas com uma maior aptidão construtiva.

As obras prefiguram-se assim como obras necessárias à conformação legal da parcela do território como solo urbano apto para o tipo de construção previsto no plano director e no plano de urbanização (obras necessárias à produção do bem económico) ou seja, como obras necessárias para que se possa constituir este específico objecto de negócios jurídicos válidos em função do seu também específico fim consignado no plano de urbanização.

---

[24] A obrigatoriedade da cedência de áreas mínimas às Câmaras Municipais para a instalação dos equipamentos gerais destinados a servir os loteamentos urbanos vem já do n.° 3 do art. 19.° do DL n.° 289/73, de 6/6, embora a sua fixação fosse remetida então para uma Portaria do Ministério das Obras Públicas.

Por outro lado e porque naturalmente inerente a tal processo de transformação do uso do solo, é ainda razoável que se exija «dos proprietários dos terrenos as parcelas de terreno destinadas a espaços verdes e de utilização colectiva, infra-estruturas viárias, segundo os parâmetros de dimensionamento que estiverem definidos nos planos municipais de ordenamento do território, ou quando os planos os não tiverem definido os constantes de Portaria do Ministro do Planeamento e da Administração do Território» (arts. 15.° e 16.° do DL n.° 448/91, na redacção da Lei n.° 25/92, de 31/8) ou, na sua falta, as compensações correspondentes em numerário ou em espécie (art. 16.° n.os 5 e 6 do DL n.° 448/91).

Quer num caso, quer no outro, não estamos propriamente perante a cobrança de receitas financeiras a título tributário por parte das autarquias, mas simplesmente perante a imposição de condicionamentos administrativos pecuniários estabelecidos no processo de autorização do exercício do direito privado de construir[25].

Do mesmo passo entendemos que a realização das obras de urbanização/construção ou do reforço actual ou já determinado de infra-estruturas urbanísticas que sejam causa directa (embora apenas concorrente) das obras de urbanização levadas a cabo pelos proprietários nos seus terrenos, ainda que ocorram nos de outros proprietários, de acordo com o que está previsto nos respectivos planos director ou de urbanização, devem ser realizadas ou suportadas por ele na respectiva proporção.

Tais despesas comungam ainda da natureza daquelas outras a que acima se aludiu como necessárias e imprescindíveis à transformação do solo como terreno legalmente apto à construção segundo os termos do plano.

Mas *sic modus in rebus*! Já não tem nenhum sentido de equidade que se exija depois, também, em qualquer das situações, a taxa pela realização das infra-estruturas urbanísticas, apelando para o art. 32.° do DL n.° 448/91, de 29/11.

---

[25] Para quem veja, como Fernando Alves Correia (*O Plano Urbanístico e o Princípio da Igualdade*, págs. 383) o *ius aedificandi* como um «poder que acresce à esfera jurídica do proprietário, nos termos e nas condições estabelecidas pelas normas jurídico-urbanísticas» tenderá a ver todas estas imposições como condicionantes ou pressupostos da existência do dito poder; para quem, como outros, como Freitas do Amaral (*Apreciação da dissertação de doutoramento do licenciado Fernando Alves Correia, in Rev. Fac. de Direito de Lisboa, 1991, págs. 99)* entenda o *ius aedificandi* como uma das faculdades em que se analisa o direito de propriedade e em que o seu exercício está apenas dependente de uma autorização da Administração, a questão só poderá ser vista como uma questão de legalização das coisas para que possam ser objecto de negócios jurídicos válidos.

196 *O Sistema Financeiro e Fiscal do Urbanismo*

Tal exacção apenas tem sentido para aqueles casos em que os loteadores não realizem as obras de urbanização previstas para imediata execução no plano, seja nos terrenos próprios ou alheios, mas que estejam abrangidos pela mesma unidade territorial de concepção do plano.

Esta sobrecarga de encargos sabe completamente a confisco dos bens, tornando o elemento base da construção em elemento económico caríssimo [26].

Por outro lado, não vemos razões suficientemente convincentes para que não seja o legislador parlamentar a definir os critérios legais a que devem obedecer as áreas de cedência e as taxas de urbanização (contribuições por maiores despesas), sabido, como é, que o país, em termos de custos urbanísticos, não se subdivide em tantas zonas quantos os municípios, mas que se agrega em torno de quatro ou cinco situações-modelo que, aliás, são até tidas até em conta pelo Governo para fixar, para efeitos da gestão da competência prestadora do INH, os preços de construção a custos controlados [27].

É que numa situação destas torna-se difícil esgrimir o argumento da existência de específicos interesses locais dissonantes dos existentes em outras zonas territoriais cuja salvaguarda seja de acautelar segundo o princípio da autonomia local.

Não obstante a desmesurada aplicação de imposições, não vemos que o benefício em sede de IRS ou de IRC da redução em 50% do valor

---

[26] Já o antecessor do DL n.º 448/91 ou seja o DL n.º 400/84, de 31/12 consagrou a exigência de cedências a título gratuito de parcelas de terreno, devidamente assinaladas na planta de síntese, relativas a praças, arruamentos, passeios adjacentes, baías de estacionamento de veículos e de paragem de transportes públicos e faixas arborizadas anexas; áreas públicas livres envolventes das edificações destinadas ao movimento e estar de peões, equipamentos públicos, tais como os destinados a educação, saúde, assistência, cultura e desporto, a superfícies verdes para convívio, recreio e laser e bem assim a parques de estacionamento e obrigava também quer á realização das obras de urbanização, quer ao pagamento da taxa municipal pela realização de infra-estruturas urbanísticas não obstante tivesse suportado aquelas obras, ficando inclusivé obrigado, na falta da referida taxa a compensar o município pelos encargos decorrentes da operação de loteamento mediante pagamento em numerário ou com a cedência de lotes constituídos ou de terreno fora do prédio a lotear, compensações essas que eram as fixadas no regulamento da prática urbanística do plano director municipal ou, na sua falta, as que fixadas em portaria conjunta dos Ministros da Administração Interna e do Equipamento Social.

[27] A Portaria n.º 1062-C/2000, de 31/10 estabeleceu os preços por m$^2$ em relação a três zonas diferentes: Zona I, Zona II e Zona III, de acordo com o disposto no n.º 1 do art. 7.º do Decreto-Lei n.º 13/86, de 23 de Janeiro e al. *a*) do art. 10.º do Decreto-Lei n.º 321-B/90, de 15 de Outubro.

Para uma Reforma do Sist. Financ. e Fiscal do Urbanismo em Portugal    197

das mais valias realizadas advenientes dos terrenos destinados a construção urbana, previsto nos n.º 2 dos arts. 41.º do CIRS e do CIRC possa ser suportado por uma sustentada equidade fiscal, vista do ponto de vista da capacidade contributiva.

Basta atentar que os terrenos são uma pura dávida de Deus e que o homem nada faz para que ele deixe de ter essa sua natureza primária, sendo a sua especial valoração devida quase em exclusiva medida a factores da Comunidade.

Por outro lado acresce que todos esses encargos devem ser tomados em conta no apuramento das mais valias tributadas.

Só por esta via se conseguirá amputar e redistribuir parte da riqueza cujos valores são em grande parte repercutidos nos consumidores, evitando-se a situação actual da percentagem do valor do terreno na formação do preço final da habitação, em regime de condomínio, já ir em cerca de metade, ofendendo frontalmente os valores constitucionais dos arts. 1.º, 2.º e 65.º n.º 4 da CRP, além da dimensão social que o direito de propriedade também deve cumprir.

Não negamos, neste campo, a possibilidade da utilização dos terrenos de acordo com especiais índices de construção e densidade, situação que em França levou à aplicação de participações por ultrapassagem do coeficiente de ocupação dos solos e do *plafond* legal de densidade.

Todavia, essas situações apenas deverão ser admitidas em duas circunstâncias de sinal inverso: ou quando haja um especial, relevante e directo interesse público na sua realização, associado à qualidade pública do próprio promotor, e nesse caso não se justifica a exigência de qualquer contribuição especial pela maior despesa pública (nunca estaremos perante uma taxa, até porque a remoção do limite jurídico não introduz o obrigado tributário na fruição de qualquer serviço público ou uso de bens públicos); ou então quando possa haver também alguma vantagem arquitectónica ou melhoria para a unidade de planeamento.

Neste caso, todavia, a licença deverá ficar sujeita a condições que obstem à realização do lucro fácil e obriguem a realizar os fins sociais que principalmente a podem justificar.

O efeito redistributivo seria ainda mais alcançável se se acabasse com o velho tributo da sisa e se se o substituísse por um IVA imobiliário de pequena expressão, tendente a propiciar apenas a recuperação das receitas perdidas com a abolição do imposto.

Pelo menos, deixaria de existir o interesse dos compradores na simulação dos preços de aquisição, pelo que a contabilidade dos proveitos das empresas de construção tenderia a ser mais credível e próxima da realidade.

## 9. O estado da fiscalidade do urbanismo

A fiscalidade do urbanismo, tal como acima a entendemos, envolve a existência de múltiplos tributos, a maior parte dos quais são taxas de âmbito municipal.

Vale a pena passar um relance rápido sobre elas e sobre a razoabilidade do seu fundamento económico.

A contribuição autárquica é o único dos impostos periódicos cuja criação foi fundada pela Comissão que a conformou no princípio do benefício. Mas o que é certo é que, baseando a tributação no valor patrimonial dos prédios rústicos e urbanos, tem pouca aptidão técnica para tributar os benefícios auferidos pelos respectivos sujeitos passivos imputados aos serviços e infra-estruturas que lhes proporcionam as autarquias locais.

De qualquer forma foi a circunstância das infra-estruturas locais que servem os prédios constituírem especialmente um esforço de realização das autarquias que justificou que respectiva receita lhes ficasse a caber.

O facto tributário que foi elegido para significar o benefício auferido e traduzir o seu grau de intensidade tem, todavia, uma fraquíssima aptidão económica para o evidenciar. O valor dos prédios só numa pequeníssima medida está em correspondência directa com a fruição das infra-estruturas urbanísticas que a sua propriedade ou posse potencia.

O imposto assenta mais na capacidade contributiva dos proprietários, em alguns casos traduzida até na pura detenção do capital já que o proprietário acaba por nem sequer retirar qualquer utilização do prédio (caso em que haja direitos reais de uso e habitação ou usufruto de terreno para construção).

De qualquer forma o tributo é, segundo pensamos, de manter[28], embora sujeito a profunda revisão na parte que respeita às regras da tributação dos prédios rústicos e urbanos e, *maxime*, na que contende com a eleição dos critérios significantes da evidenciação do auferimento pelos sujeitos passivos dos benefícios que são propiciados pelas infra-estruturas construídas pela comunidade, essencialmente local, ou o mesmo é dizer, na que respeita com os termos do «sebastianizado» Código das Avaliações.

Pela nossa parte, pensamos que a tributação autárquica deveria absorver a tributação de todas as utilidades que dizem respeito à manutenção das infra-estruturas fixas que estão ao serviço dos prédios urbanos e por cuja fruição são pagas algumas taxas aos municípios, como as taxas de saneamento fixo.

---

[28] Em sentido contrário se pronuncia Nuno Sá Gomes, *Considerações em torno da Contribuição Predial Autárquica*, CTF 365.°-7 e segs.

Ainda conexionados com o urbanismo, existem vários tipos de impostos que são cobrados pelos municípios.

Referimo-nos aos encargos de mais valias destinados por lei aos municípios [a que se refere a al. *g*) do art. 16.º da Lei n.º 42/98] e à derrama (art. 18.º) cujo financiamento, conquanto previsto apenas para reforçar a capacidade financeira ou para dar cumprimento a contratos de equilíbrio financeiro, nada garante que não possa ser utilizada na realização do interesse público no âmbito das suas atribuições na área do urbanismo, como as que são enunciadas nas als. *a*), *b*), *c*) *e*), *f*), *l*) e *o*) do art. 13.º da Lei n.º 159/99, de 14/9 (lei das atribuições e competências das autarquias locais).

Os encargos de mais valias constituem verdadeiros impostos especiais, impostos cujo lançamento é devido a uma causa especial concorrente com a da necessidade de arrecadar receitas ou contribuições especiais de melhoria como são comummente designadas.

De melhoria, porque buscam o seu fundamento essencial na circunstância do contribuinte fruir, mas sem que isso se lhe traduza num direito, um especial benefício como consequência de uma certa actividade pública realização de investimentos (normalmente de grande vulto) que têm como efeito direito o aumento do valor dos seus bens, embora a mais valia seja apenas esperada, em muitos casos, por alguns anos.

Há, todavia, casos em que a mais valia se pode fundar não em obras levadas a cabo com investimentos públicos, mas ter uma outra causa, como sejam obras de urbanização levadas a cabo por privados.

Referimo-nos especialmente ao encargo de mais valias que foi criado pelo art. 17.º da Lei n.º 2030, de 22 de Junho de 1948 e segundo o qual «os prédios rústicos não expropriados quando, por virtude de obras de urbanização ou abertura de grandes vias de comunicação, aumentem consideravelmente de valor pela possibilidade da sua aplicação como terrenos de construção urbana ficam sujeitos a um encargo de mais valia, nos termos dos números seguintes», menção especial esta que se lhe faz em virtude do seu regime ter sido recentemente adaptado ao princípio da autonomia das autarquias locais por meio do art. 2.º da Lei n.º 168/99, de 18/9, lei esta que aprovou um novo Código das Expropriações.

Mas muitos outros estão previstos na lei, como, por exemplo, os regulados nos DLs n.º 41 616, de 10/5/1958 e 46 950, de 9/4/1966 (relativos à Ponte sobre o Tejo e respectivos acessos na margem sul); no DL n.º 54/95, de 22/3, relacionado com a Expo; DL n.º 43/98, de 3/3, relativo à realização da CRIL, CREL, CRIP e CREP em cuja base estão os investimentos públicos específicos a que se referem.

Outros encargos de mais valias existem, porém, que não estão asso-

200  *O Sistema Financeiro e Fiscal do Urbanismo*

ciados a investimentos identificados, abrangendo previsões mais amplas e indefinidas.

Entre eles se contam os previstos no art. 10 [29] da Lei de 26/12/1912 cuja vigência se discute [30]; no art. 78.º do DL n.º 43 587, de 8/4/1961[31]; 6.º do DL n.º 46 673, de 29/12/1965 [32] e 1.º do Decreto Regulamentar n.º 4/83, de 25/1 [33].

Concordamos inteiramente com a filosofia que subjaz ao lançamento dos encargos de mais valias.

A nossa única objecção vai apenas para os elevados níveis que normalmente são estabelecidos para a taxa de alguns desses impostos: 50% (Lei n.º 2030) ou 60% (DL n.º 46 950) são de facto valores manifestamente exagerados!

Mas é no campo das taxas que a actividade tributária dos municípios tem sido criativamente mais intensa – diríamos, nós, demasiado intensa – como uma forma privilegiada, aliás apadrinhada pelo legislador das finanças locais e pelo legislador dos regimes jurídicos da urbanização e da construção, de obtenção de um grande fluxo de receitas locais.

Quase seríamos tentados a afirmar que o poder autárquico tem sido exímio na detecção das mais diversas utilidades dos seus mais diversifica-

---

[29] Reza este preceito o seguinte: *«Quando a abertura, o alargamento ou a regulamentação de uma via pública determinar o aumento do valor locativo dos prédios que utilizem esse melhoramento os donos desses prédios pagarão, por uma só vez ou em anuidades à sua vontade uma importância igual a 30% do aumento de valor desses mesmos prédios».*

[30] Cf. Nuno Sá Gomes, *Manual de Direito Fiscal*, 1999, Vol. I, págs. 366.

[31] Diz ele *«O encargo de mais valias a que ficam sujeitos os prédios rústicos não expropriados que, em virtude de obras de urbanização ou de abertura de grandes vias de comunicação, ou de simples aprovação de planos de urbanização ou projectos, aumentem consideravelmente de valor pela possibilidade da sua imediata aplicação como terrenos de construção urbana será cobrado nos termos dos artigos seguintes».*

[32] Dispõe ele o seguinte: *«A licença de loteamento será titulada por alvará do qual constarão as prescrições a que o requerente fica sujeito, e designadamente os condicionantes de natureza urbanística, entre eles, o traçado da rede viária, espaços livres e arborizados, parques de estacionamento, e as obrigações que, em face do estudo económico, deve assumir, tais como o encargo de mais valias, ou a execução directa, sob fiscalização da Câmara Municipal, dos trabalhos de urbanização e cedência de terreno para equipamento urbanístico».*

[33] Este artigo dispõe o seguinte: *«O encargo de mais valias a que ficam sujeitos os prédios rústicos não expropriados e que, por virtude de construção de estradas e outras grandes vias de comunicação sob jurisdição da Junta Autónoma de Estradas, aumentem consideravelmente de valor, pela possibilidade da sua utilização como terrenos para construção urbana, serão cobrados nos termos do presente diploma».*

dos serviços que presta aos cidadãos e que são susceptíveis de ser convertidos em contra-prestação de taxas.

Em uns casos congloba as diversas utilidades prestadas a quando do mesmo facto e releva apenas a utilidade complexa ou os bens semipúblicos complexos que presta para impor a taxa: o caso mais paradigmático, a que voltaremos abaixo, é o da taxa pela realização de infra-estruturas urbanísticas.

Noutros como que decompõe a actividade económica prestada em tantas as utilidades quantas as integrantes da prestação do serviço e por cada uma lança uma taxa.

Assim é o que se passa com os serviços de saneamento em relação ao quais muitos municípios criaram as taxas mais diversificadas com as taxas de drenagem de águas residuais [expressão, de resto, ajustada à letra da lei autorizadora – arts. 16.° al. *d)* e 20.° n.° 1 al. *b)* da Lei n.° 42/98], a taxa de saneamento, a taxa de esgotos, a taxa de instalação do ramal de esgotos, a taxa de conservação ou de manutenção de esgotos, a taxa de saneamento fixo, etc., etc.[34].

O mesmo se passa com a actividade por cuja prestação os municípios podem cobrar taxas relativas à recolha, depósito, tratamento de resíduos sólidos [arts. 16.° al. d) e 20.° n.° 1 al. *c)* da lei n.° 42/98] em que autarquias como a de Coimbra criaram taxas pela recolha de resíduos sólidos e simultaneamente uma taxa pela utilização do necessário equipamento logístico, apelidada de resíduos sólidos fixo.

Igual crítica se poderá fazer no domínio das licenças. Ao que se sabe, não há emissão de qualquer título de licença por banda dos municípios, tenha esta a natureza jurídica que tiver (concessões, autorizações constitutivas, autorizações permissivas, aprovações, etc.) (que em matéria de urbanismo tomou o nome de alvará), que não seja tributada com uma taxa, para além da que seja passível o acto titulado, se devida legalmente, como são as que estão previstas nas als. *b)*, *c)* e *h)* do art. 169 da Lei n.° 42/98[35],

---

[34] As taxas de saneamento, nas modalidades de taxas de conservação de esgotos e da taxa de ligação ao ramal de esgotos, são já muito antigas, cabendo aqui notar que as despesas de construção do ramal domiciliário não se confundiam com a taxa de ligação, sendo à mesma da responsabilidade do proprietário (cfr. arts. 1.°, 11.° e 12.° do DL n.° 31 674). Inicialmente a matéria fora regulada em função dos municípios que já tinham essa infra-estrutura instalada. Passou-se depois a legislação geral sobre a matéria. Os diplomas que regeram mais tempo a matéria foram o DL n.° 31 674, de 22/11/1941 e o Regulamento Geral das Canalizações de Esgoto, que foi aprovado pela Portaria n.° 11 338, de 8/5/1946.

[35] Respectivamente concessão de licenças de loteamento, licenças de obras de urbanização, de execução de obras particulares, de ocupação da via pública por motivo de

202       *O Sistema Financeiro e Fiscal do Urbanismo*

caso este envolva também a prestação de um serviço distinto do consubstanciado no praticado pelo mero escriturário certificador ou atestador.

Neste domínio existem situações de elementar ilegalidade, como é aquela que ocorre no município de Coimbra onde se chega ao cúmulo de exigir uma taxa de 2 000$00 (9,98 euros) pela entrada de qualquer requerimento relativo a loteamentos ou edificações (arts. 6.º e 13.º do Regulamento Municipal sobre Taxas e Cedências Relativas à Administração Urbanística publicado pelo Edital n.º 034/99.

Não existe aqui qualquer utilidade/prestação de serviço em favor do requerente, tendo o acto meras vantagens internas.

Uma actividade dessas apenas poderia ser levada indiscriminadamente em conta no estabelecimento da taxa devida pela autorização do loteamento ou da construção, aliás previstas em diversas disposições, como as dos arts. 8.º e 14 e segs.

Ora, sempre que a actividade do particular esteja sujeita a procedimento de autorização ou licenciamento administrativos, não se vê porque é que a lei não há-se prever a possibilidade de fixação de uma só taxa, evitando a contabilidade de merceeiro, desprezando-se a que corresponda à da emissão do título certificativo, dada a sua emissão constitui um simples postulado lógico do acto anterior absolutamente necessário á sua prova para todos os efeitos.

## 10. O caso paradigmático de uma taxa desvirtuada

Deixámos para último a taxa pela realização, manutenção e reforço de infra-estruturas urbanísticas que constitui actualmente a menina bonita do volume de receitas por espécie de tipo de taxas dos municípios.

A sua história não é das mais dignificantes. A sua génese prende-se com as exigências de diversas compensações, quer em numerário, quer em espécie, quer, finalmente, com a realização de infra-estruturas em outros locais que os municípios tinham que levar a cabo sob a sua responsabilidade, fora, portanto do regime legal então existente relativo aos processos

---

obras e de utilização de edifícios, bem como de obras para ocupação do subsolo ou utilização do solo, subsolo espaço aéreo do domínio público municipal (cf. também o disposto nos arts. 32.º do DL n.º 448/91, de 29/11 e 68.º do DL n.º 445/95, de 15/10, mantidos em vigor depois da suspensão do DL n.º 555/99, de 16/12 pela Lei n.º 13/2000-09-13 que, porém, relativamente á matéria nada inova; ocupação ou utilização do solo, subsolo e espaço aéreo do domínio público municipal e aproveitamento dos bens de utilidade pública; autorização para o emprego de meios de publicidade destinados a propaganda comercial.

# Para uma Reforma do Sist. Financ. e Fiscal do Urbanismo em Portugal 203

de licenciamento de loteamentos e de obras particulares, imposições essas que começaram a ser feitas pelos respectivos presidentes das Câmaras ou pelos serviços de urbanização agindo sob delegação, aí pelos começos da década de 1980 e perante uma certa euforia da construção civil, umas vezes a coberto de simples actos administrativos e outras vezes sob invocação de normas genéricas tomadas á revelia das assembleias municipais e de lei que as autorizasse, segundo depreendemos como juizes da 1ª instância.

Como se disse já, o tributo foi introduzido pelo art. 8.º al. *a*) do DL n.º 98/84, de 29/3 (Lei das Finanças Locais) com o confessado objectivo de constituir um apreciável reforço dos meios de financiamento das autarquias locais.

Não obstante essa apetência, o certo é que o legislador de então foi relativamente comedido e não o conformou nos termos tão abrangentes como os que hoje constam da al. *a*) do art. 19.º da Lei n.º 42/98 (realização, manutenção e reforço das infra-estruturas urbanísticas), pois facultou a cobrança da taxa apenas pela "realização" de infra-estruturas urbanísticas.

O serviço em que se consubstanciam as infra-estruturas urbanísticas envolve a prestação no exercício da actividade administrativa de múltiplas utilidades, umas de fruição directa e imediata, outras apenas de fruição apenas mediata, umas específicas e singulares, outras apenas gerais, umas de caracter simplesmente local, outras de matriz estadual e, finalmente, umas de realização certa ou altamente provável e outras de acontecimento mais que hipotético.

Entre as infra-estruturas já realizadas e cuja manutenção se traduz assim em um facto certo e as estruturas só pensadas ou idealizadas como necessárias ao futuro reforço das existentes por virtude da pressão urbanística vai um passo de gigante. Ora, a entender-se que a lei não obriga, como se tinha como certo até revisão constitucional de 1997, á demonstração da existência de custos programados como necessários a um reforço das infra-estruturas, a exacção do tributo, na última hipótese, não passa de uma imposição a título de simples arrecadação financeira para acudir aos gastos gerais do município, não existindo aí qualquer nexo de bilateralidade material entre duas prestações já realmente existentes ou cuja probabilidade se situa nos limites do horizonte próximo visionado pelo facto tributário (como é o caso das propinas).

A afirmação de que a taxa pode envolver prestações futuras tem que ser vista com muita moderação, não podendo aceitar-se como tais aqueles tributos que respeitem a prestações cuja possibilidade de realização é simplesmente aleatória e que não correspondem a uma utilidade cuja possi-

204    *O Sistema Financeiro e Fiscal do Urbanismo*

bilidade de satisfação é tida como quase efectiva ou de muita probabilidade de proximamente acontecer.

Tendo a prestação pública por objecto uma utilidade – utilidade que se há-de traduzir na prestação de um serviço oferecido pela actividade do ente público, no domínio das suas atribuições – não existe em tal situação sequer uma aptidão objectiva de satisfação de necessidades individualizadas.

Donde, diríamos, ser absolutamente necessário, mais não seja como barómetro das situações-limite, a verificação da existência por banda do cidadão médio de um sentimento de aptidão actual na satisfação das suas necessidades por parte dos bens por cuja prestação lhe é exigido o pagamento de uma taxa.

Uma exigência destas é o mínimo de garantia que se pode exigir como correspondente à que é reclamada pela própria natureza da taxa: doutro modo, o legislador bem poderá começar a instituir impostos sob a capa de que tratam de taxas por respeitarem a bens que se propõe proporcionar no futuro, mas sem dizer se a tempo de satisfazerem necessidades já actualmente sentidas (como se passa no caso das taxas por bens futuros), ficando o contribuinte menos acautelado do que lhe propiciam os princípios constitucionais da auto-tributação e da legalidade tributária.

Assim sendo, propendemos para afastar a qualificação como taxa da TRIU que foi lançada pelo município de Lisboa como «compartida devida ao município pelas utilidades prestadas aos particulares pelas infra-estruturas primárias e secundárias e ainda a título de contra-prestação pelos «encargos de planeamento urbanístico», publicada no Diário Municipal n.º 16 276, de 20/12/1991 e depois de revista também no Diário Municipal n.º 16 652, de 26/7/1993 [36].

---

[36] Em sentido concordante se pronunciou Nuno Sá Gomes, no *Manual de Direito Fiscal*, vol. I, págs. 335 e segs.; Diogo Leite de Campos, *Fiscalidade do Urbanismo;* Osvaldo Gomes, *Direito do Urbanismo* em *Direito das Empresas* e Freitas do Amaral, *Direito do Urbanismo*, Sumários, 1993, págs. 119.

Em sentido oposto, pronunciaram-se Paz Ferreira, *Ainda a propósito da distinção entre impostos e taxas: o caso da taxa municipal pela realização das infra-estruturas urbanísticas*, em CTF n.º 380, págs. 57 e segs. e Aníbal de Almeida, *Sobre a natureza jurídica das taxas pela realização das infra-estruturas urbanísticas*, em *Estudos de Direito Tributário*, págs. 35 e segs.

No único arresto que se lhe conhece sobre a matéria, embora relativo à taxa de urbanização do município do concelho de Amarante, o Tribunal Constitucional alinhou pela sua conformidade constitucional, negando que esse tipo tributário tivesse a natureza

Para uma Reforma do Sist. Financ. e Fiscal do Urbanismo em Portugal 205

Por outro lado, a ilegalidade do lançamento da taxa também se verifica igualmente relativamente àquelas infra-estruturas que satisfazem apenas necessidades ou bens gerais de que toda a Comunidade pode dispor, ou em que, sendo, todavia, possível descortinar, em algumas vezes, a existência de bens divisíveis, não é possível afirmar-se aí, porém, a existência daquela relação intensa de bilateralidade traduzida na existência de uma contraprestação tida como satisfazente das necessidades/utilidades do contribuinte médio, sendo antes bens que visam a satisfação passiva das necessidades dos contribuintes [37].

Desta sorte, somos de opinião que a taxa pela realização das infra--estruturas só terá a natureza de taxa quando em função do respectivo regulamento municipal – o que faz com que possa ser diversa a sua natureza tributária – ela seja devida apenas pela realização e manutenção de infra--estruturas já existentes, só de âmbito municipal que sejam divisíveis em função dos seus obrigados, ou então – ainda se tolera a extensão – de reforço de infra-estruturas da mesma natureza, mas cujos correspondentes custos já estão programados e assumidos.

No caso das infra-estruturas urbanísticas cuja fruição pelos contribuintes médios não é prática e individualizadamente sentida, ou por esta-

---

de imposto – Acórdão n.º 357/99, de 15/6/1999, publicado no D. R. II Série, de 2 de Março de 2000.

No entanto, há que assinalar que os termos em que a prestação pública está delineada não se choca com a nossa posição, salvo no que tange nas infra-estruturas a realizar, no caso da hipótese subjacente não envolver já a definição de quais são essas obras e os respectivos custos, pois segundo o respectivo regulamento (art. 2.º n.º 1) *são consideradas «infra-estrutras urbanísticas a abertura, rectificação e pavimentação de vias ou arruamentos, a execução de redes de saneamento, abastecimento de água e energia eléctrica e ainda obras de urbanização a levar a cabo em loteamentos urbanos pelos seus promotores».*

[37] Aliás, é exactamente nesta linha que se posicionou o T.C. a propósito da interpretação do art. 12.º da Portaria 274/77, de 19/5, considerando o tributo como um imposto por não conferir ao obrigado tributário o direito a um estacionamento como contrapartida da taxa, naqueles casos em que por impossibilidade ou inconveniência a Câmara Municipal de Lisboa dispensava o proprietário de construir um estacionamento privativo contra o pagamento de uma compensação por m2 equivalente a 15% do custo médio estimado da construção (Cfr. o acórdão n.º 612/93, publicado no D. R. I Série, A, de 7/5/94, com força obrigatória geral, saído na sequência de outros no mesmo sentido prolatados em sede de fiscalização concreta de constitucionalidade). Posição contrária poderia justificar, também, por exemplo, como acima já se disse, o lançamento de taxas sobre todos os que sejam proprietários ou titulares de cartas de condução de veículos pelo uso provável das estradas construídas.

206 *O Sistema Financeiro e Fiscal do Urbanismo*

rem situadas no final de um longo processo técnico que eles não apreendem nem dominam e nos casos em que a contraprestação (prestação da utilidade pública mediante a disposição dos pertinentes bens) é efectuada mediante a comparticipação de diversas autarquias (será o caso dos investimentos inter-municipais) ou até do próprio Estado, é muito difícil afirmar que não se esteja perante bens gerais cuja fruição não dão aos contribuintes o direito a uma prestação individualizada que possa até ser reclamada em caso de incumprimento.

Consequentemente, o pagamento exigido a título de TRIU é manifestamente ilegal, sendo o tributo um imposto.

O Regulamento Municipal sobre Taxas e Cedências Relativas à Administração Urbanística do Município de Coimbra, que foi publicado a coberto do edital n.º 034/99, contém a singularidade de exigir a cobrança da TRIU nos casos em que existe apenas loteamento, deixando de lado, ao que parece, outras hipóteses como as de reconstrução em que haja aumento de área bruta, ampliação de edifícios ou alterações na forma ou utilização destes [38].

Todavia, a taxa, conquanto se venha a expressar num único valor final, está definida como se duas taxas por infra-estruturas urbanísticas diferentes se trate, estando dividida entre taxa pelas infra-estruturas gerais e taxa pelas infra-estruturas internas do empreendimento e apontando cada uma delas para diferentes critérios de mensuração, nos quais são tidos também em conta medidas-padrão para a cidade de Coimbra, Área Exterior à Cidade com esgoto doméstico, Aglomerados e Núcleos residenciais sem esgoto doméstico e Zonas Industriais.

Os valores e coeficientes usados não nos parecem confiscatórios. Verdadeiramente confiscatório é, segundo a nossa opinião, o valor das cedências previstas na al. *b*) do art. 10.º do referido regulamento, que chegam a atingir a área de 0,70 da área bruta da construção a autorizar, «destinadas a vias principais sem construção adjacente, equipamentos e zonas verdes de maior dimensão ou, quando tal não esteja previsto pelo Plano e não se justifique, pagamento de uma compensação em espécie ou em numerário», parcelas estas que acrescem às destinadas «às infra-estruturas e a pequenos espaços verdes públicos que irão servir directamente o conjunto a edificar e decorram da solução urbanística adoptada».

O que, por outro lado, também não entendemos é o lançamento de uma taxa pelas infra-estruturas gerais, sem que se precise o que deve entender-se por infra-estruturas gerais.

---

[38] Como seria possível face ao art. 68.º do DL n.º 445/91, de 20/11, como o veio a admitir o Ac. do T. C. n.º 639/95, de 15/1/95, publicado no D.R., II Série, de 19/3/96.

Os bens gerais, enquanto próprios de toda a Comunidade e de uso comum da mesma, devem ser financiados por impostos e não por taxas. Deste modo o tributo deixa de definir quais sejam as utilidades propiciadas pela prestação da entidade pública, faltando-lhe o requisito da bilateralidade da prestação que é requisito da taxa, com o significado que acima se deixou precisado, sendo a TRIU de Coimbra também um tributo de natureza de imposto [39].

Somos dos que concordamos com o lançamento deste tipo de tributos: só que entendemos que, tendo eles a verdadeira natureza de contribuições especiais por maiores despesas eles devem ser criados com sujeição ao princípio da legalidade de reserva absoluta de lei formal da Assembleia da República ou decreto-lei emitido a coberto de autorização da mesma (art. 103.º n.º 3 e 165.º n.º 1 al. *i*) da CRP).

Aliás, sendo, por um lado, tributos que visam compensar os municípios pela realização, manutenção e reforço de infra-estruturas que nem sempre são levadas a cabo unicamente por um deles, sendo-no algumas vezes em associação com outros ou até com intervenção do Estado ou da Comunidade Europeia, e, por outro, tratando-se de imposições que podem atingir grandes valores e, finalmente, porque os custos de construção e manutenção dessas infra-estruturas não divergem grandemente em todo o território nacional, principalmente quando se leve em conta a relação custos globais/ número de utilizadores, tudo aconselha que esses tributos sejam definidos pelo órgão competente para legislar em matéria de impostos, embora sob prévia consulta ao órgão representativo dos municípios.

Não se vê existir aqui qualquer violação do princípio da autonomia das autarquias locais. Aliás, também não se vê que pudesse vir grande mal ao mundo da autonomia dos municípios, quando usando a sua estrutura organizatória, estes se pusessem de acordo em adoptar regimes unificados ou, pelo menos, com recurso à utilização de cláusulas gerais, para as diversas taxas que todos lançam, até porque se acredita que não andam muito longe, em relação a todos, os custos das taxas tradicionais relativas ao urbanismo.

---

[39] Cabe aqui notar que a TRIU do município de Lisboa, mas que deve ter servido de paradigma do definido pelo legislador do DL n.º 98/84, foi um tipo tributário que foi «importado» de vários países da UE, segundo notícia Aníbal de Almeida, *Estudos de Direito Tributário,* notas de págs. 44 e 45, mas que em todos eles ele tem ou natureza típica de imposto ou natureza de tipo próxima dele, não obstante a sua diferente designação, como *taxe local d'equipement* em França, *Tasa por la Prestación de Servicios Urbanisticos* em Espanha, *contributo concessorio* em Itália, por exemplo.

Ou seja, também o direito comparado caminha no mesmo sentido que defendemos.

208        *O Sistema Financeiro e Fiscal do Urbanismo*

Pelo menos, afastar-se-ia o sentimento, por vezes comum, existente entre vizinhos próximos, mas sujeitos a taxas completamente diferentes pela prestação dos mesmos bens públicos, de que estas se limitam a ser uma simples afirmação de poder autárquico que não é usado em representação e para o bem comum das comunidades locais.

## 11. A opacidade do regime fiscal do urbanismo

Por outro lado, existe um aspecto relativo à tributação das taxas locais que não podemos esquecer. Referimo-nos à chocante opacidade do seu regime jurídico perante os contribuintes, o que faz com que saia completamente frustrada a garantia constitucional da transparência da administração (art. 266.°) e a garantia fundamental do acesso aos direito e aos tribunais (arts. 20.° e 268.° n.°s 4 e 5 da CRP).

É que essas taxas, independentemente da sua diversidade e especificidade relativamente a cada município, ainda que vizinhos, são reguladas, as mais das vezes, por sucessivos regulamentos não codificados, que vão sendo sucessivamente alterados e que utilizam na sua formulação toda uma linguagem imbuída de dados algébricos e logarítmicos e que raramente explicitam o conteúdo dos conceitos que usam.

O contribuinte médio terá dificuldade em compreender não só que a mesma matéria tenha uma regulação tão diferente, muitas vezes em espaços tão próximos como o simples atravessar de uma rua, como em apreender o próprio regime das taxas que em dado momento está aí em vigor.

Por todas as razões somos daqueles que defendemos a elaboração de um Código do Urbanismo que regule, completa e exaustivamente, as matérias do regime jurídico urbanização e da edificação e de todos os ónus não fiscais e ónus fiscais que tenham em tais fenómenos a sua causa económico-jurídica (cedências, encargos de mais valias, taxas de urbanização e pela realização de infra-estruturas urbanísticas; taxas de saneamento, etc.), conquanto admitindo a possibilidade de, por respeito ao princípio da autonomia local, os municípios poderem variar entre limites pré-estabelecidos as taxas a aplicar.

Urge terminar. Mas não o faremos ainda sem dar conta de que pensamos que um dos caminhos a explorar no que diz respeito à manutenção, senão também à construção, das pequenas estruturas urbanísticas, como as zonas verdes, parques de recreio, balneários e outros pequenos equipamentos, mas que conferem um elevado nível de vida aos cidadãos, poderão ser cometidos á gestão dos respectivos agregados populacionais que se sintam para ela motivados, mediante contratos de colaboração celebrados entre os municípios e as populações e, especialmente, os condomínios locais, fundando as receitas em dois níveis diferentes: uma parte, numa pequena taxa exigível dos residentes e outra, numa pequena parte do valor da contribuição autárquica.

De resto, nada impedirá que essas condições figurem até dos alvarás de loteamento como ónus reais e serem como tal registados.

Coimbra, 14 de Outubro de 2000

# MEDIDAS LIBERALIZADORAS EN EL SECTOR INMOBILIARIO[1] ESPAÑOL: EFECTOS DIRECTOS Y CONTRAMEDIDAS EN LA LEGISLACIÓN DE LAS COMUNIDADES AUTÓNOMAS*

*Prof. Marta Lora-Tamayo Vallvé*
UNED. Departamento de Derecho Administrativo

### SUMÁRIO

I. OBJETIVOS DE LAS MEDIDAS LIBERALIZADORAS. II. CONTENIDO DE LA REFORMA. *2.1. El suelo no urbanizable. Modificación del Art. 9.2. de la ley 6/98. 2.2. Incidencia de la reforma en la regulación autonómica sobre suelo no urbanizable. 2.3. Unificación del régimen de suelo urbanizable y derecho a la transformación urbanística. Los nuevos artículos 15.2 y 16.1. 2.5. Contramedidas de las Comunidades Autónomas: moratoria urbanística en Baleares. III. Medidas liberalizadoras y peculiaridades del mercado de suelo. ¿Incide realmente la legislación liberalizadora en el mercado de suelo?.*

I. OBJETIVOS DE LAS MEDIDAS LIBERALIZADORAS.

El Real Decreto-Ley 4/2000 de 23 de junio de Medidas urgentes de Liberalización en el sector inmobiliario y de Transportes, continua en la línea de los objetivos planteados por la ley 6/98 de régimen de suelo y valoraciones, si bien, radicaliza el sentido liberalizador de las mismas. Parecen medidas menos temerosas que las adoptadas por la vigente ley 6/98 de régimen de suelo inscritas en un panorama político diferente en el que, qué duda cabe, la mayoría absoluta obtenida en las pasadas elecciones por el Partido Popular tienen una gran incidencia puesto que aquellos preceptos incluidos en el proyecto de ley que debieron ser negociados para la

---

\* Texto elaborado pelo autor para efeitos da sua publicação.
[1] *Real Decreto-Ley 4/2000 de 23 de junio.*

aprobación de la actual ley urbanística han sido los reformados, suponiendo en este sentido el decreto de medidas liberalizadoras un complemento a la reforma ambigua que la ley del 98, fruto de las presiones no pudo llevar a efecto.

El **objetivo general** del "paquete" de medidas liberalizadoras es incidir de forma inmediata en el comportamiento de los distintos agentes económicos para estimular la competencia, conseguir una mejor asignación de los recursos y, en definitiva, influir positivamente sobre el nivel de precios.

El **objetivo específico** para el sector inmobiliario se centra en dos aspectos diferentes.

De una parte, las medidas que se adoptan pretenden <u>corregir las rigideces</u> advertidas en el mercado como consecuencia del fuerte <u>crecimiento de la demanda</u> y la incidencia en los productos inmobiliarios del precio del suelo, condicionada a su vez por la <u>escasez de suelo urbanizable</u>. En consecuencia, la reforma que se introduce habrá de <u>incrementar la oferta</u> de suelo al eliminar aquellas previsiones normativas.

De otra parte se pretende clarificar la situación actual del ejercicio de la actividad de intermediación inmobiliaria que se encuentra afectada por la falta de una jurisprudencia unánime que reconozca que dicha actividad no está reservada a ningún colectivo singular de profesionales.

El legislador estatal pone mucho cuidado en precisar cuál es el **fundamento constitucional** que lo legitima competencialmente para llevar a cabo estas medidas, por miedo a un nuevo recurso de inconstitucionalidad. No está de más recordar en este sentido que la ley 6/98 ha sido objeto de recurso de inconstitucionalidad y que estas nuevas medidas, a pesar del esmero puesto en justificar la constitucionalidad de las mismas, parecer llevar el mismo camino.

Los preceptos constitucionales en los que se ampara son:
Artículo 149.1.13ª. Competencia exclusiva sobre las bases y coordinación de la planificación general económica.
Art. 149.1.1ª. Competencia estatal para la regulación de las condiciones básicas que garanticen la igualdad en el ejercicio de los derechos y en el cumplimiento de los deberes constitucionales en relación con el artículo 33 de la CE.
Art. 149.1.18ª. Sobre procedimiento administrativo común.

## II. Contenido de la reforma

### 2.1. *El suelo no urbanizable. Modificación del Art. 9.2. de la ley 6/98*

La ley 6/98 de régimen de suelo y valoraciones establecía el concepto de suelo no urbanizable con base a un doble criterio, entendiendo, de una parte, que son aquellos terrenos que *por estar sometidos a algún régimen especial de protección incompatible con su transformación de acuerdo con los planes de ordenación territorial o la legislación sectorial, en razón de sus valores paisajísticos, históricos, arqueológicos, ambientales, científicos o culturales, de riesgos naturales acreditados en el planeamiento sectorial, o en función de su sujeción a limitaciones o servidumbres para la protección del dominio público.* Regulación ésta que no es tocada por el Real Decreto-Ley 4/2000. Pero de otra parte también entraba dentro del concepto de suelo no urbanizable *aquel que el planeamiento general considerase necesario preservar por los valores a que se ha hecho referencia en el punto anterior por su valor agrícola, forestal, ganadero o por sus riquezas naturales, **así como aquellos otros que considere inadecuados para un desarrollo urbano"***

El decreto 4/2000 suprime la capacidad del planeamiento general de clasificar terrenos como no urbanizables cuando no tengan valores especiales susceptibles de protección, al suprimir la línea final del artículo 9.2. que permitía a las Entidades Locales crear bolsas de suelo no urbanizable sin que existiera una justificación precisa para ello, simplemente era suficiente con la consideración de que en el momento de su clasificación, pues posteriormente en una nueva revisión del plan este criterio era susceptible de variación, no se consideraran adecuados para el desarrollo urbano.

La modificación de este artículo supone la recuperación de la redacción del precepto que el primer proyecto de la que sería futura ley 6/98 recogía en la que no se incluía la última coletilla "aquellos otros que se considere inadecuados para el desarrollo urbano". De tal forma que parece despegarse del concepto de suelo no urbanizable la determinación discrecional de las Entidades locales a la hora de llevar a cabo el planeamiento general de un determinado municipio de preservar del desarrollo urbano determinadas zonas por su posible inadecuación al mismo, se reduce pues la capacidad de crear zonas no destinadas a la urbanización cuando estas no tengan un uso actual agrícola, ganadero, forestal o de riquezas naturales específicas.

Pero los verdaderos efectos de esta nueva regulación sólo pueden ser valorados en su justa medida mediante el estudio de cada norma autonómi-

214    *O Sistema Financeiro e Fiscal do Urbanismo*

ca y la regulación que del suelo no urbanizable establecía. La era del derecho urbanístico español comparado ha comenzado, y debemos asumirlo, analizar los efectos del real-decreto ley de medidas liberalizadoras mediante el estudio de sus preceptos carece de sentido. El proceso de análisis y comparación es pesado, son 17 normas autonómicas, cada una con peculiariades y regímenes especiales similares pero no siempre idénticos, pero es el único modo de conocer verdaderamente los efectos y el alcance real de la normativa estatal.

### 2.2. *Incidencia de la reforma en la regulación autonómica sobre suelo no urbanizable*

La regulación del suelo no urbanizable, junto con la disciplina urbanística, había sido una de las materias con las que más profusión habían incidido las regulaciones autonómicas, no sólo las posteriores a la STC 61/97 sino también las anteriores. Este centraba principalmente su contenido regulador en torno a dos aspectos.

De una parte concretaban la protección necesaria que debía darse a los suelos no urbanizables en función de las peculiaridades geográficas de cada Comunidad Autónoma. En este sentido la reforma no tiene mayores incidencias pues aquellos suelos considerados como no urbanizables en razón de su especial protección siguen teniendo cabida en el ámbito de la regulación estatal.

De otra parte la legislación autonómica, había ido estableciendo y reconociendo en algunos casos cierto grado de potencialidad urbanizadora y edificatoria en suelo no urbanizable mediante la regulación de actuaciones urbanísticas concretas, el reconocimiento expreso de cierto aprovechamiento urbanístico, o la inclusión de categorías especiales de suelo no urbanizable en los núcleos rurales.

El problema que se deriva de la nueva regulación dada por el Real Decreto-Ley 4/2000 de 23 de junio de medidas liberalizadoras estriba en dilucidar si este tipo de actuaciones, proyectos y aprovechamientos reconocidos en la legislación autonómica, tienen cabida en esta nueva concepción, sumamente restrictiva, del suelo no urbanizable y analizar si es posible, en función de la legislación urbanística existente, la existencia de un suelo no urbanizable, común, genérico o residual o de entorno de núcleo de población.

Para responder a esta pregunta es necesario detenerse en el concepto que cada norma autonómica da al suelo no urbanizable y la subdivisión de éste en diferentes categorías, para posteriormente determinar en qué tipo de suelo no urbanizable se permitían estas actuaciones. Si éstas ya no tienen cabida en el escueto y exprimido régimen actual de suelo no urbanizable habrá que considerar si tiene algún sentido que puedan realizarse en el amplio régimen del suelo urbanizable en el que parece que de todo hay, todo cabe, como en botica.

*Aragón*. La ley 5/1999 de 25 de marzo, Urbanística recoge el concepto de suelo no urbanizable establecido por la ley 6/98 antes de su reforma por el real-decreto ley de medidas liberalizadoras. De forma que su artículo 19 b) admite la posibilidad de que el planeamiento general pueda clasificar terrenos como no urbanizables cuando considere que son inadecuados para el desarrollo urbano.

Esa última coletilla parece que deberá ser suprimida.

La ley aragonesa distingue dos categorías en el ámbito de suelo no urbanizable:

1.<u>Suelo no urbanizable especial</u>, que será aquel reconocido como tal por el planeamiento urbanístico o que alguna ley reconozca la necesidad de su especial protección.

2.<u>Suelo no urbanizable genérico</u>, que es aquel que deba ser reconocido como tal por su valor agrícola, forestal, ganadero o por sus riquezas naturales, y en el que caben construcciones sujetas a licencia municipal o a autorización especial que se caracterizan por incidir en actuaciones o edificaciones aisladas, que en ningún caso forman núcleo de población.

Entiendo que este suelo urbanizable genérico no tiene porque ser desplazado puesto que en él tienen cabida, no sólo aquellos terrenos que el planeamiento general considere inadecuados para el desarrollo urbano, sino aquellos en los que existan especiales valores que no regulados por un régimen especial, el planeamiento general considere necesario preservar.

Así pues, y como primeras reflexiones parece, por una parte, que el alcance de la reducción del suelo no urbanizable no es tanta, lo que variará, en todo caso es la mayor justificación que el planeamiento general establezca. Todo terreno ostenta potencialidades con algún que otro valor agrícola, forestal, ganadero o de riquezas naturales que puede ser medianamente justificado.

Por otra parte, uno de los aspectos en los que incide con profundidad de forma indirecta, la nueva regulación del real decreto-ley 4/2000 es en la imposibilidad de la creación efectiva de Patrimonios Municipales de Suelo, pero este aspecto afecta tanto a la nueva regulación del suelo no urbanizable como del urbanizable.

En efecto, si en principio el suelo no urbanizable existente en la actualidad es aquel que debe ser protegido por alguno de sus especiales valores, su inclusión en el Patrimonio Municipal de Suelo en caso de que sea no urbanizable hará más dificultosa la justificación de su reclasificación como urbanizable en la siguiente revisión del Planeamiento General.

Por otra parte, la ley aragonesa, recoge la posibilidad en su artículo 88.1 de que los Planes generales puedan establecer terrenos clasificados como suelo urbanizable no delimitado para su posible adquisición como Patrimonio Municipal de Suelo, pero de la reforma actual parece desprenderse que esta categorización en delimitado y no delimitado ya no es operativa, entonces, ¿se pueden establecer estos terrenos en suelo urbanizable delimitado?. Se podrán obtener pero su obtención por expropiación se hará tan costosos que quedará prácticamente inoperativa.

*Principado de Asturias.* La ley 6/1990 de 20 de diciembre de normas sobre edificación y usos en medio rural (BOPA nº 6 de 9 de enero de 1991), incorpora las siguientes categorías en el suelo no urbanizable:

1.Suelo no urbanizable de especial protección. Merecedores de un alto grado de protección. No especifica cuál es la vía que regula esta protección, el planeamiento general o una legislación específica, que es la principal distinción que realiza la ley 6/98.

2.Suelo no urbanizable de interés. Terrenos protegibles por sus singularidades agrarias o paisajísticas.

3.Suelo no urbanizable de costas. Peculiaridades de las franjas costeras.

4.Suelo no urbanizable de infraestructuras. Afectados por la localización de infraestructuras básicas de transporte.

5.Núcleo rural. Como categoría de suelo no urbanizable objeto de ocupación residencial.

6.Suelo no urbanizable genérico. Aquel que por su naturaleza y situación no resulta incluible en alguna de las categorías anteriores.

En la nueva regulación del suelo no urbanizable, parece que el suelo no urbanizable genérico no tiene cabida, pues responde al carácter residual suprimido en la nueva regulación en la que no pueden considerarse como suelos no urbanizables aquellos que el planeamiento general no considere aptos para el desarrollo urbano.

Es interesante observar como bajo una misma denominación, en la ley aragonesa anteriormente analizada y la ley asturiana, el suelo no urbanizable genérico tiene diferentes contenidos. En la primera, el carácter genérico tiene un contenido concreto, sin embargo en la segunda que analizamos aquí, al tener carácter residual, ante la nueva regulación del real decreto-ley 4/2000 deberá ser suprimido.

Paradójicamente, ante la falta de precisión del decreto de medidas liberalizadoras, el suelo de núcleo rural, recogido en esta legislación, y en otras autonómicas (Galicia, Canarias, Baleares...), se plantea la paradójica posibilidad de que no tiene porqué excluirse de la categoría de suelo no urbanizable, aunque en él se reconozca expresamente la posibilidad de formación de núcleos de población, de aprovechamientos urbanísticos, puesto que no responde a la clase de suelo no urbanizable suprimido. La ley estatal nada dice al respecto sobre esta posibilidad atípica.

En efecto, la ley 6/1990 de 20 de diciembre, admite, de una parte, la posibilidad de existencia de **núcleos rurales** en suelo no urbanizable y permitir en ellos la edificación de viviendas agrupadas (art.9) cuyas dotaciones, servicios y dotaciones públicas de ámbito local debieran ser obtenidas, en principio, por expropiación, aunque admite la posibilidad de introducir modelos de gestión que reconduzcan el proceso a formas análogas a las propias de otra clase de suelo.(art.10 in fine).

De este modo, al introducir los principios de gestión del suelo urbanizable en el suelo no urbanizable, en el fondo se está procediendo a una reclasificación implícita del terreno. Los efectos de las medidas liberalizadoras en este punto pueden ser diferentes en función de que consideremos que éste suelo de núcleo rural sigue teniendo cabida dentro del concepto de suelo no urbanizable, en cuyo caso la obtención de las dotaciones públicas locales podrá ser asequible para las Entidades Locales. En caso contrario, si entendemos que el suelo de núcleo rural no tiene cabida en el nuevo concepto de suelo no urbanizable, entonces, estos núcleos rurales deberán asimilarse a la categoría de suelo urbanizable, con dos consecuencias inmediatas: de una parte el alto coste de obtención de las dotaciones públicas por expropiación que inevitablemente reconducirán la obtención de las mismas por los sistemas de actuación tradicionales para el suelo urbanizable (compensación sobre todo), y de otra parte, y si el planeamiento general o la normativa autonómica no impone unos estándares rígidos de urbanización y edificación en estos terrenos, la pérdida del carácter de núcleo rural y su urbanización masiva parece no tener limitación alguna.

Pero la ley 6/90 reconocía por otra parte un **suelo de usos industriales**, reconocido como tal por el planeamiento urbanístico en vigor que por no haber sido objeto de la necesaria gestión mantienen todavía las características fácticas del suelo no urbanizable y en las que se permitía la posibilidad de acordar un plan especial industrial en suelo no urbanizable sin necesidad de seguir la tramitación ordinaria. (arts. 14 y 15).

Esta figura atípica, desvirtuadora por completo del concepto de suelo no urbanizable, que en principio parece suponer la previa clasificación del suelo industrial como urbanizable, pero de facto no urbanizado, y que se tramitará como plan especial en suelo no urbanizable, a mi juicio deberá ser reconvertida en una actuación mediante un plan especial, pero en suelo urbanizable.

Ley 2/1991 de reservas de suelo y actuaciones urbanísticas prioritarias.

Las actuaciones urbanísticas prioritarias entendidas como un modelo de ordenación de procedimiento abreviado cuya iniciativa emana de la Comunidad Autónoma, suponían un instrumento capaz de modificar la estructura general establecida para uno o varios municipios por el Planeamiento General, con base a la capacidad de modificación de la edificabilidad fijada originariamente por el mismo, en cualquier clase de suelo, incluido el suelo no urbanizable.

Con la supresión del suelo no urbanizable de carácter genérico, y la supresión también del suelo urbanizable no delimitado, anterior suelo urbanizable no programado, las actuaciones urbanísticas prioritarias, de marcado carácter público e interés social, en principio, pierden toda posibilidad de ser efectivamente desarrolladas. La posibilidad de expropiar terrenos devendrá tan costosa que hará difícilmente viable cualquier tipo de actuación no especulativa y de interés social.

*Baleares*. La ley 6/1997 de 8 de julio que regula el suelo rústico y la ley 6/1999 de 3 de abril de las Directrices de Ordenación Territorial de las Islas Baleares y de Medidas Tributarias llevan a cabo una regulación pormenorizada del suelo no urbanizable, que adopta la denominación de rústico en esta Comunidad Autónoma.

La ley 6/1997 de 8 de julio lleva a cabo una división tripartita de las posibles calificaciones en suelo rústico.

<u>Suelo rústico protegido</u>: que serán aquellos terrenos que por sus valores excepcionales, la función territorial o la defensa de la fauna, flora y el equilibrio ecológico se establece un régimen de especial protección especial distinto del general para esta clase de suelo. Esta calificación es por tanto perfectamente asimilable y reconducible a los criterios de la ley 6/98 y la reforma llevada a cabo por el real decret-ley de medidas liberalizadoras 4/2000 de 23 de junio.

Suelo rústico común: Es definido de forma residual como el resto de los terrenos asignados a esta clase de suelo, dentro de ellos la ordenación diferenciará los mayoritariamente ocupados por masas forestales y de monte bajo excluidos de la calificación de suelo rústico protegido.

La ley 6/99 de 3 de abril de Directrices de Ordenación Territorial precisa algo más esta definición entendiendo por suelo rústico común el resto de los terrenos que pertenezcan a áreas sustraídas del desarrollo urbano y no se hallen incluidas en ninguna de las cinco categorías del suelo rústico protegido. Estas áreas están constituidas, a su vez, por las tres categorías siguientes que serán delimitadas por los planes territoriales parciales (que son planes supramunicipales de ordenación de áreas homogéneas del territorio).

Areas de interés agrario, áreas de transición, áreas de suelo rústico de régimen general (art. 20) De esta división tripartita, a mi entender y conforme a la nueva regulación dada por el decreto de medidas liberalizadoras, sólo podrán continuar formando parte del suelo rústico común las áreas de interés agrario, las áreas de transición mientras que las de suelo rústico general deberán asimilarse al régimen del suelo urbanizable.

Otra reflexión que surge a la luz del análisis de estos preceptos es el hecho de que la ley 6/98 establece el instrumento de planeamiento, en el que debe clasificarse el suelo, el planeamiento general, sin embargo algunas legislaciones autonómicas, como es el caso de la ley balear, recogen la posibilidad de que sean los planes territoriales parciales los que determinen las diferentes áreas en las que se divide el territorio y la clasificación de las mismas, en áreas de suelo rústico o de desarrollo urbano, así pues en este sentido es la ley 6/98 la que se ha excedido, por una vez y de forma inadecuada, en precisar, puesto que aunque en principio y como viene siendo tradicional es el planeamiento general el que clasifica el suelo, en algunas Comunidades se admite la posibilidad de la predeterminación de la futura adscripción del suelo a una determinada categoría en función de su inclusión en una determinada zona.

*Canarias.* La ley 9/99 de 13 de mayo de Ordenación del Territorio de Canarias establece una serie de categorías pormenorizadas del suelo rústico en función de los valores susceptibles de protección en cada uno de ellos.(art. 55)

1.Suelo rústico de protección ambiental: dentro del cual encontramos el suelo rústico de protección natural, de protección cultural, de protección de entornos, de protección costera.

2.Suelo rústico que precisa de protección por contener valores económicos intrínsecos susceptibles de ser protegidos: suelo de protección agraria, de protección forestal, de protección hidrológica, de protección minera, de protección de infraestructuras.

3.Suelo rústico en el que existan formas tradicionales de poblamiento rural que serán el suelo rústico de asentamiento rural y el suelo rústico de asentamiento agrícola.

4. Suelo rústico de protección territorial que es el destinado a la preservación del modelo territorial, sus peculiaridades esenciales y específicas y el valor del medio rural no ocupado, así como la salvaguarda del ecosistema insular y su capacidad de sustentación de desarrollo urbanístico.

La regulación que de las categorías de suelo rústico hace la ley canaria, es en mi opinión perfectamente compatible con la nueva regulación del suelo no urbanizable llevada a cabo por el decreto de medidas liberalizadoras. **El planteamiento del legislador canario**, quizá por la especialidad insular de esta Comunidad, o simplemente por una concepción que parece aprehender e introducir principios medioambientales en la legislación urbanística, **llena de contenido protector, a todas las categorías de suelo rústico, no existe un suelo rústico residual, por esta razón incluso la última categoría que podría parecer la que corresponde con el suelo rústico común que regulan otras Comunidades Autónomas se llena de contenido, es una regulación positiva que impide en mi opinión que tenga efectos sobre ella la nueva regulación estatal y que está mostrando el camino para poder dejar sin efecto el decreto de medidas liberalizadoras como apuntamos inicialmente;** desde el momento en que la Comunidad Autónoma mediante su legislación llena de contenido y admite un amplio abanico de posibilidades en cuanto a niveles e intensidades de protección de suelo rústico y argumenta y justifica las mismas, con base a principios medioambientales, entre otros, que no modifiquen el modelo urbanístico deseado, **sustituyen de facto el suelo no urbanizable común o genérico por un suelo con un contenido o un valor susceptible de protección y encuadrable dentro de esta clase de suelo**.

*Cantabria*. La ley 9/94 de 29 de septiembre sobre usos del suelo en medio rural, así como la ley 4/92 de 24 de marzo sobre la constitución de reservas regionales de suelo y actuaciones urbanísticas prioritarias es idéntica a la regulación del Principado de Asturias; a ella nos remitimos.

*Castilla. La Mancha.* La ley 2 /1998 de 4 de junio de ordenación del Territorio y de la Actividad urbanística establece dos categorías diferentes dentro del suelo rústico para los Municipios que cuenten con un Plan General de Ordenación Municipal:

Suelo rústico protegido y suelo rústico de reserva (art. 47.2) que pierde toda virtualidad por su concepción residual y sin contenido específico puesto que el criterio para su determinación como tal (art. 471.d) es que resulte *objetiva y razonadamente adecuado su destino para servir de soporte, previa urbanización, a aprovechamientos urbanos, bien sea por sus características físicas, bien sea por su innecesariedad para un desarrollo urbano racional de acuerdo con el modelo territorial adoptado por el planeamiento territorial y urbanístico y conforme, en todo caso, a los criterios establecidos en las correspondientes Instrucciones Técnicas de Planeamiento.*

*Castilla-León.* La ley 5/1999 de 8 de abril de Urbanismo de Castilla y León establece cuatro criterios legitimadores de la clasificación de un terreno como rústico (art. 15).

De una parte los tres primeros responden a los mismos principios marcados por la ley 6/98 y el Real Decreto-ley de medidas liberalizadoras 4/2000, en el sentido de que se enmarcan en el ámbito de una determinada forma de protección originada por la necesidad de un régimen especial derivado de la existencia de una normativa sectorial o de ordenación del territorio, o por la necesidad de protección de los terrenos en virtud de sus inherentes valores naturales, culturales o productivos, o aquellos que deben ser preservados por la especial amenaza de deterioro que presentan.

De otra parte, el cuarto supuesto supone el desarrollo de la parte suprimida del artículo 9.2ª de la ley 6/98 de régimen de suelo y valoraciones, puesto que entiende que pueden ser clasificado como terreno rústico "los terrenos inadecuados para su urbanización, conforme a los criterios marcados por la Ley, y los que se determinen reglamentariamente".

A partir de la definición de estos cuatro criterios la ley castellano leonesa establece una serie de categorías dentro del suelo rústico. De las ocho categorías establecidas por el artículo 16 de la ley 5/1999, el real decreto-ley de medidas liberalizadoras incide directamente sobre aquellas que desarrollan el artículo 15.d), el cuarto supuesto anteriormente citado, en el sentido de que no parecen tener cabida en la nueva regulación, al recoger la existencia, de un suelo rústico común, constituido por los terrenos que no se incluyan en ninguna de las otras categorías, y un suelo rús-

222     *O Sistema Financeiro e Fiscal do Urbanismo*

tico de entorno urbano constituido por los terrenos contiguos a los núcleos de población que el planeamiento estime necesario proteger para no comprometer su desarrollo futuro, o para preservar el paisaje y las perspectivas tradicionales.

La exclusión del actual suelo rústico común en la ley castellano leonesa parece clara, pues la finalidad última de las medidas liberalizadoras pretende la supresión del carácter residual del suelo no urbanizable o rústico. Sin embargo para el suelo de entorno urbano no es tan clara su incompatibil'dad con la legislación estatal.

En efecto, esta exclusión se deriva del hecho de que probablemente no encaje dentro de esta nueva regulación aquellos terrenos que el planeamiento estime necesario proteger para no comprometer su desarrollo futuro, pues este tipo de protección es prácticamente idéntica a la suprimida en la ley estatal (aquellos que considere inadecuados para un desarrollo urbano). Sin embargo cuando a estos terrenos de entorno urbano se les dota de un contenido no urbanístico susceptible de ser protegido, como la preservación del paisaje y las perspectivas tradicionales, no entiendo que sea incompatible con la legislación estatal que admite expresamente la existencia de una protección paisajística de los terrenos que determine su clasificación como no urbanizable. (art.9 ley 6/98).

Constatamos de nuevo, por tanto, como la eficacia de la regulación estatal no es tanta desde el momento en que la legislación urbanística autonómica concreta y define la necesidad de protección de un terreno que determina su clasificación como no urbanizable o rústico. Un valor tan indeterminado como la protección paisajística legitima, entre otros, la existencia de una categoría de suelo no urbanizable de entorno urbano.

*Cataluña*. El decreto legislativo 1/1990 de 12 de julio por el que se aprueba el Texto Refundido de los Textos legales vigentes en Cataluña en materia urbanística establece (art.117) que constituirán el suelo no urbanizable, de una parte los terrenos que el Plan no incluya en alguno de los tipos de suelo a que se r fieren los artículos anteriores (se refieren al suelo urbano y urbanizable), y de otra los espacios que el Plan determine por otorgarles una especial protección, en razón de su excepcional valor agrícola, forestal o ganadero, de las posibilidades de explotación de sus recursos naturales, de sus valores paisajísticos, históricos o culturales o para la defersa de la fauna, la flora o el equilibrio ecológico.

A la vista de lo expuesto hasta aquí, la incompatibilidad del artículo 117.a) es clara. Pues la nueva regulación del suelo no urbanizable no permite el carácter residual del suelo no urbanizable.

*Extremadura.* La ley 13/1997 de 23 de diciembre reguladora de la actividad urbanística de Extremadura (DOE n° 22, de 24 de febrero de 1998) supone la asunción como ley autonómica del Texto refundido de la Ley de suelo de 1992, no existe una regulación específica y pormenorizada del régimen de suelo no urbanizable por lo que la adaptación al nuevo régimen establecido por el Real Decreto-ley de medidas liberalizadoras 4/2000 no tendrá mayores complicaciones.

*Galicia.* La ley de 24 de marzo de 1997 de normas reguladoras de suelo de Galicia define el suelo rústico (art. 68), con carácter general como: "los terrenos que el planeamiento general no incluya en ninguna de las clases de suelo anteriores", y con carácter particular como "los espacios o elementos existentes que dicho planeamiento determine para otorgarles una especial protección por sus valores ecológicos, medioambientales, paisajísticos, históricos, etnográficos y culturales o con potencialidad productiva".

De la determinación de este doble criterio se deriva la categorización del mismo en un doble régimen, el del suelo rústico común y el de especial protección.

La legislación gallega opta por la configuración estrictamente residual del suelo rústico común e incluye en este concepto las áreas delimitadas por el plan general en tanto no sean incorporadas al proceso de desarrollo urbanístico mediante la aprobación del correspondiente plan parcial.

La imprecisión y amplitud en la regulación de este suelo rústico común que se asemeja más al extinto suelo no urbanizable no programado parece no tener cabida en el actual modelo de suelo no urbanizable, puesto que la escasa densidad normativa y la indeterminación del concepto no lo hace subsumible en ninguna de los diferentes niveles de protección recogidos por la normativa estatal.

*Madrid.* La ley 9/1995 de 28 de marzo de Medidas Política Territorial, Suelo y Urbanismo (BOCM n° 86, de 11 de abril), así como la ley 20/1997 de 15 de julio de medidas urgentes en materia de suelo y urbanismo no lleva a cabo una regulación específica del régimen de suelo no urbanizable.

Sin embargo los efectos de la nueva regulación del suelo no urbanizable puede tener una gran incidencia en algunos instrumentos de programación y ejecución del planeamiento regional previstos para la Comunidad de Madrid.

En efecto, las Zonas de Interés Regional de Actuación Inmediata reguladas en los artículos 25 y siguientes de la ley de Medidas pueden ver afectada su operatividad y la posibilidad de su efectiva realización ,al igual que ocurría con las Zonas de Actuación Prioritaria recogidas en las legislaciones Cántabra y Asturiana.

Este tipo de actuaciones públicas, en las que figura la Comunidad Autónoma de Madrid como Administración actuante, son gestionadas mediante el sistema de expropiación (art. 23), y se localizan en terrenos clasificados como urbanizable no programado y no urbanizable. El límite impuesto por la legislación autonómica a la posibilidad de realización de estas Zonas de Interés Regional en suelo no urbanizable es que "en ningún caso podrán afectar a suelo no urbanizable sujeto a protección especial, salvo que tengan por objeto su específica protección".

Con esta limitación, y con base a la supresión del suelo no urbanizable que no se considere apto para el desarrollo urbano por el planeamiento general, no parece que exista un suelo no urbanizable en el que tengan cabida estas actuaciones.

Del mismo modo y con la equiparación del suelo urbanizable no delimitado al delimitado, la ubicación de estas áreas queda desplazado al actual y unificado suelo urbanizable, con la consecuencia inmediata del encarecimiento automático de la obtención de los terrenos para su efectiva ejecución, que se valorarán como suelo urbanizable. De tal forma que el encarecimiento para la Administración en la adquisición de los mismos, dificultará enormemente las posibilidades de efectiva gestión y ejecución de estas Zonas de Actuación Inmediata, concebidas, en principio como un modo de intervención pública en la actividad urbanística poco costosa.

*Navarra.* La ley foral 10/1994 de 4 de julio de Ordenación del Territorio y Urbanismo de Navarra (BON nº 84, de 15 de julio) lleva a cabo una división del suelo no urbanizable distinguiendo seis grandes categorías (espacio natural, suelo forestal, de alta productividad agrícola, de mediana productividad agrícola, suelo genérico y de afecciones específicas).

De nuevo debemos constatar el contenido específico que se haya podido dar al suelo no urbanizable genérico, y dentro de los suelos con afecciones específicas al de entornos de núcleos de población que pudieran ser las dos figuras que quedaran fuera del nuevo ámbito de regulación del suelo no urbanizable.

En lo que respecta al **suelo no urbanizable genérico** parece que su exclusión es clara, en tanto en cuanto no incorpora elemento positivo alguno de protección. Su carácter residual:"constituyen la categoría del suelo no urbanizable genérico aquellos terrenos no incluidos en el resto de las categorías" (art.34), hace que no se ajuste a la nueva regulación estatal que pretende dar al suelo no urbanizable un carácter de protección positiva y con contenido efectivo al mismo.

De otra parte, el **suelo no urbanizable de entorno de núcleos de población** es definido como los "terrenos que por ser colindantes con dichos núcleos que deben preservarse en orden a no comprometer el crecimiento futuro, la estructura o la imagen de los mismos" (art. 38.1).

La posibilidad de que esta categoría de suelo pueda subsistir como tal, es menor que en la legislación de Castilla- León en la que al suelo de entorno urbano se le dota de contenido no urbanístico susceptible de ser protegido, como la preservación del paisaje y las perspectivas tradicionales.

La ley Navarra, sin embargo, no incide en estos aspectos subsumibles dentro de los diferentes niveles de protección de la ley 6/98 de régimen de suelo y valoraciones, únicamente podríamos considerar salvada esta categoría de suelo con la identificación de dos conceptos indeterminados recogidos en la legislación estatal y en la autonómica.

En efecto, si consideramos que la salvaguarda de *la imagen* de un núcleo de población es un concepto subsumible a los valores paisajísticos, ambientales o culturales a los que hace referencia el artículo 9.1ª, entonces podríamos considerar que la existencia de un suelo no urbanizable de entorno urbano es admisible y acorde con la legislación estatal.

Entiendo que estas asimilaciones conceptuales suponen hilar muy fino, el espíritu de la ley, sus objetivos generales y particulares no parecen admitir esta posibilidad pero la ambigüedad en la concreción del contenido de los valores susceptibles de protección que enuncia la ley estatal dan pie a este tipo de interpretaciones extensivas por la legislación autonómica.

Por otra parte y a la luz de la Sentencia del Tribunal Constitucional 61/97 no sería descabellado interpretar que el legislador estatal, no puede mediante su legislación predeterminar un determinado modelo urbanístico, y en cierto modo si se lleva a cabo una interpretación estricta de los preceptos reformados lo está haciendo. Otra cosa es que esta afirmación reduzca a un mínimo, casi absurdo, por estar vacío de contenido positivo, la competencia legislativa del legislador estatal en aquellas materias que incidan sobre el territorio, pero es esta una cuestión que no es objeto del presente comentario, aunque sea preciso apuntarla.

*País Vasco*. La escueta legislación urbanística existente en el País

Vasco, centrada sobre todo en el régimen de valoraciones y en la determinación del aprovechamiento susceptible de apropiación no incide en el régimen urbanístico del suelo por lo que en este sentido su legislación no se ve afectada por el Real Decreto-Ley de medidas liberalizadoras 4/2000.

*La Rioja*. La ley 10/1998 de 2 de julio de Ordenación del Territorio y Urbanismo de La Rioja distingue dos categorías dentro del suelo no urbanizable (art.13), un <u>suelo no urbanizable especial</u> en el que encajan todos aquellos sometidos a una especial protección, y un <u>suelo no urbanizable genérico</u> constituido por "los terrenos que, conforme a la estrategia territorial adoptada en el Plan General, deban ser excluidos del proceso de urbanización, siempre que se justifique adecuadamente su exclusión" (art. 12.4).

La redacción de este precepto nos conduce al mismo dilema planteado en ocasiones anteriores. De una parte si la justificación adecuada para preservar esos terrenos del desarrollo de la urbanización se entronca con alguno de los valores susceptibles de protección recogidos en la normativa estatal, se podrá entender que la existencia de este suelo no urbanizable genérico puede pervivir. De otra si los criterios de clasificación se orientan hacia términos de política urbanística de oportunidad, se podrá entender que esta categoría no puede sostenerse con base a la nueva regulación de la ley 6/98 de régimen de suelo y valoraciones.

*Comunidad Valenciana*. La ley 4/1992 de 5 de junio de suelo no urbanizable (DOGV nº 1806 de 17 de julio) establece dos categorías; el <u>suelo no urbanizable de especial protección</u>, (art. 1 *a*), *b*), *c*) *d*) y el <u>suelo no urbanizable común</u> que estará formado por aquellos terrenos que conforme a la estrategia territorial adoptada deban ser excluidos del proceso de urbanización o preservados del mismo, y los terrenos que no sean objeto de clasificación como urbanos, urbanizables o aptos para la urbanización.

La distinción de estas dos categorías y los criterios que la justifican decaen con la nueva regulación de la ley 6/98 en el sentido de que no admite la residualidad como criterio de delimitación del suelo no urbanizable.

La desvirtuación de esta categoría de suelo no urbanizable, pone en tela de juicio el conjunto de actividades que la ley valenciana posibilitaba en este categoría de suelo, siempre y cuando no estuviera sometido un régimen de especial protección como las actividades sujetas a previa declaración de su interés comunitario (arts. 16 a 20).

*Recapitulación.* Hasta aquí hemos analizado las diferentes consecuencias que el real decreto-ley 4/2000 de medidas liberalizadoras en el sector inmobiliario y de transportes ejercen sobre la legislación urbanística autonómica que regula y desarrolla las diferentes categorías de suelo no urbanizable y la posibilidad de que en algunas de ellas se reconozcan ciertas potencialidades urbanísticas.

Con carácter general, y a modo de recapitulación, podemos decir que la pervivencia del denominado suelo urbanizable o rústico común, genérico, de reserva urbana, de entorno de núcleo de población, o general, dependerá del grado de determinación de un cierto nivel de protección necesario en el mismo. Es decir, en aquellos casos en que se le dota a este suelo de un carácter puramente residual no parece que responda a los nuevos parámetros impuestos por la normativa estatal. Sin embargo en aquellos casos en los que a ese suelo no urbanizable o rústico común se le reconoce un determinado valor susceptible de protección, como la necesaria preservación del valor paisajístico o la imagen del municipio podría considerarse, con base al artículo 9.1ª de la ley 6/98 que este suelo no urbanizable tiene cabida en el nuevo régimen restrictivo impuesto por el legislador estatal.

Por otra parte, y en cuanto a la posibilidad de establecimiento de ciertos planes, programas o zonas con desarrollos urbanísticos de un preponderante interés público y fomentadas a iniciativa de las Comunidades Autónomas que las legislaciones autonómicas venían reconociendo. Su pervivencia dependerá de diversos factores; de una parte si éstas estaban previstas únicamente en suelo no urbanizable común, genérico o residual, deberá entenderse que podrán llevarse a cabo en suelo urbanizable. No existe impedimento legal alguno, sin embargo, y éste es el factor determinante para su desvirtuación la valoración del suelo urbanizable a efectos expropiatorios será el factor económico determinante de la imposibilidad real de llevarlas a la práctica.

Esta última conclusión tiene una relación directa con la modificación establecida por el real decreto-ley de medidas liberalizadoras 4/2000 de los artículos 15.2 y 16.1 de la l y 6/98 de 13 de abril de régimen de suelo y valoraciones en tanto en cuanto las diferencias existentes en el suelo urbanizable delimitado y no delimitado tienden a difuminarse y desaparecer.

## 2.3. Unificación del régimen de suelo urbanizable y derecho a la transformación urbanística. Los nuevos artículos 15.2 y 16.1

El suelo urbanizable aumenta su extensión parece pues que existe una mayor superficie potencial para urbanizar y edificar ya que los terrenos que anteriormente se clasificaban como suelo no urbanizable, con carácter residual y sin estar sometidos a una especial protección deberán formar parte del suelo urbanizable.

Sin embargo, lo importante para cumplir los objetivos que marca esta norma, no es tanto el aumento potencial del suelo urbanizable sino la puesta real en el mercado de una gran cantidad de suelo susceptible de ser urbanizado de forma inmediata y este carácter (la posibilidad de su inmediata urbanización) no lo da el simple hecho de su clasificación como urbanizable, sino el hecho de que se apruebe el planeamiento de desarrollo más preciso que legitime las actuaciones urbanizadoras y edificatorias.

En efecto, la distinción entre dos categorías de suelo urbanizable en el TRLS92, programado y no programado, respondía a esta idea, el suelo urbanizable programado era el susceptible de ser urbanizado de forma inmediata, el que realmente entraba dentro de la oferta de suelo urbanizable. El no programado, debía someterse para su programación a un largo proceso de tramitación para la aprobación del planeamiento de desarrollo (Programas de Actuación Urbanística) que le correspondiera para que fuera susceptible de ser urbanizado.

La ley 6/98, a pesar de que recoge los mismos objetivos y finalidades que el Real Decreto-ley 4/2000, aumentar la oferta de suelo urbanizable, operaba de la misma forma que su precedente, distinguiendo de forma ambigua, pero distinguiendo al fin y a la postre, entre un suelo urbanizable con ámbitos de desarrollo delimitados por el planeamiento general, el antiguo suelo urbanizable programado, y un suelo urbanizable en el que estos ámbitos de desarrollo no se encuentran delimitados, es decir que necesitan de un planeamiento de desarrollo para ser susceptibles de ser urbanizados.

Si la reforma del Real Decreto-ley 4/2000 se hubiera quedado en una nueva interpretación reduccionista del suelo no urbanizable, la situación, con respecto a la legislación anterior tampoco hubiera cambiado tanto puesto que ese suelo no urbanizable que el planeamiento general considera inadecuado para el desarrollo urbano se podría insertar perfectamente en la categoría de suelo urbanizable sin ámbito de desarrollo delimitado cumpliendo prácticamente la misma función. De forma que las actuaciones previstas en suelo no urbanizable podrían desarrollarse en suelo urbanizable no delimitado que a efectos de valoración ostentaban el mismo régimen.

Sin embargo la verdadera novedad del decreto de medidas liberalizadoras estriba en el hecho de que parece que ambas categorías de suelo urbanizable, el delimitado y el no delimitado, son ahora susceptibles de ser urbanizadas o programadas de forma inmediata, de acuerdo con la modificación llevada a cabo de los artículos 15 y 16 de la ley 6/98.

Comenzamos por la nueva redacción del artículo 16 que es el que afecta directamente a la cuestión tratada hasta aquí:

*Artículo 16.1. El derecho a promover la transformación del suelo urbanizable, mediante la presentación ante el Ayuntamiento del correspondiente planeamiento de desarrollo para su tramitación y aprobación, se podrá ejercer desde el momento en que el planeamiento general delimite sus ámbitos o se hayan establecido las condiciones para su desarrollo **o se proceda a su delimitación o a la definición de las condiciones para su desarrollo en virtud de un proyecto de delimitación o de planeamiento formulado por la iniciativa privada.***

Este nuevo párrafo unifica prácticamente las dos categorías de suelo urbanizable existentes hasta el momento, el suelo urbanizable delimitado y el no delimitado, en el sentido de que tanto uno como otro serán susceptibles de ser urbanizados de forma inmediata.

En efecto el primero, el que corresponde al que fuera tradicional suelo urbanizable programado, el actual suelo urbanizable delimitado, lo será porque el planeamiento general incorpora las condiciones necesarias para su desarrollo.

El segundo, el que fuera suelo urbanizable no programado, actual suelo urbanizable no delimitado, porque las condiciones para su desarrollo se precisan mediante un proyecto de delimitación o de planeamiento formulado por la iniciativa privada.

De esta forma queda superada la barrera que diferenciaba ambas categorías de suelo urbanizable. Pero de esta nueva redacción parece desprenderse que las Administraciones Públicas, las Entidades Locales, la Comunidad Autónoma no tienen capacidad alguna de instar al desarrollo de aquellos suelos urbanizables cuyas condiciones de desarrollo no aparezcan especificadas a priori en el planeamiento general pudiendo esta medida tener el efecto contrario al deseado, a saber: las Administraciones Públicas, las Entidades locales sobre todo ante el despojo de una de sus principales prerrogativas en el ámbito urbanístico, la posibilidad de llevar a cabo el planeamiento urbanístico, en todo el suelo que comprenda su

230      *O Sistema Financeiro e Fiscal do Urbanismo*

ámbito territorial de actuación se verán obligadas, si quieren seguir ejerciendo esta función pública, a delimitar todo el suelo urbanizable en el plan general, dejando un margen de actuación menor a la iniciativa privada que pretenda ejercer en el suelo urbanizable no delimitado la función pública de planeamiento urbanístico.

Pero es que a estas alturas cabe plantearse si realmente el planeamiento urbanístico es una función pública o es una función privada ínsita en el derecho de propiedad urbana, o en el derecho empresarial a la transformación urbanística, en el derecho a urbanizar.

La reforma del artículo 15 parece arrojar cierta luz sobre las afirmaciones vertidas, a modo de hipótesis, suponiendo que tal artículo no existiera.

En efecto además del derecho a urbanizar reconocido a los propietarios de suelo en el artículo 15.1, que conserva su redacción originaria: *"los propietarios de suelo clasificado como urbanizable tendrán derecho a usar, disfrutar y disponer de los terrenos de su propiedad conforme a la naturaleza rústica de los mismos. Además tendrán derecho a promover su transformación instando de la Administración la aprobación del correspondiente planeamiento de desarrollo, de conformidad con lo que establezca la legislación urbanística"*. El decreto 4/2000 añade que (art. 15.2) ***"La transformación del suelo urbanizable podrá ser también promovida por las Administraciones Públicas sean o no competentes para la aprobación del correspondiente planeamiento de desarrollo"***.

Este nuevo párrafo debe ser analizado desde diferentes puntos de vista.

De una parte, habrá que ponerlo en relación con el nuevo artículo 16.1 in fine anteriormente comentado, puesto que supone un complemento del mismo, en el sentido de que no excluye a las Administraciones Públicas de la posibilidad de promover el desarrollo del suelo urbanizable cuyas determinaciones de desarrollo no estén previstas en el plan, parece pues que la privatización de la función de planeamiento urbanístico no es total.

De otra parte se abre la legitimación para promover el desarrollo del planeamiento urbanístico a las Administraciones Públicas que ostenten o no la competencia para su aprobación. Esta afirmación puede plantear diferentes posibilidades muy interesantes en cuanto a la legitimación, no sólo de las Comunidades Autónomas, como Administración pública que es, para promover el planeamiento de desarrollo, sino también, ¿porqué no? a la Administración del Estado, que de esta manera, y por la puerta de atrás, podría mediante el oportuno desarrollo legislativo y reglamentario, incidir, directamente en la política de suelo, y en la configuración de nuestras ciudades.

Esta posibilidad, que no dudo es algo rocambolesca, supondría una tramitación que invierte, en cierto sentido, y por razones competenciales, y no de jerarquía la secuencia lógica, si es que queda alguna lógica en nuestro ordenamiento urbanístico tradicional.

Situación que calificamos de rocambolesca en el panorama legislativo español actual, en el que existen 17 modelos urbanísticos diferentes pero que en derecho comparado no resulta una posibilidad tan extraña. En Francia, la Administración estatal tiene la capacidad de formular y aprobar proyectos urbanísticos que inciden sobre un determinado territorio municipal o varios calificándolos como Operaciones de Interés General o Proyectos de Interés Nacional, que pueden transformar la fisonomía de un núcleo rural o de una ciudad, modificando los Planes de Ocupación de Suelo (POS), equivalentes a nuestros Planes Generales.

Pero es que tampoco es necesario irse tan lejos para ver como la administración del Estado ha intervenido históricamente en el control de la política de s elo de las Entidades Locales y en la aprobación de proyectos o planes urbanísticos en el ámbito de la política de vivienda, las ACTURES fueron ejemplo de ello.

De este modo, si la Comunidad Autónoma promueve un determinado desarrollo urbanístico en suelo urbanizable no delimitado, éste será aprobado en primera instancia por el Ayuntamiento, corriendo la aprobación definitiva de la Comunidad Autónoma, un proceso de ida y vuelta que intenta, de algún modo garantizar el principio de autonomía local.

Pero en el caso en que fuera la Administración estatal la que promoviera este desarrollo, el proceso de aprobación pasaría por una singular tramitación, el Estado promueve, el ayuntamiento legitima mediante su incorporación en el Plan general y la aprobación provisional del mismo y la Comunidad Autónoma aprueba definitivamente.

Elucubraciones a parte, para conocer el verdadero alcance del Real-decreto ley 4/2000 hay que tener presente lo establecido en el artículo 15.1. de la ley 6/98 del régimen de suelo y valoraciones en el que se precisa que el derecho a la transformación del suelo urbanizable instando a la Administración a la aprobación del correspondiente planeamiento de desarrollo deberá ser *conforme con lo que establezca la legislación urbanística,* es decir la legislación de cada Comunidad Autónoma.

Al Estado por tanto se le escapan de sus competencias las verdaderas medidas legislativas que permitan agilizar la tramitación de los planes y

232    *O Sistema Financeiro e Fiscal do Urbanismo*

proyectos, la determinación del carácter más o menos preferente que se deba dar a los propietarios del suelo en la formulación de los proyectos para desarrollar urbanísticamente sus terrenos, toda esta materia, que es la verdadera materia urbanística que es la que determina realmente la existencia de una mayor liberalización o no, es competencia exclusiva de las Comunidades Autónomas, pues en el fondo, la capacidad normativa de las mismas, permite, por diferentes derroteros, dejar sin efecto, si quieren, o potenciar al máximo también, el espíritu de la norma.

### 2.5. *Contramedidas de las Comunidades Autónomas: moratoria urbanística en Baleares*

Los Plenos de los Consejos Insulares de Mallorca, Menorca e Ibiza aprobaron recientemente una polémica medida que muestra como el fuego provocado por las medidas liberalizadoras puede ser apagado de diferentes modos por las Comunidades Autónomas.

En efecto, hemos visto hasta aquí como la reforma del régimen de suelo no urbanizable es modulada y modulable por la regulación pormenorizada que del mismo lleven a cabo las Comunidades Autónomas, la dotación de un contenido positivo y no residual al mismo lo blinda de su desaparición y reducción efectiva.

Por otra parte, algunas Comunidades Autónomas como la Balear, para impedir circunstancialmente la posible avalancha de solicitud de licencias de construcción devenida por la aprobación de las medidas liberalizadoras, y dada las especiales características de un terreno como el de las islas tan propicio a la especulación inmobiliaria y la desorbitada y desenfrenada urbanización, han cortado por lo sano aprobando lo que se ha venido a denominar como moratoria urbanística, o lo que es lo mismo una suspensión general de la concesión de licencias.

Esta medida tomada en principio en las islas de Ibiza y Menorca ha sido también adoptada en Mallorca donde se incluyó en el pleno mediante un despacho extraordinario, y se determinó la aprobación inicial de una "Norma Territorial Cautelar" por la cual se adoptan medidas provisionales tendentes a asegurar la viabilidad y efectividad del futuro Plan Territorial Parcial de Palma de Mallorca.

## III. MEDIDAS LIBERALIZADORAS Y PECULIARIDADES DEL MERCADO DE SUELO

Desde la aprobación del primer "paquete" de medidas liberalizadoras (ley 7/97 de medidas liberalizadoras en materia de suelo y colegios profesionales) anterior a la Sentencia del Tribunal Constitucional 61/97, la posterior aprobación de la ley de régimen de suelo y valoraciones 6/98 de 13 de abril y el nuevo Real Decreto-ley 4/2000 de medidas liberalizadoras del sector inmobiliario y de transportes el objetivo marcado ha sido siempre el mismo: aumentar la oferta de suelo urbanizable.

Además de otras disposiciones tendentes a la agilización de los trámites precisos para la aprobación del planeamiento de desarrollo, la reducción del margen porcentual de cesión de aprovechamiento a las Administraciones Públicas, el mar de fondo, la finalidad última es la misma: el aumento de la oferta de suelo.

La finalidad de esta medida responde a la siguiente premisa:
Aumento de oferta de suelo urbanizable.
Aumento de oferta de productos finales inmobiliarios.
Disminución del precio final.

Si en principio este aserto parece de gran claridad, ¿Porqué tres años después de la aprobación de las primeras medidas liberalizadoras el precio del suelo y de lo que podríamos denominar productos derivados del mismo sigue subiendo y a una velocidad, si cabe mayor que en el periodo anterior?.

En este sentido es curioso destacar, como gran parte de los informes y previsiones financieras sobre el mercado inmobiliario no hacen referencia alguna a las distintas medidas legislativas recientemente aprobadas y los efectos directos de las mismas. ¿Porque no los tienen realmente? ¿Por qué el mercado se rige por reglas y ciclos diferentes ajenos a medidas más o menos liberalizadoras?.

El servicio de estudios del BBVA[2], entre otros, lleva a cabo una descripción de la situación inmobiliaria en abril de 2000 en la que caben destacar los siguientes puntos.

- En 1999, el mercado inmobiliario español se mostró muy activo. La demanda fue muy elevada, especialmente la residencial, al

---

[2] SITUACIÓN INMOBILIARIA. Abril de 2000. Servicio de Estudios del BBVA.

mismo tiempo que la oferta se ampliaba con la salida al mercado de un buen número de promociones que, sin embargo, no han sido suficientes para evitar las tensiones en los precios de las viviendas, que aumentaron un 10.6% de media anual en el conjunto nacional. En el último trimestre de 1999, el precio de la vivienda en España alcanzó una media de 138.081 pesetas por metro cuadrado, lo que significó un aumento interanual del 12.4 %. Por otra parte y por tercer trimestre consecutivo los precios de la vivienda usada se aceleraron más que los de la vivienda nueva, lo que sugiere que, ante la insuficiencia de viviendas de nueva construcción, la demanda se ha orientado hacia el mercado de segunda mano, impulsando los precios al alza.

- Descontando la inflación, los precios de la vivienda en España se redujeron hasta 1998. Sin embargo, en los dos últimos años la revalorización inmobiliaria fue creciente, un 3.2% en 1998 y un 8.3% en 1999 en términos reales, aunque comparativamente los precios actuales se sitúan por debajo de los precios máximos de 1991.

Así pues el incremento creciente y exorbitado del precio de los productos inmobiliarios se ha producido justamente, en la última década, a partir de 1998, fecha en la que se aprueba la nueva ley de suelo que pretende introducir medidas de liberalización del mercado para aumentar la oferta de suelo urbanizable y reducir el precio de los productos finales lo cual parace desconectar el funcionamiento del mercado del suelo de las disposiciones legislativas tendentes a regularlo.

Desde un punto de vista de la ordenación del territorio, es decir atendiendo a la configuración geoespacial de las urbes y los espacios habitables en España, estos principios liberalizadores serían ciertos si existiera un único mercado de suelo y todo el suelo del territorio nacional que no sea susceptible de una protección especial tuviera aptitudes naturales u óptimas para su urbanización y posterior edificación, y si la demanda fuera también única e indistinta para cualquier terreno susceptible de ser urbanizado.

Pero es que no es así, es que no existe un mercado único de suelo sino una serie de micromercados cuya oferta y demanda no son intercambiables, al menos de momento, y esa amplitud del suelo urbanizable no tiene efectos reales en la disminución del precio de suelo, por aumento de la oferta con base a varios criterios:

De una parte el verdadero suelo incidente de forma efectiva en el mercado de la vivienda, de oficinas, de industrias es el suelo urbanizado, el que tiene calles y vías y solares listos para edificar.

Este suelo para que esté dentro del mercado no puede situarse en cualquier lugar, sino que debe contar con la infraestructura necesaria que haga de él un terreno urbanísticamente viable.

Pero en la actualidad la urbanización, lo que se concibe en sentido estricto como dotaciones locales no es suficiente para hacer ciudad. Hacer ciudad, urbanismo, se ha convertido en una compleja función pública multidireccional cuya base es la implantación de una superestructura de comunicaciones que organizan y dotan de sentido, de viabilidad, en términos cerdianos, al futuro núcleo urbano, y es esa superestructura, sobre todo en el ámbito de las grandes metrópolis, de las ciudades globales de las que tanto se habla, la que genera el verdadero suelo susceptible de ser urbanizado. De nada sirve, pongamos un ejemplo extremo, que las Urdes se clasifiquen en la actualidad como suelo urbanizable, de nada sirve si no existen las vías de comunicación entendidas como infraestructura de carreteras, trenes de alta velocidad o cualquier otro medio por crear, porque ningún Urbanizador, en su sano juicio osará a promover actuación urbanística alguna en él.

¿Qué ocurre entonces? Que la afirmación de que aumentando el suelo urbanizable va a suponer un aumento de la oferta del producto final y la consiguiente disminución del mismo, es falsa, porque suelo urbanizable, de entorno urbano existe muy poco, y la capacidad económica de las Administraciones públicas para generar infraestructuras que doten de coherencia urbanística a este casi infinito suelo urbanizable es muy limitada.

Si a esto le añadimos el inmovilismo geográfico social de la población española, no sólo nos queremos mover de nuestra ciudad, sino de nuestro propio barrio, el amplio abanico de posibilidades que parecen marcar estas medidas liberalizadoras se va cerrando cada vez más en pequeños círculos y micromercados muy rígidos en los que la oferta es escasa y la demanda cada vez mayor, justo lo contrario de lo que se pretendía.

La solución a este panorama, que se presenta como una gran espiral ascendente ¿de manos de quién está?. ¿De la iniciativa privada y del mercado que son los grandes maestros de nuestra economía?.

Las recientes leyes urbanísticas parecen apuntar hacia esta dirección. En caso de que así fuera también habría de dejarse a la libre iniciativa privada la planificación, generación y financiación de la superestructura ordenadora del territorio, pero este es un coste que hasta el momento parece ser incapaz de asumir, integralmente.

Si existe una iniciativa privada empresarial capaz de levantar ciudades ex.novo y de generar una infraestructura que la haga económica y territorialmente viable, bienvenida sea, es lo que todos esperamos. Pero mientras no sea así, deberá dejarse un amplio marco de decisión y programación a las Administraciones Públicas, y sobre todo a aquellas que financian, planifican y generan las plusvalías urbanísticas del siglo XXI, las grandes redes y sistemas de comunicación.

# ÍNDICE

PROGRAMA .................................................... 5

NOTA DE APRESENTAÇÃO ...................................... 9

Sessão de Abertura ............................................. 11
*Prof. Doutor Fernando Alves Correia*

Os Custos do Urbanismo ........................................ 17
*Eng. Jorge Carvalho*

Os Custos do Urbanismo ........................................ 25
*Prof. Manuel Leal da Costa Lobo*

O Direito ao Território .......................................... 31
*Prof. Doutor Sidónio Pardal*

Fiscalidade do Urbanismo ....................................... 39
*Prof. Doutor José Casalta Nabais*

O financiamento do desenvolvimento urbano como problema político e jurídico .. 63
*Prof. Doutora Maria da Glória F.P.D. Garcia*

O Sistema Financeiro e Fiscal do Urbanismo en Espanha .................. 75
*Prof. Doutor Angel Menéndez Rexach*

Financement et recouvrement fiscal dans le domaine de l'urbanisme en Allemagne 99
*Prof. Dr. Volkmar Götz*

Finanzierung und Abgabenerhebung beim Städtebau in Deutschland ........... 115
*Prof. Dr. iur. Volkmar Götz*

Le Système Financier et Fiscal de L'Aménagement en France ............... 129
*Prof. Doutor Yves Jegouzo*

Le système financier et le système fiscal de l'urbanisme en Italie ............ 147
*Prof. Doutor Erminio Ferrari*

238  *O Sistema Financeiro e Fiscal do Urbanismo*

Para uma Reforma do Sistema Financeiro e Fiscal do Urbanismo em Portugal ...  157
*Prof. Doutor Manuel Porto*

Para uma Reforma do Sistema Financeiro e Fiscal do Urbanismo em Portugal ...  175
*Cons. Benjamim Silva Rodrigue*s

Medidas Liberalizadoras en el Sector Inmobiliario Español: Efectos Directos y Contramedidas en la Legislación de las Comunidades Autónomas .............  211
*Prof. Marta Lora-Tamayo Vallvé*